고골과 현대성

러시아CIS연구소 슬로보총서 1

고골과 현대성

슬로보총서 편집위원회 편

고려대학교출판부
KOREA UNIVERSITY PRESS

머리말

'슬로보총서' 제1권《고골과 현대성》은 여러 선생님들의 공력이 모여서 이뤄진 합작품이다. 이 책은 고골에 관한 현대적인 쟁점들을 다룬 연구서로서 여기 수록된 논문 모두가 지난 5월 9일 러시아CIS연구소의 주최로 고려대학교에서 열린 '고골 탄생 200주년 기념 국제학술대회'에서 발표된 논문들이다. 해외에서는 모스크바 국립대학과 상트페테르부르크 러시아문학연구소, 러시아교육아카데미, 홋카이도 대학 슬라브연구센터에서 원고를 보내 주시고 학술대회에 직접 참여해 주셨고, 국내의 여러 대학과 연구소에 계신 학자들도 귀한 글을 발표해 주시고 성의껏 토론해 주셨다. 이 지면을 빌려 학술대회에 참여해 주신 모든 분들께 깊은 감사의 마음을 전한다.

《고골과 현대성》은 무엇보다도 다채롭고 대화적인 구성을 특징으로 한다. 이 책에 실린 여덟 편의 논문들은 제각각 개성과 주관이 뚜렷한 접근법을 시도하고 있다. 고골의 종교성과 윤리성을 옹호하고 구조주의와 심리학적 연구 방법을 비판하는가 하면, 20세기 초 모더니스트들의 고골에 대한 재해석을 오늘날의 관점에서 강조하기도 한다. 고골에게 공존하는 현대성과 보수성을 포스트모더니즘적인 이슈들을 중심으로 고찰하며, 고골의 민족 정체성 및 동시대 비평가 벨린스키의 민족관을 성서적인 관점에서 재검토하는 글도 있다. 아울러 20세기 초 만델쉬탐의 산문과 러시아 최근 소설이 고골의 모티프를 중심으로 분석되고 있으며, 고골 작품의 영화화 역사와 그 특징도 체계적으로 조명되고 있다. 이와 같은 다양한 시각은 고골 문학의 무궁한 잠재력과 이 책의 주제인 현대성 자체를 반증한다고 할 수 있겠다.

아무쪼록 《고골과 현대성》이 국내 러시아 문학 전공자들과 애호가들에게 흥미롭게 읽히고 널리 회자되기를 바라 마지않는다. 끝으로 이 책의 출판을 허락해 주신 고려대학교출판부와 귀한 원고를 주신 필자들께 진심 어린 고마움을 전한다.

2009년 5월

슬로보총서 편집위원회

차례

고골의 문학적 유산

현대적 독해

금년(2009년) 4월 1일은 위대한 러시아 작가 니콜라이 바실리예비치 고골Н. В. Гоголь의 탄생 200주년이 되는 날이다. 유네스코가 '고골의 해'로 천명한 2009년 내내 기념행사들이 진행될 것이다. 현대의 고골 연구자들은 이 중요한 일자와 관련하여 많은 일들을 구상하고 있다. 200주년이라는 거창한 문제를 논의하기 전에 고골의 생일을 언제로 잡아야 하는가에 대해 우선 논의하고자 한다. 이러한 문제제기는 어쩌면 이상하게 여겨질지도 모른다. 하지만 이 문제는 분명히 실재하고 있다.

백과사전(구소련 시절 발간된 것이나, 현대에 발간된 것 모두)이나 고골 연구의 대가, 즉 이고리 졸로투스키И. Золотусский나 유리 만Ю. Манн(가장 유명한 이름을 언급하는 바이다)의 저작을 살펴보면, 고골은 1809년 3월 20일 혹은 신력으로 4월 1일에 태어났다고 언급되어 있다(Золотусский 2007; Манн 2004, 2009). 하지만 고골이 3월 20일에 태어났다면, 신력으로는 4월 2일이 되어야만 한다(구력에 13일을 더하면 신력 날짜가 된다). 이 밖에도 고골이 20일이 아니라 19일에 태어났다는 반박할 수 없는 확고한 증거가 존재한다.

작가의 생모인 마리야 이바노브나 고골М. И. Гоголь에 의하면 "그는

1809년 3월 19일에 태어났다."[1] 고골의 사촌누이 마리야 니콜라예브나 시넬니코바M. H. Синельникова(원래 성은 호다렙스카야Ходаревская)가 1852년 4월 15일에 스테판 페트로비치 쉐브이레프C. П. Шевырев에게 쓴 편지를 보면, "그의 생일은 여동생 올가의 생일과 같은 날인 19일이라 잘 기억하고 있다"라고 쓰여 있다.[2] 올가 바실리예브나 고골O. B. Гоголь(출가 후에는 골로브냐Головня)은 1825년 3월 19일에 태어났으며(Чаговец 1902, 29), 그녀는 여러 차례 자신의 오빠와 같은 날짜에 태어났다고 말한 바 있다. 그녀는 "그는 나보다 16살이 많은데, 오빠는 1809년에 태어났고 나는 25년에 태어났으며, 같은 날인 3월 19일이 생일이다. 그는 우리 집안의 장남이고 나는 막내딸이다"라고 회상한다(Мошин 2001, 168).

1852년 고골이 사망한 직후 러시아 언어와 문학 아카데미는 그의 전기를 출판하기로 결정하고, 쉐브이레프가 이 일을 맡게 된다. 1852년 그는 자료 수집을 위해 작가의 고향으로 떠난다. 쉐브이레프는 자신의 여행기에서 고골의 친척들의 말을 기록해 놓았다. "1809년 3월 19일 저녁 9시에 태어났다. 트로피몹스키Трофимовский[3]가 갓 태어난 아기를 보고 '명망 높은 사람이 될거요'라고 말했다."[4]

유리 만은 고골이 "트라히몹스키Трахимовский의 집에서 1809년 3월 20일 출생했다"(Манн 2004, 23)고 쓰고 있지만, 필경 고골은 다른 장소에서 태어났을 것이다. 고골의 동향인이며 가까운 친구들 중 한 명인 미하일 알렉산드로비치 막시모비치M. A. Максимович의 권위 있는 증언에 의하면,

---

1 Литературное наследство. М., 1952. Т. 58, с. 759.

2 Там же, с. 757.

3 Трофимовский Михаил Яковлевич (1730-1815): 마리야 이바노브나의 출산을 도운 유명한 우크라이나의 의사이자 자선가.

4 Воспоминания М. И. Гоголь-Яновской в путевом дневнике С. П. Шевырева. Публ. и коммент. И. А. Виноградова // Acta Philologica. Филологические записки. Научный альманах. Вып. 1. М., 2007, с. 346.

소로친 마을의 마리야 이바노브나 고골의 방은 "드미트리예바 장군부인의 집에 있었으며, 바로 이곳에서 니콜라이 바실리예비치 고골이 3월 19일에 태어났다"(Максимович 1854, 7).

고골의 친구들은 3월 19일을 그의 생일로서 축하해 줬다. 1857년 3월 19일 미하일 막시모비치는 세르게이 티모페예비치 악사코프С. Т. Аксаков에게 "오늘은 결코 잊을 수 없는 우리의 친구 고골의 생일입니다. 우리가 7년 동안 파리에서 그의 생일마다 함께 식사를 했던 날들을 선명하게 기억합니다! 아, 그 당시의 3월을 얼마나 즐겁게 보냈고, 당신 집에서 고골과 함께 얼마나 자주 서로 시간을 보냈던지요…" 1849년 3월 19일 고골은 악사코프의 집에서 자신의 40회 생일을 기념했다. 다음 해인 1850년에도 그는 같은 날 악사코프의 집에서 막시모비치, 그리고 보댠스키О. М. Бодянский와 함께 만찬을 가졌다. 당시에 호먀코프А. С. Хомяков와 솔로비요프С. М. Соловьев가 함께했다. 그들은 고골의 건강을 축원하며 축배를 들고 우크라이나 민요를 함께 부르기도 했다(Гоголь 1936, 217).

3월 19일 매우 절친한 친지와 친구들이 고골의 생일을 축하하곤 했다. 고골은 1849년 4월 3일 어머니와 누이들에게 "보내 주신 축하 편지(3월 19일자)가 제가 성찬을 받았던 그날에 도착했습니다"라고 알렸다. 시인 표도르 튜체프Ф. Тютчев의 아주머니인 나데쥐다 니콜라예브나 쉐레메테바Н. Н. Шереметева는 1843년 2월 12일 모스크바 교외의 포크롭스키에서 "3월 19일까지 나의 축하 편지가 당신에게 갈 수 있도록 당신에게 편지를 씁니다. 내 친애하는 친구, 당신의 생일을 축하합니다. 이 세상에 태어나며 받을 수 있는 지극한 행복을 추구할 권리로서, 생일은 기독교인에게 중요한 날입니다…"라고 썼다.

고골의 전기 작가들, 그중에서도 쿨리쉬П. А. Кулиш와 쉔로크В. И. Шенрок 같은 이들은 3월 19일을 작가의 생일로 간주하고 있다. 그런데 고골이 세례를 받은 소로친 마을의 구세주 변용 교회의 호적부가 발간된 이후에 이 사실에 대한 의혹이 발생한다. 이 호적부의 25호에는 "3월 20일 지주 바실리 야놉스키 댁에서 니콜라이가 태어났고, 22일 세례를 받았다. 부사제 이요안 벨로볼스키가 기도와 세례를 베풀었다"고 쓰여 있으며, 미하일 트라히몹스키 대령[5]이 대부로 적혀 있다.

호적부를 처음 발행한 이는 크센젠코А. И. Ксензенко이다.[6] 후일(1908년) 그것의 사진 복사판이 출간된다. 유리 만은 "이 문서들이 출간됨으로써 고골의 생일이 1809년 3월 20일이라는 점이 더욱 확실해졌다"라고 지적한다. 그러나 많은 연구가들이 호적부에 실린 일자에 실수가 있었다는 주장을 펼쳤다. 예를 들어, 레르네르Н. Лернер는 1909년에 다시금 고골의 생일에 관한 문제를 제기하며 "대체로 교회의 호적부가 정확한 세례 일자를 기록하지만 생일을 기록하는 과정에서는 계속된 오류가 있었다. 세례 일자는 목격자나 행사 참가자가 기록하지만, 생일은 주로 타인에게 전해 들은 대로 기록된다. 고골은 3월 22일 세례를 받았으나, 신생아가 3일 전에 태어났다는 말을, 태어난 지 3일째라는 의미로 이해했을 가능성이 높다. 이러한 실수는 푸쉬킨А. С. Пушкин의 출생과 세례 일자를 적어 놓은 교회의 호적부에서도 있었다. 푸쉬킨의 생일은 5월 26일이다. 시인 자신도 알고 있었고 〔…〕 시인의 친구와 지인들도 알고 있었다. 예를 들어 〈5월 26일〉이라는 제목의 축시를 로젠Е. Ф. Розен 남작은 1831년 푸쉬킨에게 보낸다. '봄날의 가장 장엄하고 귀한 날에, 우리는 시인의 생일을 축복한다…' 그런데 교회의 호적부에는 푸쉬킨의 생일이 27일로 되어 있다. 이래도 호적부를 믿을 수 있는 것인가!"(Лернер 1909, 320)

현대의 고골 연구자들 중 많은 이들이 위대한 러시아 작가의 부정확

---

5 Трахимовский Михаил Михайлович(출생과 사망일이 불명확함). 고골의 대부로서 대령이었다. 보로비콥스키가 그린 안나 2등 훈장을 달고 제복을 입고 있는 모습의 초상화가 유명하다. См.: Красоту ее Боровиковский спас: каталог. М.: Гос. Третьяковская галерея, 2008. № 74, с. 84.

6 Русская Старина. 1888. № 10, с. 392.

한 출생 일자에 동의하지 않고 있다. 비노그라도프И. А. Виноградов 박사는 쿨리쉬의 새 책의 해설을 통해 "호적부에 실수로 적힌 일자(3월 20일)와 달리, 고골의 생일은, 그의 어머니의 증언에 따라, 3월 19일로 볼 수 있다. 분명 고골은 자신의 생일이 1814년 3월 19일 파리 점령일과 일치한다는 것을 기억하고 있었기에(당시 고골은 5세였다), 후일 그는 이 두 사건을 함께 축하했다…"(Кулиш 2003, 640) 새 백과사전에도 작가의 정확한 출생 일자가 제시되어 있다.[7]

살펴본 것처럼, 정확한 과학적 근거들을 기반으로 한 고골의 생일은 20일(호적부에 적힌 것처럼)이 아니라 3월 19일이며, 신력으로는 4월 1일이 된다.

각설하고, 모스크바에서 벌어진 고골 관련 기념일에 대해 간략히 언급하겠다. 모스크바 국립대학과 러시아 학술원의 세계문화사 이사회 산하 고골 위원회가 4월 1일부터 4월 5일까지 공동 주최한 '고골과 러시아 문학—탄생 200주년을 맞이하며'라는 제하의 국제학술대회를 중요한 행사로 거론할 수 있겠다. 이 대회에 전 세계(러시아, 우크라이나, 벨라루스, 이탈리아, 헝가리, 불가리아, 이스라엘, 독일, 폴란드, 프랑스, 미국 등)의 러시아 전문가들이 참석했다. 회의는 '고골의 집'(개관식은 3월 27일에 열렸다)과 모스크바 국립대학의 인문학부에서 진행되었다. 참가자들은 고골이 수차례 방문한 옵티나 푸스트이냐 수도원을 견학하였다. 회의 기간 중 작가에게 새로운 출판물을 헌정하는 행사도 있었다.

4월 1일 국립아카데미 소극장에서 고골 탄생 200주년 기념 축하 행사가 열렸다. 총주교 키릴의 축사가 있었고, 〈검찰관Ревизор〉(제3막, 솔로민Ю. Соломин 연출) 공연이 있었고, 러시아 국민 예술가인 스뱌토슬라프 벨

7 Общественная мысль России XVIII – начала XX века: Энциклопедия. М.: Российская политическая энциклопедия (РОССПЭН), 2005; Новая Российская энциклопедия: В 12 т. М.: Изд-во Энциклопедия, 2008. Т. IV (2).

자С. Бэлза의 콘서트도 열렸다.

이 기간 동안 고골이 어느 민족에 속하느냐는 논쟁이 있었다. 우크라이나와 러시아는 작가를 나눠 가질 수 없다. 이 문제에 대한 의견을 밝혀 보겠다. 고골을 나눌 필요는 전혀 없다고 생각한다. 그는 러시아 문화와 우크라이나 문화에 동시에 속해 있다. 3월 말 키예프에서 고골 탄생 200주년 기념 국제학술대회가 개최되었다. 당시 고골이 러시아 작가인가, 우크라이나 작가인가에 대한 논의는 전혀 없었다. 이 문제는 자신의 이익을 내세우는 정치가들에게서 나온 것이다. 최근 우크라이나 대통령 빅토르 유쉔코В. Ющенко는, 고골에 대해 이야기하며, 작가는 "유럽을 여행하며 자신의 민족 정체성에 대해 자랑하였는데, 이것은 고골 자신이 우크라이나인이라는 점을 명확하게 밝힌 것으로 볼 수 있다"는 요지의 발언을 했다. 그러나 첫째로, 고골이 살아 있던 시대에 '우크라이나', '우크라이나의'라는 단어의 의미는 민족의 의미로 쓰인 게 아니라 행정구역상의 지명이었고, '우크라이나인'이라는 용어는 거의 사용되지 않았다. 19세기에 러시아 제국은 러시아, 소러시아 그리고 벨라루스를 통합했고, 이 지역의 주민들은 자신들을 러시아인이라고 칭했다. 둘째, 고골은 그리스정교인이었고, 정교인은 자신의 민족을 자랑할 수 없다. 《친구와의 서신 교환선Выбранные места из переписки с друзьями》에서 고골은 자신의 친구인 알렉산드르 페트로비치 톨스토이 백작에게 "당신이 러시아인이라는 것을 신께 감사드립니다…"라고 말한다. '자랑하다'와 '신께 감사한다'라는 것의 차이는 명백하다.

고골은 물론 자신이 위대한 러시아 문화의 일원인 러시아인이라는 점을 인식했다. 고골은 이 지점에서 애국주의를 종교적으로 올바르게 이해하고 있었다. "러시아에 정직하고 진실하게 봉사하고 싶은 이는 다른 모든 감정을 흡수할 수 있는 만큼의 아주 큰 사랑으로 러시아를 사랑하여야 하며, 큰 사랑으로 인간을 사랑해야 하고, 말 자체가 내포한 총량적 의미만큼의 진정한 기독교인이 되어야 한다." 러시아에 대한 고골의 사랑은 시간의 흐름과 함께 증대되었다. 삶의 말미에 그는 외교관이자 종교적 작가인 알렉산드르 스투르제A. Стурдзе에게 "정직하게 말씀드린다면, 저는 러시아를 석 달 동안이나 떠나고 싶지 않습니다. 저는 모스크바를 어떤 일이 있어도 떠나고 싶지 않을 정도로 사랑합니다. 러시아는 가면 갈수록 제게 더욱더 가까워지고 있습니다. 꼭 고향이라서가 아닙니다. 천국과 좀더 가까워질 수 있는 그런 땅처럼, 이곳엔 고향의 의미보다 지고한 그 무엇이 있습니다."

잘 알려져 있듯이, 고골은 러시아어로만 집필했다(우크라이나어로 쓴 글은 편지 한 통뿐이다). '전략적인 의도'를 지니고 이렇게 행동한 것은 당연히 아니었다(이따금씩 사람들이 말하거나 쓰는 것처럼). 자신의 동향인이자 모스크바 대학의 슬라브 역사 문학 교수인 오시프 보댠스키에게 고골은 "우리는, 오시프 막시모비치, 러시아어로 집필을 해야만 합니다. […] 우리와 한 줄기라고 할 수 있는 민족들이 하나의 강력한 언어를 지지하게끔 노력해야만 합니다. 러시아인, 체코인, 우크라이나인, 세르비아인의 주요 언어는 단 하나의 성물이며, 모든 기독교인들을 위한 복음서의 말인 푸쉬킨의 언어입니다…"

고골에게 러시아 문학어는 슬라브 세계에서 러시아어나 공통슬라브어라고 불리는 교회 슬라브어를 직계한 유일한 언어였다. "슬라브어 보존이라는 영예가 러시아인에게 주어졌다." 고골은 교회 슬라브어와 민중어가 한데 섞인 문체를 이루기 위해 노력했다. 이것은 특히 '러시아어 사전을 위한 자료집'을 위해 그가 방언과 교회 슬라브어를 모아 놓은 사실이 방증하고 있다. 고골은 러시아어의 특질이 "하나의 언어가 고상한 문체에서 속어적 문체로 과감하게 전이되는 것"에 있다고 파악한다.

이제 현대 고골 연구 경향에 대한 논의로 넘어가 보자. 위대한 작가의 삶과 창작에 대한 현대의 연구 방법은 주로 두 가지 방향성을 지니고 있다 하겠다. 하나는 러시아 정교의 시각에서 고골을 연구하는 것이다. 고골은 정교적 작가이며 교화자라는 점의 발견이 오늘날 이 관점에서 이루어진 중요한 성과이다. 최근 영면한 알렉세이 II세는 "러시아의 위대한 종교적 작가인 고골의 진면모가 현대인들에 의해 밝혀지고 있다"라고 말한 바 있다. 주지하다시피, 혁명 전 자유주의 분위기의 시대, 그리고 특히나 구소련 시대의 연구자들은 고골의 삶과 작품, 그리고 내면을 편견을 가지고 바라보았다. 작품, 편지, 동시대인들의 증언 그리고 많은 문서들 속에 명백히 드러남에도 불구하고 작가의 정교적 세계관을 고려하는 데 적극적이지 않았다. 당시 반反교회적인 이데올로기가 득세하고 있었다는 사실만으로도 이러한 조류가 성행하게 된 이유를 충분히 설명할 수 있기에 더 이상의 언급은 하지 않도록 하겠다.

그러나 문학 연구와 문화 전반에 걸쳐 작가의 작품과 삶에 대해 복음으로부터 발생한 정교적 특징을 적용해야 할 필요성만큼은 강조되어야 할 것이다. 이런 과정을 통하면 이제껏 통용되던 수수께끼는 사라지고 모든 것이 제자리를 찾게 될 것이다. 고골에 대한 이러한 적용 과정에서, 그의 작품은 독자들에게 더욱 선명해질 것이고, 독자들은 자신의 삶과 러시아의 영적 노정을 이해하는 데 도움을 얻을 것이며, 더욱 강력한 신앙을 얻을 수 있을 것이다. 고골 연구자들의 합당하지 못한 억측 또한 그 의미가 상실되고 있다. 수 세대의 러시아 독자에게 존재했던 고골은 본질적으로 사라졌다는 점을 언급해야 할 시점이다. 이제 상황은 변했다.

고골 연구의 또 다른 방향은, 만일 이렇게 표현할 수 있다면, 전통적인 자유주의 문학 연구로서 러시아 민족의 특성을 고려하지 않고 러시아 문학 텍스트를 서구적 방식에 의존하여 바라보는 것이다. 이러한 조류에 포함되는 연구 방법은 프로이트주의, 형식주의, 속류 사회학적 시각 등이다. 오늘날 정신분석학적 방법에 의한 고골 연구들이 매섭게 쏟아져 나오고 있다. 이미 많은 고골 연구자들이 이러한 논의를 진행한

바 있다. 러시아에서 프로이트적 방법을 확산시킨 연구자는 루나차르스키А. В. Луначарский이다. 이러한 사회적 요구에 답하여, 예르마코프И. Д. Ермаков는 《고골 작품 분석 개설Очерки по анализу творчества Н. В. Гоголя》을 출간했다. 이러한 연구 방법에 대해 당시의 연구가들, 즉 비노그라도프В. В. Виноградов, 페레베르제프В. Ф. Переверзев, 벨르이А. Белый, 비칠리П. М. Бицилли, 모출스키К. В. Мочульский 등이 한목소리로 비판했다. 시인 블라디슬라프 호다세비치는 망명지에서 다음과 같이 회상하였다. "혁명이 시작되던 무렵 어느 날 심리학자 예르마코프가 내게 오더니 자신이 고골에 대해 연구한 내용을 들어 봐 달라고 했다. […] 나는 그의 교묘하며 격렬한 논증에 빠져들었으나, 그의 말도 안 되는 억지와 인위적 추리는 스스로를 허상의 심연으로 몰아 갔다. 그렇게 나는 러시아 문학을 바라보는 프로이트주의적인 유아적 놀이의 첫 목격자가 되었다. 20년대 초에 예르마코프의 노력이 활자화되었고, 이에 대한 문학계의 반응은 경악과 망연자실이었으며, 드물게 우호적인 미소가 있었다"(Ермаков 1999, 7에서 재인용).

그러나 문제는 프로이트주의가 유명한 문학 연구가들에 의해 비판받았다는 사실보다는 학문으로서 근거가 없다는 것이다. 작가는 자신이 인정한 법칙에 따라 비판을 받아야 한다(푸쉬킨의 말을 떠올려 보자). 고골은 러시아 문학의 고전들처럼 신의 율법만을 자신의 법칙으로 삼는다. 때문에 그를 이러한 법칙으로 판단해야 한다.

이제 현대 고골 연구에서 종교적 경향이 발현되는 방식을 따라가 보겠다. 신간 연구서들의 검토는 뒤로 미루고, 고골의 새로운 텍스트의 발간, 구하기 힘든 고골 연구서(국내와 국외)의 재판, 고골 작품의 새로운 아카데미판의 발간 등의 순서로 현대의 고골 연구를 살펴보자.

최근에 소개된 고골의 마지막 생애에 집중적으로 집필된 새로운 텍스트들이 문헌학뿐만 아니라, 일련의 문학사적 문제들을 연구자들에게 제기하였다. 키예프, 모스크바 그리고 상트페테르부르크의 문서보관소에 보관된 고골의 원고들은 수십 년 동안 누구의 손도 닿지 않은 채 방치되었다. 그 원고들은 사제들의 저작과 기도서를 발췌한 글들이다. 이 원고들은 처음으로 아홉 권으로 된 전집에 실렸다(Гоголь 1994). 이 원고들은 고골의 영적 내면을 바라보는 전통적 시각을 재편하도록 강요하고 있다. 자신의 작품이 스스로의 정신구조와 가장 직접적으로 관련되어 있다는 작가의 고백을 상기할 필요가 있다.

〈러시아 시의 본질과 특질은 어디에 있는가В чем же наконец существо русской поэзии и в чем ее особенность〉라는 소논문에서 고골은 러시아 시인들이 영감을 얻어내야만 하는 세 가지 독자적 원천을 지적한다. 그것은 민요, 속담 그리고 사제의 담화이다(다른 소논문에서 그는 찬송가를 원천 중 하나로 칭한다). 이 세 가지 원천이 고골의 창작에 있어서 가장 중요한 의미를 지니고 있다고 감히 말할 수 있을 것이다.

루만체프스키 박물관(현재 러시아 국립 도서관)의 게오르기옙스키Г. П. Георгиевский 문서보관소장은 작가의 학문적 탐구 과정을 알려 주는 고골의 자료들을 발간했다. 사제의 저작, 종법집, 미사서로부터 취한 고골의 요약본은 자신의 영적인 창작의 지향점을 새롭게 했다. 이로부터 《성찬 예배에 대한 묵상Размышление о Божественной Литургии》, 〈죽은 혼Мертвые души〉 제2권, 《친구와의 서신 교환선》, 《작가의 참회Авторская исповедь》로 영적 맥락이 이어지는 것이다.

고골의 문학적 유산을 연구함에 있어 정교적 연구 방향은 《신학적 산문들Духовная проза》이라는 제목으로 작가의 종교적이고 도덕적인 저작들을 새롭게 엮어 완간함으로써도 드러났다(Гоголь 2001a, 2007). 이 책에는 엄청난 기도의 체험과 사고의 심오한 정교회적 특성을 입증해 주는 작가의 기도문들이 실려 있다. 이 책의 부록에는 정교회 사제들의 저작에서 작가가 발췌한 글들과 자신이 소유한 성서에 강조해 놓은 대목들이 실려 있다.

비노그라도프가 출간한 《고골의 미발표 저작들Неизданный Гоголь》이라는 책에 관해서도 지적하지 않을 수 없다. 여기서 잠시 짚고 넘어가야 할 점이 있다.

19세기 여타 러시아 문학의 고전 작가들과 비교해 볼 때 고골의 자필 원고를 발견하기는 매우 어렵다. 작가가 사망한 지 한 세기 반이 지난 후, 그러한 자료들을 출간하는 것은 고문서들과의 오랜 씨름과 작가와 작가의 주변인들을 세밀하게 분석하는 것을 통해 성취된다. 이는 고골의 작품과 유산을 철저하게 연구하는 것을 전제로 할 뿐만 아니라, 현대 문학 연구가 직면한 문제의 심도 있는 이해를 전제로 한다. 새롭게 발견되고 수집된 고골의 텍스트들은 질서 있게 재편되었고 세밀하게 주해되었다.

이 텍스트들 중 고골이 상트페테르부르크의 애국대학과 황제대학에서 역사에 대해 강의했던 내용이 있다. 해당 부분은 작가의 역사관을 이해하는 데 큰 도움이 된다. 여기에는 고골이 역사와 지리를 하나의 학문으로 연결시키려는 의도가 엿보인다. 고골은 강의의 목적을 이렇게 생각했다. "인간의 자유로운 혼이 태어나서부터 무지와 자연, 그리고 거대한 장애물과 투쟁하며, 피땀 어린 노력으로 이루려 했던 위대한 과정을 보여 주는 것이 역사의 목적이다. 역사는 전 세계 민족들, 분산된 시간, 사건, 산, 바다 등을 하나로 모아 질서 있게 하나로 연결시키는 것이다. 이로부터 하나의 위대한 서사시가 완성되는 것이다"(Гоголь 2001b, 88).

이 책에 실린 '잡다한 책'이라는 자료들도 독자의 흥미를 끌기에 충분하다. 동시대 러시아와 서구에서의 삶, 학문, 문화, 역사 등에 대한 다양한 정보를 이곳에서 찾을 수 있다. 고골이 먹으로 그린 뛰어난 그림들이 고대 그리스인들이 사용하던 악기와 무기를 이야기하며 함께 배치되어 있다. 태양계에 관한 고대와 현대의 개념이 그려진 도면도 있다. 스무 편이 넘는 작가의 그림이 책 속에 수록되어 있다.

연구자들에게 〈로모노소프와 데르좌빈Сочинения Ломоносова и Державина〉이라는 고골의 원고가 존재한다는 사실은 잘 알려져 있었다. 이고리 비노그라도프에 의해 출간된 이 원고는 미완성으로 남아 있는 〈러시아 젊은이를 위한 문학 교과서Учебная книга словесности для русского юношества〉와 《친구와의 서신 교환선》에 담긴 러시아 시에 관한 논문을 이해하는 데 큰 도움이 된다. 《고골의 미발표 저작들》의 다른 장에는 경제에 관한 소고, 편지들, 작가 메모, 고쳐 쓴 논문들, 설교문, 이런저런 문서들(예를 들어, 1835년 니콜라이 I세에게 증정한 《미르고로드Миргород》)이 실려 있다. 《친구와의 서신 교환선》과 관련한 이그나티 사제의 편지도 처음으로 출간되었으며, 사제장 타라시 세레딘스키T. Серединский의 평가 역시 같은 책에 수록되어 있다. 그는 우호적인 평가를 하며 글의 말미에 "그의 편지에서 느껴지는 성심과 교훈에 감사할 따름이다. 그의 편지에는 정교의 정신이 담겨 있다"(Гоголь 2001b, 425)라고 쓴다.

고골의 종교적 특징이 담긴 일군의 유명한 저작들에 또 하나의 길지 않은 글이 추가되었다. 풍부한 감성과 사랑으로 쓰인 〈감사에 대하여О благодарности〉라는 글 속에는 고골의 많은 작품과 편지를 관통하고 있는 신에 대한 끊임없는 감사의 모티프가 담겨 있다. "우리의 삶은 신에 대한 끊이지 않는 감사의 노래여야만 한다. 감사하고 또 감사하고 그러다가 사라져야 한다. 감사가 먹을 것, 마실 것, 존재 그리고 삶이 될 필요가 있다. 항상 감사하는 마음은 영혼을 고양시킬 것이며, 마음은 모든 이를 사랑하게끔 열릴 것이다. 감사는 우리의 힘보다 더 큰 힘을 준다"(Гоголь 2001b, 166-167).

다시 말하지만, 《고골의 미발표 저작들》과 유사한 책의 발간은 극히 드문 일이며 학문적 쾌거라 할 수 있다. 이고리 비노그라도프가 발간한 고골의 두 논문(Виноградов 2005) 〈우리의 교회와 영성에 대한 몇 가지 단상Несколько слов о нашей Церкви и духовенстве〉과 〈다시 그것에 관하여О том же〉

에 대해서도 언급할 만하다.

얼마 전에 발간된 《고골과 쉐레메테바 간의 서신 교환Переписка Н. В. Гоголя с Н. Н. Шереметевой》이라는 책도 고골의 종교적 면모를 파악하는 데 의미 있고 새로운 관점을 보여 준다. 나데쥐다 니콜라예브나 쉐레메테바Н. Н. Шереметева는 고골과 절친한 친구였으며, 1842년부터 고골과 계속해서 편지를 주고받았고, 작가의 어머니인 마리야 이바노브나하고도 서신을 교환하였다. 쉐레메테바에 관한 문헌에는 고골이 다른 사람들에게 보낸 편지의 사본도 보존되어 있다. 그녀의 소박하며 신심이 가득하고 기독교적 사랑이 담긴 편지는 고골뿐만 아니라 그녀를 알고 있는 동시대인들에게서도 존경심을 불러일으켰다. 모스크바나 모스크바 근교의 영지 루자에서 보낸 그녀의 편지는 정교의 모스크바와 작가를 연결시키는 귀중한 영적 통로였다. 작가 보리그 스포로프Б. Споров는 이 책에 관한 서평에서 다음과 같이 쓰고 있다. "나데쥐다 니콜라예브나 쉐레메테바는 단순히 고골과 서신 교환만을 한 게 아니라 많은 명사들하고도 서신을 주고받았다. 놀라운 직관으로 가득 채워진 그녀의 편지는 신중함과 문학적 장점 역시 부족하지 않다. 쉐레메테바의 편지를 읽으면서 고골 연구자들에게 오래전부터 부족했던 점이 인식되기 시작한다. 이러한 원전 없이 아직까지 정교가 살아 있고, 용서와 사랑이 있던 모스크바의 영적인 분위기를 이해하기는 어렵다. 가난한 사람들을 위해 돈을 모으고, 남의 집 처자들을 데려다 교육하고, 국가적 범죄자들을 용서하던 시기였다"(Споров 2002, 201).

부록으로 스페란스키 백작М. М. Сперанский의 출간되지 않은 저작과 1842년 가톨릭으로 개종한 가가린И. С. Гагарин 공후와 쉐레메테바 간의 서한이 포함된 《데카브리스트 폰 비진과 쉐레메테바로부터 고골이 얻은 프리메이슨과 데카브리스트 운동Материалы по изучению масонского и декабристского движения, полученные Гоголем от декабриста И. А. Фонвизина и Н. Н.

Шереметевой》이 출판되었다. 이 문서들은 19세기 전반기 러시아의 종교적 삶의 일부를 선명하게 그려 내고 있다. 이 책에는 또한《친구와의 서신 교환선》에 대한 동시대인들의 반응이 담겨 있다. 고골에게 보내는 나데쥐다 니콜라예브나의 편지 속에《친구와의 서신 교환선》에 대한 자신의 생각과 다른 이들의 의견이 실려 있다. 쉐레메테바는 1840년대 고골의 지적 경향을 함께 나눈 많지 않은 이들 중 한 사람이기 때문에 작가의 마지막 책은 그녀와 매우 관계가 깊은 것으로 드러났다.

고골의 삶과 창작을 다룬 연구서들의 재발행은 현대문학 연구의 중요한 성과라 하겠다. 1세대 망명 연구자들이 집필한 책들, 모출스키의《고골의 영적 행보Духовный путь Гоголя》(1934), 사제이자 교수인 젠콥스키 В. В. Зеньковский의《고골Н. В. Гоголь》(1961), 그리고 나보코프В. В. Набоков의《니콜라이 고골Николай Гоголь》(1944)이 언급될 만한 책들이다. 열거된 저작들 이외에도 고골의 전기와 작품 연구에 기여한 글들이 있다. 프란크 С. Л. Франк, 사제장 플로롭스키Г. В. Флоровский, 일린И. А. Ильин, 치젭스키Д. М. Чижевский, 비칠리, 일린В. Н. Ильин, 자이체프Б. К. Зайцев, 호다세비치В. Ф. Ходасевич, 레미조프А. М. Ремизов 등의 글이 바로 그것이다(Воропаев 2006). 한편 망명한 학자들의 고골 연구가 부차적이고 피상적이라는 점을 지적하는 바이다. 반드시 필요한 자료들을 포함시키지 못한 베레사예프В. В. Вересаев의 저서《고골의 생애Гоголь в жизни》(1933)를 고골에 대해 쓴 망명한 학자 거의 모두가 기초 자료로 사용하였기 때문이다.

러시아 학술원 산하 세계문학연구소가 준비한 고골의 작품 전집 중 1, 2권이 출판되었고 곧 3권이 출간될 것이다. 하지만 고골의 초기 작품(1권에《디칸카 근교의 야화Вечера на хуторе близ Диканьки》가 포함되어 있다)에 대한 해설이 바르지 않다는 점을 언급하지 않을 수 없다. 고골 중편소설의 미학적 세계가 인간이 세계 악과 대립할 수 없다고 여기는 독일 낭만주의로부터 기원했다고 해설에 쓰여 있다. 고골의 초기 작품의 문학적 풍요와 선명함 속에 악의 힘과 정교에 대한 분명한 시각이 존재한다. 악마가 이콘에 의해 패배하는 것처럼 고골의 작품 속에서 악은 필연적으로 신의 권능에 의하여 짓밟히고 패배자가 된다. 고골의 작품 속에서 뱀은 성스러운 대순교자 성 게오르기우스의 창에 찔린다.

고골의 주인공들이 악마의 간계로 두려움에 떨고 패배하더라도, 이것은 단지 주인공들이 영적으로 결핍하여 악마의 힘이 주인공들의 영혼을 잠식하게 만들었다는 것을 보여 주기 위함이다. 이 점에 대하여(그런데, 다른 현대의 문학 연구자들이 이 점을 직시하지 못하고 있다) 분명하게 고골의 작품들이 말하고 있다.

아카데미판의 해설자들은 정반대의 시각을 지지하고 있다. 고골이 지닌 세계관과 현대의 연구자들의 시각이 다르다는 것을 확인해 낼 수 있다. 고골에게서 신은 항상 사탄보다 강력하다. 십자가가 악마의 간계를 파괴하는 에피소드들이 그의 초기 작품에 여러 차례 드러난다(〈사라진 문서Пропавшая грамота〉, 〈성탄 전야Ночь перед Рождеством〉). 고골이 초기 작품에 구현한 민담과 민속적 풍습은 〈검찰관〉, 〈죽은 혼〉에서 다뤄질 것과 똑같은 점을 언급하고 있다. 그것은 바로 (훗날 도스토옙스키가 말하는 바와 마찬가지로) 선과 악, 신과 악의 힘, 선과 악의 싸움이 일어나는 곳은 인간의 마음이라는 내용으로, 격언과 우화의 기능을 수행한다. 고골은 이러한 싸움이 정교의 금욕주의적 교리 안에 있으며, 인간은 이러한 투쟁에 관여하고 있다고 본다. 선과 악의 싸움의 시발은 인간인 것이다. "우리는 싸우기 위해 이 세계에 불려 온 것이지, 축제를 즐기려고 불려온 것이 아니다. 승리의 축하는 다른 세계에서 할 일이다"(Гоголь 1994: 6, 285).

그런데도, 현대의 학자들은 고골이 쓰려고 한 것을 보여 주기보다는 자신들이 고골에 대해 쓴 것을 보여 주려고 한다. 작가의 광대한 재능 앞에서 자신을 겸손하게 두어 작가를 연구하기보다는, 자신의 지식, 예를 들어 역사, 예술, 민속 또는 신화학 등을 뽐내려는 데 작가의 작품을 이용하고 있다. 예를 들어 프로프В. Я. Пропп에 의해 제시된 민담의 분석 틀을 도식적으로 고골의 작품에 적용시키기도 한다. 새로운 아카데미판은 고골을 모욕하는, 인용할 가치도 없는 프로이트식 주해를 쏟아 내고 있다.

문학 연구자들은 애석하게도 도덕적 내용을 도외시하고 있다. 이런 관점을 입증하는 예로 앞에서 언급한 예르마코프의 프로이트식 방식으로 쓰여진 책을 상기하는 것으로 충분할 것이다. 책 속에는 (심리 분석에서부터 비교역사적 방법까지) 다양한 경향과 방법들의 혼합이 지배적이다. 거기에는 '니콜라이 수도원—송시적 공간의 탈신성화' 혹은 '음식의 두 가지 위격으로서 자연과 문화의 동일성'과 같은 유형의 표제들이 눈에 띈다(Иваницкий 2000, 27; 79). 다음은 저자의 스타일을 보여 주는 대표적인 사례이다. "키메라의 공간과 소택지의 공간과의 혼재는 보이지 않는 대리자-분신인 인간의 본성으로 악마가 침입하는 것을 허용토록 한다" (Иваницкий 2000, 127). 학술적인 책처럼 보이나 학술적인 내용은 전혀 들어 있지 않다. 여기 또 하나의 예가 있다. "자연의 사회질서 속으로의 거역할 수 없는 침입은 자연과 문화의 관계에 교착상태를 초래한다. 양 계급의 단위들은 이전과 같은 '이二 기능성'을 상실한다. 자연과 문화의 융합 대신 그들 간의 분규가 일어난다"(Иваницкий 2000, 111).

결말을 짓기 전에 러시아의 고골 연구는 성과가 있었을 뿐만 아니라 부정적인 경향도 존재했다는 점을 다시 한 번 강조하겠다. 정교적 연구로 작가의 삶과 창작을 연구하는 출판물의 발간이 있다면, 다른 한편으로는 선입견에 사로잡힌 방법이나, 사변적이고 사이비적인 고골 연구가 있다.

마지막으로 덧붙여 이야기한다면 고골의 묘에는 아직까지 십자가가 세워져 있지 않다(십자가를 다시 세우자는 결정을 작가의 기념위원회에서 내렸음에도 불구하고). 《친구와의 서신 교환선》에 수록된 〈유언Завещание〉에 고골은 아무런 기념비도 세우지 말라고 청했다. "나의 죽음 이후에 누군가가 내가 살아 있을 때보다 영적으로 더 성숙하게 된다면, 그 사람은 자신이 분명 나를 사랑했고, 나의 친구였음을 입증할 테니, 그 사람만이 내게 묘비를 세워줄 것이다"(Гоголь 1994: 6, 10). 십자가와 기념비는 다른 것이다. 오랜 시간 동안 성 다닐로프 사원의 고골의 무덤에는 정교 십자가만이 세워져 있었으나, 시간이 흐르고 난 뒤 묘비가 세워졌다. 1931년 고골의 유해가 노보데비치 묘지로 이장되었다. 이 상황은 믿을 수 없는 소문을 만들어 냈다. 고골이 관 속에서 돌아누웠는데, 산 채로 매장했기 때문에 이런 일이 발생했다는 얘기가 소논문이나 텔레비전에 심심치 않게 등장한다. 이런 소문은 《친구와의 서신 교환선》에 실린 고골의 유언을 기반으로 한다. "내 육신이 부패하는 명백한 징후가 보이기 전까지 나의 육체를 매장하지 마라. 이 점을 주지시키는 이유는 내가 병을 앓는 동안 이미 심장의 박동이 멈추고 몸이 마비되는 순간들이 있었기 때문이다."

이 말은 고골이 1845년 외국에서 몹시 심하게 병들어 죽음을 준비할 때 한 말이다. 그의 우려는 적중하지 않았다. 고골이 죽은 후 결코 그런 실수를 할 리가 없는 가장 뛰어난 의사들이 검진하였다. 더구나 교회의 장례가 끝난 후 죽은 사람이 다시 살아난 경우는 한 번도 없었다. 이것은 영적인 이유로 불가능하다. 이러한 논증이 근거 없다고 생각하는 사람들을 위하여 조각가 라마자노프Н. А. Рамазанов의 증언을 들 수 있다. 그는 죽은 고골의 얼굴상을 뜨기 위해 두 번의 작업을 하게 되었는데, 그 이유는 고골의 피부가 이미 썩기 시작해 부패한 피부 조각 일부를 떼어 낼 뻔했기 때문이다.

현재 고골의 무덤에는 톰스키Н. Томский가 제작한 조각상이 세워져 있다. 십자가는 여전히 없다. 이것은 정교적 인간이었던 고인에게 정당하지 못한 일이다. ■ **블라디미르 알렉세예비치 보로파예프** • 이기주 옮김

참고문헌

Виноградов И. А.

2005 Неизвестные автографы двух статей Н. В. Гоголя о Церкви и духовенстве. К истории издания «Выбранных мест из переписки с друзьями» // Евангельский текст в русской литературе XVIII–XX веков: цитата, реминисценция, мотив, сюжет, жанр: Сборник научных трудов. Вып. 4. Петрозаводск.

Воспоминания М. И. Гоголь-Яновской в путевом дневнике С. П. Шевырева. Публ. и коммент. И. А. Виноградова // Acta Philologica. Филологические записки. Научный альманах. Вып. 1. М., 2007.

Воропаев В. А.

2006 Гоголь Николай Васильевич (1809–1852) // Литературная энциклопедия русского зарубежья. 1918–1940. Т. 4. Всемирная литература и русское зарубежье. М.

Золотусский И. П.

2007 Гоголь. 6-е изд. М.: Молодая гвардия(Сер. Жизнь замечательных людей) .

Гоголь Н. В.

1936 Материалы и исследования. Т. 1. М.-Л.

1994 Собр. соч.: В 9 т. Сост., подготовка текстов и коммент. В. А. Воропаева, И. А. Виноградова. М.: Русская книга.

2001a Духовная проза Сост., вступ. статья и коммент. И. А. Виноградова, В. А. Воропаева. М.: Отчий дом.

2001b Неизданный Гоголь. Издание подготовил И. А. Виноградов. М.: Наследие.

2007 Нужно любить Россию. О вере и Государстве Российском. Сост., коммент. и вступ. статья В. А. Воропаева. СПб.: Русская симфония(Сер. Книжные памятники из фондов Библиотеки Академии наук).

Иваницкий А. И.

2000 Гоголь: Морфология земли и власти. К вопросу о культурно-исторических основах подсознательного. М.: Российский гос. гуманитарный ун-т.

Красоту ее Боровиковский спас: каталог. № 74. М.: Гос. Третьяковская галерея, 2008.

Кулиш П. А.

2003 Записки о жизни Николая Васильевича Гоголя, составленные из воспоминаний его друзей и знакомых и из его собственных писем. Вступ. статья и коммент. И. А. Виноградова. М.

Лернер Н.

1909 О дне рожденья Гоголя // Русская Старина. № 5.

Литературное наследство. Т. 58. М., 1952.

Максимович М.

1854 Родина Гоголя // Москвитянин. № 1. Отд. VIII.

Манн Ю. В.

2004 Труды и дни:1809-1845. М.:Аспект Пресс.

2009 Николай Васильевич Гоголь. Жизнь и творчество // Гоголь Н. В. Полное собрание сочинений в одном томе. М.: Изд-во АМФА-КНИГА.

Мошин А.

2001 Поездка в Васильевку // Вокруг света. № 34. М., 1903. 7 сентября. (первая публикация); Среди великих: Литературные встречи. М.

Неопубликованные страницы «Выбранных мест из переписки с друзьями» Н. В. Гоголя. Подготовка текста Ю. Балакшиной, С. Шведовой; вступ. статья Ю. Балакшиной // Вопросы литературы. № 6. М., 2005.

Новая Российская энциклопедия: В 12 т. Т. IV. (2). М.: Изд-во Энциклопедия, 2008.

Общественная мысль России XVIII – начала XX века: Энциклопедия. М: Российская политическая энциклопедия (РОССПЭН), 2005.

Русская Старина. № 10. 1888.

Споров Б.

2002 Ближе к родине небесной // Москва. № 7. М.

Чаговец В. А.

1902 На родине Гоголя Научно-литературный сборник, изданный Историческим Обществом Нестора-летописца. Киев, Отд. V.

20세기가 고골을 연다

모던의 시대는 러시아의 주요 작가들을 '가치의 재평가'라는 흐름으로 이끌어 '고전古典'의 신성함을 벗기는 작업에 착수했다. 그러나 이 과정은 푸쉬킨과 톨스토이 그리고 도스토옙스키를 '현대라는 기선에서 던져 버리기'와는 차이가 있다. 이와 같은 극단적인 표현은 이후 문학 세대의 선언문에서야 등장한다. 1897년 메레쥐콥스키의 문집 제목이기도 한 '영원한 동반자'의 위상은 여전히 높은 것이었다. 게다가 앞 세대와 동지를 쟁취하기 위한 투쟁에서 적극 나선 상징주의 담론은 '고전'의 영역을 확대했다. 초기 모더니즘이 블라디미르 솔로비요프로부터 물려받은 악의 문제에 대한 그노시스적 우려는 그에 상응하는 해석학적 기획을 만들어 내었다. 이들은 인간의 본성과 세계의 부조화 그리고 악의 형이상학을 세계가 신에게서부터 오래전부터 '분리'되었기 때문에 조성된 '파괴된 기준нарушенная мера'으로 해석했다. 따라서 초창기에 로자노프와 메레쥐콥스키의 고골 해석을 살펴보면(Розанов 1893; Мережковский 1906) 고전적 시대의 작가는 예술가이자 신비를 보는 자이며 형이상학적 악의 묘사자로 표현되어 있다. 바로 여기에서 '정전канон' 논쟁이 촉발된다. 즉 고골이 '리얼리즘의 아버지'(벨린스키)이며, 그의 재능이 사회의 제

관계에 대한 비평에 정향되었다는 규범적 견해를 둘러싼 논쟁이 시작되었다. 그러나 논쟁은 시작되기만 했을 뿐 해결되지 않은 채 오랫동안 계속되었다. 질풍노도 시기의 이데올로기적 담론에서 시학적 담론으로 전환하면서 모더니즘비평은 언어적 질료를 분석 대상으로 삼았다. 이 과정에서 고골 스타일의 외면적 '자연스러움'(미메시스적 성격) 안에 그로테스크한 성격이 있음이 드러났다. 이것은 작가의 예술세계를 소화하는 데 새로운 자극이 되었다. 의사擬似 전형화의 기법을 이해하는 과정에서 패러디성의 의미론이 모습을 드러내었다.

'정전'이 점차 힘을 잃어 가는 위기 상황에서 고전적 유산의 해석의 문제가 발생하게 되었다. 이는 고골 탄생 100주년 기념 주간과 관련하여 표면화되었다. 기념 사업 추진 단체는 모스크바 대학 산하 러시아 문학애호가협회Общество любителей российской словестности였다(Клейменова 2002).[1] 1909년 4월 26일에서 28일에 모스크바에서 '고골 주간' 행사가 벌어졌다. 이 기간 동안 제례적이면서 상징적인 성격의 행사가 많이 진행되었다. 구세주 성당에서는 추도 예배가 열렸으며, 프레치스텐스키 거리에는 작가의 동상제막식이 있었고, 다닐롭스키 수도원의 묘지에서는 헌화식이 있었다. 또한 모스크바 대학에서는 기념행사가 열렸으며 러시아의 여러 도시와 유럽의 여러 나라에서 대표단이 파견되었고[2] 메트로폴 호텔에서 만찬이 열렸으며 큰 관심을 불러일으키는 언사들이 이어졌다… 스캔들도 피할 수 없었다. 해석의 위기 상황 속에 가장 취약한 지점이 겉으로 드러나게 되었다. 다음의 두 에피소드는 고전-작가의 성화聖化/탈성화의 역사라는 관점에서 볼 때 우리의 관심을 끈다.

---

1 Гоголь и Общество любителей российской словесности. М., 2005.

2 외국의 슬라브 학자 중에는 외젠-멜키오르 드 보귀에Eugène-Melchior, vicomte de Vogüé가 기념식에 참석하였다. 그는 프랑스에 러시아 문학을 확산시킨 저명한 인사이자 《러시아 소설》의 작가이자 도스토옙스키가 그에게 보낸 편지 속에 쓰인 "우리 모두는 고골의 〈외투〉에서 나왔다"는 문구를 회자시킨 인물이다.

작가의 기념비를 개막한다는 사실 자체가 그 시절에는 충분히 의미심장한 사건이었다. 실제로 작가 기념비가 세워진 것은 1880년에 있었던 푸쉬킨의 동상(모스크바의 트베르스코이 불바르에 있는 오페쿠쉰A. M. Опекушин의 작품) 제막 이래로 처음이었다. 그 행위 자체가 러시아에서 문화 이데올로기로서 문학 중심주의를 확인하는 최초의 증거가 되었으며 실질적인 국민적 표명이 되었다. 실제로 시대의 지성들이라 할 수 있는 투르게네프 및 오스트롭스키, 특히 도스토옙스키의 강연은 이러한 상황에 적지 않은 영향을 주었다. 도스토옙스키의 〈푸쉬킨 동상 제막에 바치는 글〉은 문학사적 의미를 가진다.

고골 동상의 제막은 이미 신성시되어 신화가 된 푸쉬킨의 동상과는 다른 양상을 보여 주었다. 동상 제막을 통해 고골의 이름이 러시아 문학의 판테온에 '러시아 시의 태양' 푸쉬킨을 이은 이인자의 반열에 오르게 되었다. 따라서 그 사건 자체는 작가에 대한 전 민중적 사랑의 표현(동상은 일반인의 모금으로 제작되었다)이자, 유럽을 포함한 아카데미 차원에서 그의 예술세계를 인정한다는 선언이 된 것이다. 다른 한편 안드레예프Л. Андреев, 고리키M. Горький, 코롤렌코B. Короленко 등 동시대 대작가들은 반동적인 러시아 전제정치에 대한 거부의 표시로 기념식 불참을 공공연하게 선언했다. 그 결과 기념식의 당사자에게 바치는 수사修辭는 니콜라이 시절의 러시아 풍속의 폭로자이자 사실주의 작가라는 고골의 '정전'을 수호해 온 대학의 교수단의 몫이었다. 현장의 목격자인 로자노프는 다음과 같이 쓰고 있다. "마음속에서 우러나오는 말도, 진실함도 없었다. 모스크바의 고골 주간에서 참을 수 없었던 것은 모든 것이 너무나 망가져서 모든 사람들이 자신에게 그다지 필요하지도 않은 말들을 한다는 것이다." 로자노프는 누더기가 된 기념용 수사들을 "오랫동안 바닥을 쓴 빗자루의 먼지가 잔뜩 묻은 끄트머리"로 비유했다(Розанов 1994, 296).

기념 주간의 첫째 날인 4월 26일 조각가 안드레예프H. Андреев의 수년간의 작업의 결과가 모습을 드러냈다. 그의 동상은 예언자-작가라는 '고전적' 혹은 '영웅적' 형상, 즉 알레고리 시학과는 거리가 멀었다. 그것은 전혀 기념비적이지 않았다. 대중의 놀라움과 분노는 극에 달했다. 그만큼 안드레예프의 동상은 시각적, 상징적인 관념에 부합하지 않았으며 기대에서 벗어나 있었다. 그것은 인간의 초상이었다. 불안정하게 외투에 몸을 감추고 그에게만 보이는 세계를 멜랑콜리하게 관조하고 있는 병든 인간의 모습이었다.

모스크바 니키츠키 가로수 길의 고골 동상
(H. 안드레예프, 1909년)

로자노프는 신문《신시대Новое время》의 평론가 자격으로 행사에 참석하여 〈모스크바의 고골 주간Гоголевские дни в Москве〉, 〈고골과 극장에서의 그의 의미Гоголь и его значение для театра〉, 〈고골 기념비는 어찌하여 성공하지 못했나?Отчего не удался памятник Гоголю?〉와 같은 기록을 남기면서 또 다른 고골을 알린 사람이 되었다. 연상의 흐름을 따라 자유롭게 이동하며 생각을 기록하는 로자노프식의 에세이 글들은 비판적 사실주의 이념가들의 공리公理, 즉 고골은 '위대한 사실주의자'이자 '러시아문학의 고골 시대'의 창시자라는 시각에 교정을 가한 실제적인 의미에서의 미학적 선언문이었다. 문제는 모더니스트 작가가 특정한 '정전'을 주장하는 실증주의적, 자유주의적 패러다임 비판에 자연스럽게 나섰다는 것이 아니다. 로자노프가 관심을 가진 것은 사회적인 암시의 효과, '슬쩍 바꾸기' 및 환상의 승리의 효과 그리고 외적 징후라는 그릇된 사상의 효과였다. 본질적으로 비평가이면서 작가인 그는 신비주의적 해석을 배제하고 현대화된 사회에서 작가의 예술세계와 '정전'의 흡수 메커니즘에 있어서 미디어의 힘에 대해 논평했다. "우리의 환상은 진짜 사실만큼이나 삶을 창조해 낸다. '주관적인' 차원에서 볼 때 고골이 사실주의자건 자연파건 상관없다. 고골이 '주관적으로' 어떤 사람인가가 '문제'가 아니라 그가 '객관적'으로 어떻게 보이느냐, 관객들과 동시대인들 및 독자들에게 어떻게 생각되느냐가 문제인 것이다. 삶과 역사를 만들어 낸 것, 거대한 삶을 창조해 낸 것은 바로 자연파이자 사실주의자로 그를 인정한 것이다. 중요한 것은 그의 작품에 '진정으로 올바르다'는 명패를 달아서 모든 이들이 〈검찰관〉도 〈죽은 혼〉도 현실의 복제라고 생각하는 것(그것이 잘못된 것이라 하더라도)이다"(Розанов 1994, 297).

그 결과 고골은 '위대한 환상의 창조자'가 되었다. 그의 환상과 선택적 시각의 열매는 '완전하고도 생생한 삶'으로 받아들여졌다. 그러나 모던한 인간으로서 로자노프는 예술의 퍼포먼스적 요소들과 창조적 판타지가 리얼리티에 영향을 미치는 가능성을 고려하였다. "그는 러시아 전체가 발군의 실력도 없는 하찮은 존재라는 것을 보여 주었다. 너무나 놀라울 정도로 강하고 분명하게 보여 주어서 관객들은 순식간에 눈이 멀어서 현실을 볼 수 없게 되었다. 그들은 〈죽은 혼〉과 같은 것은 실제 삶에서, 완전하고도 생생한 삶 속에는 절대로 존재할 수 없다는 것을 이해하지 못하게 되었다"(Розанов 1994, 297). 다른 곳에서 로자노프는 고골보다는 오히려 고골에 대한 '정전'에 대해 도발적인 태도를 취하였다. "고골에서부터 현실에 대한 혐오가 시작된 것처럼 우리 사회는 바로 고골에서부터 현실감각을 상실하기 시작했다"(Розанов 1989).

로자노프에 따르면 고골 동상은 왜 성공하지 못한 것일까? 실제로 조각가는 성공적으로 작업하였다. 고골 동상에는 푸쉬킨 동상의 알레고리적 성격도, 수사적인 '미화美化'도 없었다. 그 대신 인간적이며, 심리적인 초상화적 요소가 지배적이었다. "이것은 살아 있는, 자연 그대로의 인간의 초상화이다. 묘사된 인간의 사상이나 체계를 드러내 주는 요소들이 기념비에 매우 많이 있다. [...] 가까이에서 살펴본 동상은 매우 훌륭했으며 관심을 끌었다"(Розанов 1994, 302). 여기서 로자노프의 말은 옳았다. 고골 동상은 열린 광장 공간에는 어울리지 않았다. 멀리서 보면 초상화 같은 분위기가 등을 구부리고 앉아 있는 전체 실루엣 속에 녹아 있다.

그러나 로자노프는 자신의 생각을 가장 극단적인 방향으로 전개시킨다. "'청동 고골'은 해결될 수 없는 과제이다." 왜 그럴까? 곧바로 몇 가지 질문이 떠오른다. 고골 재능이 가진 서정성과 자연주의적 성격을 어떻게 시각적으로 결합시킬 것인가? 그것은 언어에서만 가능한 것이었다. 그의 예술 창작의 시기들 가운데 어느 단계를 선택하여 형상화할 것인가? 소러시아 중편 시기, 혹은 상트페테르부르크의 환상 시기, 아니면 《친구와의 서신 교환선》과 같은 종교적 신비주의 시기? 고골의 무엇에 기념비를 세울 것인가? 무엇을 영원으로 남길 것인가? 이때 조각가는 인간으로서, 그리고 창작자로서의 고골의 삶의 위기이자 결말의 순간을 선택했다. 그러나 그 순간은 존재의 종말이었으며 예술창작의 종말과 일치했다. 〈죽은 혼〉 제2권을 불태웠던 시기였다. 당시 사람들은 그 일이 고골의 정신질환 때문에 일어난 일이라고 생각했다. 발작적 정신이상의 창조성을 인정하는 시대의 정신에 따라 조각가는 예언자가 아니라 당혹감에 빠진 '병든 천재'를 형상화한 것이다. 로자노프의 말에 따르면 조각가는 무아경에 빠진 인간을 옹호하고 "병에 대한 권리, 심지어 그 병을 '영원으로 만들' 권리를 가진 병든 천재의 동상"을 만드는 과정에서 "의학적이면서 형이상학적인 심리적 사실"과 만나게 되었다(Розанов 1994, 306). 이러한 태도는 기념비적 성격에 매우 모순된다. 그러나 로자노프는 고골의 문학적 사건을 바로 이 '기념비성'의 파괴, 과거의 파토스와 미사법 및 문학적 '정전'의 파괴로 해석하였다. "고골의 러시아 강림의 본질은 러시아가 적어도 그 자체로 '기념비적'이며, 장엄하고 의미심장하다는 데 있다. 고골도 상상의 '기념'이든 실제 '기념'이든 이 모든 '기념'들을 거치고 그 모든 것을 자신의 쇠약하고 힘없는 발로 눌렀다. 그래서 '기념비'들은 흔적도 없이 사라져, 추한 혼란만이 남았다…"(Розанов 1994, 308). 고골의 '반反기념비적 경향'을 독창적으로 해석한 로자노프는 새로운 시학적 방법론의 가능성을 증명하고 있다. 그 시학적 접근 방법은 무엇보다도 상징주의의 문학장에서 형성된 것이다. 바로 이곳에서 고골 예술의 재성찰이 이루어졌다. 사회학적 비평의 한계를 뛰어넘는 언어적 이상 비대, 과장법, 문체적 아라베스크, 그로테스크한 변형과 그 시절에는 볼 수 없었던 희극성에 관심이 집중되었다.[3] 즉, '미사여구'의 수사적 정전과 '자연스러움'이라는 사실주의적 정전에 배치되는 모든 것에 관심이 집중되었다.

동시대인들에게 거부당한 고골 동상의 운명은 어떻게 되었는가? 그것은 모스크바 전경全景의 유기적 일부로, '터주genius loci'로서 그 자리에 오래도록 서 있다. 이곳에 자주 들르던 미하일 불가코프는 그 동상을 '병든 새'라고 불렀다.[4] 새로운 시대의 작가, '고골적인 것'에 대해 자신만의 시각을 가지고 있는 그는 메이예르홀드의 실험극장이 고골 드라마투르기를 후기 상징주의적 측면에서 해석한 것과 관련하여 논쟁에 나섰다.

1956년 고골의 동상은 니키츠키 거리에 있는 톨스토이А. Толстой 공작의 대저택의 마당 안으로 옮겨졌다. 고골은 그곳에서 마지막 여생을 보

3 이와 관련하여 안드레이 벨르이의 이름은 의도적으로 제외했다. 다만 독자들로 하여금 논문, 수기와 실험적 산문, 특히 소설 〈은빛 비둘기Серебряный голубь〉, 그리고 메이예르홀드В. Мейерхольд가 올린 〈검찰관〉의 무대화에 대한 후기 평가들과 《고골의 창작 기법Мастерство Гоголя》(1934)을 읽을 것을 권한다. 《고골의 창작 기법》에는 벨르이 자신의 창작 세계에 관한 분석이 시도되었다.

4 작가의 두 번째 부인 벨로제르스카야Л. Белозерская의 증언이다. "불가코프는 고골에 대해 매우 특별한 태도를 취했다. 가능하면 항상 기념비의 옆을 지나가곤 했다… 그는 이 기념비를 '병든 새'라고 불렀다…"(Чудакова 1985, 360).

냈으며 창작 활동과 확실하게 결별을 고했다(동상은 현재 외견상 주변 공간과 균형을 이루며 서 있다. 작가를 기억했던 집은 고골의 집이 되었다). 고골 거리(프레치츠텐스키 거리)에 동상이 치워진 자리는 '소비에트 정부'의 이름으로 새로운 기념비가 세워졌다(톰스키H. Томский 작). 톰스키의 동상은 소러시아의 계몽주의자로서 씩씩하고 유쾌하게 조각되어 러시아 문학 고전의 시성화의 새로운 단계에 어울리는 것이었다. 그것은 러시아와 우크라이나 민족 사이의 형제애적 관계의 확인과 낙관주의를 말한다. 작가의 탄생 200주년 기념 전야에 예술 인텔리겐치아 사이에서 고골의 동상을 이전 자리에 되돌려 놓자는 발상이 나왔다. 고전의 소화消化는 고유한 리듬을 탄다. 이제 소비에트 제국의 폐허 위에서 제국의 기념비들은 사멸한 거인들의 석화된 잔재처럼 보인다. 조각가 안드레예프의 기념비는 아직도 '첨예함'을 잃지 않은 은세기 문화의 맥락 속에서 인식되면서, 분노가 아니라 멜랑콜리를 불러일으켰다. 그것은 천재의 모순성과 복잡함을 이해하고 있다는 이유로 관심을 끌었다. 의견이 분분하였고 서로 다른 논거들이 제시되었으며 토론이 인터넷상으로 옮겨졌다. 모스크바 시 당국에 호소하는 저명한 인사들의 서명이 모였다… 고골의 역사는 계속되고 있다…

모스크바 고골 거리의 고골 동상
(H. 톰스키, 1952년)

두 번째 에피소드. 언어 속의 고골—과장과 판타지

4월 27일 러시아 문학애호가협회의 기념식에는 상징주의 시인이며 상징주의 운동의 사상가이자 영감의 원천인 발레리 브류소프В. Брюсов가 연단에 나섰다. 그의 강연의 제목은 〈재灰가 된 자—고골의 특성Испепеленный. К характеристике Гоголя〉으로 기념사와는 어울리지 않았다. 브류소프는 당시 모더니즘이 현대 세계의 항수로 생각한 파편성, 총체성의 상실이라는 기조로 고골의 예술과 삶을 상징주의적 창생жизнетворчество이라는 관점에서 발언했다. 그 관점에서 볼 때 고골의 작가적 개성과 그가 창조한 예술세계는 '자연파' 문학비평의 기준에 더 이상 적합하지 않았다. "만일 우리가 고골의 예술과 삶을 지배하는 영혼의 본성, 그 'faculté maîtresse'[5]를 규정하고자 한다면 과장과 과대 지향을 지적해야 할 것이다. 로자노프와 메레쥐콥스키의 비평이 나온 후에는 이제 더 이상 고골을 그 시대 러시아의 현실을 매우 올바르고 정확하게 반영한 작품을 쓴 철저한 사실주의자로 볼 수 없게 되었다. 반대로 비록 그 자신은 주변 삶을 양심적으로 기술하는 역사가가 되고자 애썼지만 자신의 창작 속에 그는 언제나 몽상가이자, 공상가였으며 실제로 자신의 환상의 이상적 세계만을 작품 속에 구현했다. 환상소설들처럼 그의 사실주의적 포에마들도 모두 상상 속에 안주한 고독한 공상가의 산물이자, 환상이라는 극복할 수 없는 장벽으로 세계 전체와 분리된 몽상가의 창조물이다" (Брюсов 1909, 98).

브류소프는 고골이 창조한 환상적 세계를 분석하면서 육체의 일부, 성격의 한 특질 혹은 영혼의 단면의 과장 및 과장된 변형 기법을 지적했다. 브류소프는 고골과 비교할 수 있는 문학가로 에드거 앨런 포를 들며 포의 후기 낭만주의적 환상작품들을 거론하였다. 그는 육체의 일부가 과도하게 발달한 그로테스크한 형상들이 등장하는 단편을 언급하였다. 브류소프는 낭만주의적 전례들을 벗어나지 않으면서 작가의 과장된

5 지배적인 자질(프랑스어).

문체를 기술하기 위해 '두꺼운 돋보기로 보기'라는 은유를 사용했다. 여기서 빈정거리는 어투는 분명 독일 낭만주의를 겨냥한 것이다. 유리 만도 '본질 파악의 모티프, 일상적이면서 분명한 것들의 경계를 넘는 이동의 모티프'로서 호프만적인 '마법 유리'와 '기적의 안경'이 고골의 예술 세계에 있다는 것을 지적하였다(Манн 2002). 따라서 바로 낭만주의자들이 광학적 메타포를 문학에 도입하였을 뿐 아니라 시력 교정용 도구들(안경, 외눈 안경, 현미경, 확대경 등)이 예술가들에게 새로운 가능성을 제공하였다는 점을 기억할 필요가 있다. 이것은 선적인 서사의 혼란과 서사 시점의 변이라는 중요한 흔적을 남겼다. 바인쉬테인О. Вайнштейн은 '시각적인 것'의 역사적 재현 형식을 분석하면서 다음과 같이 언급한다. "눈에 보이는 광경은 이제 신빙성의 증거가 되지 않았다. 반대로 그것은 그 자체의 구성에 대해 생각하도록 만들었다. 광학적 모티프들이 낭만주의 텍스트에서 시점을 바꾸거나 혹은 주인공의 상상의 무한한 가능성을 드러내면서 내러티브 메커니즘으로서 기능을 하는 것은 우연이 아니다" (Вайнштейн 2004, 178).

브류소프가 선택한 해석 전략과 다른 고골을 대중에게 제시하는 수사적 질서는 결론에 있어서도 로자노프의 방식과 유사하다. "고골의 창조물은 과감하면서 무시무시한 캐리커처이다. 그것은 우리가 위대한 예술가라는 최면에 빠져 수십 년 동안 거울에 비친 러시아 현실이라고 생각한 것들이었다"(Брюсов 1909, 102).

고전의 탈성화脫聖化 과정을 역사적으로 올바르게 평가하기 위해 거명해야 할 사람은 인노켄티 안넨스키И. Анненский이다. 그는 1890년대에 고골의 환상적인 것의 본질을 최초로 성찰한 사람이었다. 1890년대에는 주변('객관적') 리얼리티와 심리 세계의 리얼리티가 점차 혼합되는 것이 문학적인 관심의 대상이었다. 고골과 도스토옙스키의 '환상적인 것의 형식'에 대하여 안넨스키는 환상적인 것에 대한 자신만의 시학적 견해를 제기했다.[6] 안넨스키에 따르면 예술은 첫째, 실재적인 것과 상상(환상)적인 것의 간섭의 장이다. 상상의 것은 인간의 새로운 경험 분야들을 점차 정복하면서 이를 통해 실재적인 것의 한계를 확대하고 동시에 더 모순적인 환상의 외형을 만들어 낸다. 둘째, 의식적이든 무의식적이든 헛소리나 환각 또는 환영 및 강박적 상황이 만들어 낸 환상성은 실재의 영역에 속한다. 즉 그것은 인간의 내부 세계가 객관화된 것이다. "이 세계에는 환상적인 것, 글자 그대로 초자연적인 것은 없다"(Анненский 1988, 207-208). 따라서 예술은 대부분 영혼의 세계와 관련이 있기 때문에 "삶을 단순히 묘사하는 것이 아니라 인간의 영혼 속에서 일어나는 일을 객관화하면서 삶을 펼쳐 보인다". 안넨스키에 따르면 환상적인 것은 두 개의 양태로 존재한다. 판타지가 완벽하게 리얼리티(즉 결정론이나 동기화)로부터 해방되었을 때 환상적인 것은 순수한 양태(신화적 의식)와 관례적인 양태(문학 기법)로 나뉜다. 환상적인 것이 신비주의적인 것을 바탕으로 발전한다면(예를 들어 고골의 〈비이Вий〉처럼 '신비로움 앞에선 공포') 그것은 점층법처럼 영향의 강도와 단계가 점증하는 방식으로 전개된다. "공포가 두려움으로 바뀌고 두려움이 당혹감과 슬픔으로 바뀌며, 당혹감이 망연자실로 바뀐다. 나와 주변의 경계가 사라진다…"(Анненский 1988, 215). 예술적 변형의 과정에서 정신이상은 두렵고 끔찍한 것을 만났을 때 기대되는 심리적 쇼크로 이어진다. 안넨스키는 환상적인 것에 대한 분석(그리고 고골적 그로테스크 분석)에서 동시대 및 과거의 문학적 현상에 대한 분석들처럼 무의식의 영역, 부조리하며 부정적인 상황 및 '치환' 작용의 결과 발생한 변형에 특히 큰 관심을 보였다. 안넨스키의 뛰어난 점은 낭만주의적 시학을 계승하는 동시에 실증주의적 지식도 갖추고 있

---

6 무엇보다도 〈고골의 환상적인 것의 형식에 대하여(1890년 9월 15일 김나지움에서 한 구레비치의 발언)〉(최초 게재는 Русская школа. 1890. № 10, 이후 Художественный идеализм Гоголя(Речь, произнесенная 21-го февраля 1902 г.)를 참조할 것.

으며, 미래에 있을 예술 창작의 상상력에 대한 심리분석적, 인류학적 연구를 선구했다는 점이다. 잘 알려진 바와 같이 이와 같은 연구는 이후 고골 연구에 '돌파구'를 만들어 주었다(Лахман 2001).

모더니스트 작가들과 황홀경의 옹호자들은 고골의 재능으로 극단성에 주목하였다. 모던의 특징인 문화적 확대 지향이라는 관점에서 볼 때 고골은 신경증적 의식과 황홀경적 창생이라는 영역에 속한다. "극단, 과대, 과장 지향은 고골의 예술에서만 드러나지 않는다. 그것은 그의 인생 전체를 꿰뚫고 있다." 고골에 대한 브류소프의 결론이다. 작가의 인생은 '심연들' 사이, '단단한 의지'와 가슴속에 숨겨진 불꽃 사이를 오가며 그 궤적을 남긴다. 자유를 향해 힘차게 나온 그는 예술가를 잿더미로 만들었다.

대중들에게 보인 '고골 신화'는 대중들의 반목을 불러일으켰다. 특히 '60년대인들'과 신성화된 '교육용' 고골 형상의 수호자들과 그들의 유훈으로 교육받은 대학 교수들의 반발이 심했다. 언론을 통해 스캔들이 번져 나갔다. 고골의 기념일은 언론에 의해 크게 기사화되었다. 브류소프는 논문집 《모스크바의 고골 주간Гоголевские дни в Москве》(1910)에 자신의 강연 내용을 출판하면서 서문을 통해 고골의 예술과 삶에 대한 도그마에서 벗어나야 한다고 주장했다. "잘 알려진 바와 같이 나의 발언은 […] 청중 일부로부터 격한 반발을 샀다. 그 시절 〈결혼Женитьба〉이 얼마나 많은 조롱을 받았던가를 상기시키는 수많은 연사들의 발언이 이어지던 그 시간, 나에게 던져진 그 조롱의 휘파람들이 그다지 무게감 있는 논거를 가진 것으로 생각되지 않았다. 다음 날 신문들은 (놀랍게도) 청중보다 더 경멸적 어조로, 나의 발언이 비록 '독창적'이기는 했지만 기념일에는 적절하지 않다고 주장하였다. 그런 의견에는 동의할 수 없다. 위대한 시인에 대한 진정한 축하는 바로 그의 작품을 연구하는 것이며 그의 개성을 전면적으로 평가하는 것이라고 생각한다. […] 고골은 공상가였으며 현실을 정확하게 재현하려는 격렬한 열정에도 불구하고 그는 언제나 몽상가로 남았다. 일상에서도 그가 환상에 빠져들었다고 주장한다고 해서 그것이 절대로 고골을 모욕하는 것이라 할 수 없다. 고골이 철두철미한 사실주의자라는 등의 미숙한 의견을 받아들이지 않는 나는 고골에게 누를 끼치려고 하는 것이 아니라 다만 다른 측면에서 그의 형상을 조명하고자 했을 뿐이다."[7]

리구리아Liguria 해안의 카비 디 라바냐Cavi di Lavagna라는 이탈리아의 작은 마을, '아름다운 먼 곳', 망명지에서 전제주의에 대항한 용사이자 저널리스트이며 자연파적 경향의 작가인 알렉산드르 암피테아트로프A. Амфитеатров는 모스크바에서 열리는 이 기념 행사를 주시하고 있었다. 그는 당연히 러시아의 통신과 신문을 통해서 그 내용을 접하게 되었다. 자신과는 미학적으로 전혀 다른 문학 학파의 대표자인 브류소프의 강연 내용이 그의 눈에 띄었다. 그것은 암피테아트로프의 관심을 끌었고 이는 두 문학가의 서신 교환으로 이어졌다. 러시아 국립 도서관 브류소프 아카이브에는 1909년에서 1912년 동안 암피테아트로프가 쓴 다섯 통의 편지가 보관되어 있다. 첫 번째 편지의 내용은 아래와 같다.

이탈리아. 카비 디 라바냐
(제노바를 경유하여)
1909. 5. 15

존경하는 발레리 야코블레비치

제가 부칭을 잘못 쓰지는 않았는지요?

고골에 대한 당신의 강연은 매우 흥미로웠습니다. 신문 기사들을 종합해 볼 때 당신의 강연은 미사여구로 치장된 축사들과는 달리 진지한 비평의 시도로 저의 눈길을 사로잡았습니다. 그 강연 때문에 당신은 압력

7 Гоголь и Общество любителей российской словестности. с.317에서 재인용.

을 받고 있는 것 같군요. 알고 계시겠지만 나는 당신이 만들어 낸 '데카당'과는 거리가 멉니다. 그러나 《말Речь》지에 실린 당신의 강연내용을 읽으면서 나는 문학적 감수성을 가진 진실한 사람이라면 전적으로 동의하지 않을 수 없는 내용을 보게 되었습니다. 당신의 강연 내용의 세세한 부분까지도 알고 싶습니다. 아마도 당신은 그 내용을 출판하시겠지요. 가능하면 출판된 직후 그 복사본이라도 보내 주시면 감사하겠습니다. 제 요청을 받아 주시면 정말 고맙겠습니다.

그럼 안녕히 계십시오.

알렉산드르 암피테아트로프[8]

이후 1909년 6월 4일자 편지에서 암피테아트로프는 잡지 《천칭Весы》 고골 특집호를 보내 준 것에 대해 브류소프에게 감사 인사를 전하며 고골의 예술적 재능의 본성에 대한 자신의 시각을 한때 경멸하던 '데카당' 사상의 도움으로 발전시켰다.

암피테아트로프의 《고골의 나날들Гоголевские дни》은 서로 다른 세대에 속하며 서로 다른 사상적, 미학적 배경을 지닌 작가들의 서신 교환물이다. 제1부 '기념일 후에'는 고골이라는 기념비적 인물이 푸쉬킨이라는 기념비적 인물에게 보내는 편지로 양식화된 서간체 형식으로 구성되었다. "장막이 벗겨졌을 때 처음 든 생각은 관리들이 여기 많다는 것이었다. 그 다음은 화려한 제복에 눈이 멀고, 칸타타의 노래에 귀가 먹먹해져 이미 아무것도 보이지 않았다. 얼굴 대신에 돼지 주둥이만 보였다. 더 이상은 아무것도 보이지 않았다. 아가피야 티호노브나처럼 소스라치게 놀라서 소리를 지를 뻔했다. '저리 꺼져, 멍청한 것들!' 그러나 회계검사관 야이치니차가 나를 내려다보고 있었고 경찰서장 안톤 안토노비

8 Отдел рукописей Российской государственной библиотеки (Москва). Ф.386. Карт. 74. № 31. Л. 1.

치 스크보즈니크-드무하놉스키는 곁눈질을 하고 있었고 스비스투노프와 푸고비츠인, 데르쥐모르다가 쳐다보고 있었다. […] 알렉산드르 세르게예비치, 친구여, 이런 사회에서라면 내 자신이 너무나 불행하고 고독하게 느껴져서 이반 바실레비치 트랴피치킨이라도 반가울 것 같다" (Амфитеатров 2003, 33-34). 희비극 그로테스크처럼 고골 이전까지 러시아 문학에 없었던 패러디의 희극적 효과는 새로운 고골의 영토가 되었다. 이는 비非상징주의적 경향의 시학에서도 발견된다. ■ **나탈리야 유리예브나 그랴칼로바 • 최진희 옮김**

참고문헌

Амфитеатров А.

2003 Собрание сочинений. В 10 томах. Т. 10. Кн. 1. М.

Анненский И.

1988 Книги отражений. Л.

Брюсов В.

1909 Испепеленный. К характеристике Гоголя // Весы. № 4.

Вайнштейн О.

2004 Зрительные игры XIX века: оптика английских денди // Новое литературное обозрение. № 70.

Гоголь и Общество любителей российской словестности. М., 2005.

Клейменова Р. Н.

2002 Общество любителей российской словесности. 1811-1930. М.

Лахман Р.

2001 Демонтаж красноречия. Риторическая традиция и понятие поэтического. СПб.

Манн Ю.

2002 Заметки о "нееклидовой геометрий" Гоголя, или "Сильные кризисы, чувствуемые целою массою" // Вопросы литературы.

№ 4(http://magazines.russ.ru/voplit/2004/4/mann.html)
Мережковский Д.
1906 Гоголь и черт. М.
Отдел рукописей Российской государственной библиотеки (Москва). Ф.386. Карт. 74. № 31. Л. 1
Розанов В. В.
1893 Легенда о великом инквизиторе. Приложение: Два этюда о Гоголе. СПб.
1989 Мысли о литературе. М.
1994 Среди художников // Собр. соч. под ред. А.Н.Николюкина. М.
Чудакова М. О.
1985 Гоголь и Булгаков// Гоголь. История и современность. М.

현대 러시아 문학에 드리워진 고골의 그림자

1. 작가 고골에게는 몇 개의 얼굴이 있는가?

고골은 '여러 얼굴의' 작가이다. 역사는 그에게 다양하고 상호 모순된 고정 수식어로 보답했다. 일군의 동시대인들에게 그는 소인小人의 개성을 표현할 줄 아는 휴머니스트였고, 다른 이들에게는 무엇보다도 사회적 결함에 조소를 퍼부을 줄 아는 유머 작가이자 풍자가였으며, 또 다른 이들에게는 농노제의 지지자이자 보수주의자였고, 그 밖에도 여러 경우를 거론할 수 있다.

고골의 창작에 대한 다양한 접근은 지속적으로 늘어 갔다. 가령, 바실리 로자노프와 블라디미르 나보코프는 고골의 창작에 나타난 부조리를 상이하게 다룬다. 로자노프에게 〈죽은 혼〉의 작가는 자신의 병적인 몽상들을 우리에게 현실처럼 이야기해 준 '위대한 창조자이자 공상가'이다. "그는 외형들을 그려내는 데 천재적인 화가로서 외형들의 묘사에 있어서만은 능수능란했다. 그는 그 외형들 이면에 본질적으로는 아무것도 없음을, 그 어떤 영혼도, 영혼을 보유할 만한 그 누구도 은닉되어 있지 않다는 사실을 아무도 눈치채지 못할 정도로 마법을 행하듯이 외형에 생기와 조형성을 불어넣었다”(《도스토옙스키의 대심문관에 관한 전설Легенда о Великом инквизиторе Ф.М. Достоевского》). 바로 그러한 마법으로써 고골은 “러시아라는 선박 안쪽의 나사를 풀어 버렸고, 그러자 선박은 붕괴되기 시작했다”(《낙엽Опавшие листья》). 나보코프에 의하면 고골은 인간의 속물성과 인간이 처한 상황의 부조리함을 폭로하고 묘사하는 특수한 시각과 언어감각을 보유했다. 그와 동시에 고골의 부조리는 단지 기묘하고 희극적이기만 한 것이 아니라 매우 실제적인 어떤 것이다. “고골의 부조리에는 비극적인 것만큼의 여러 뉘앙스가 담겨 있으며, 뿐만 아니라, 고골에게서 부조리한 것은 비극적인 것과 접경하고 있다. 고골이 자신의 등장인물들을 부조리한 상황에 처하게 한다고 주장한다면 그것은 틀린 생각일 것이다. 인간이 살아가는 세계 전체가 부조리하다면, 당신은 그 인간을 부조리한 상황에 처하게 할 수 없다. ‘부조리하다’라는 말을 웃음이나 혐오감을 불러일으키는 그 무엇으로 이해한다면, 당신은 그렇게 할 수 없다.” 고골의 부조리는 “웃음을 불러일으키는 그 무엇을 감지하게 만드는 동시에 비현세적이면서도 끊임없이 곁에 잠복해 있는 그 무엇에 대한 느낌을 자아낸다. 이때 사물들의 희극적인комический 면과 우주적космический 면의 차이는 파찰음 한 개에 달려 있다.” 나보코프 역시 고골을 통해 러시아를 파악하는 것을 권하지 않는다. 문제는 고골이 러시아를 거짓되게 묘사했다는 게 아니다. 단지 고골이 완전히 다른 진실을 다루었다는 점에 문제가 있다(《니콜라이 고골Николай Гоголь》).

고골의 창작 기법에 관한 연구에서도 다양한 접근법이 적용되어왔다. 형식주의자 보리스 에이헨바움Б. Эйхенбаум은 고골의 창작에서 스카즈의 메커니즘과 기능을 연구했다. 그는 “화자가 마치 개별적인 스타일상의 기법들을 엮어 내려는 듯이 슈제트를 활용함으로써, 결국에는 자기 자신을 제1층위에 부상시킨다”는 점에서 고골 창작의 독창성을 찾았다. 이 경우 무게 중심은 언어유희, 우스운 일화 같은 스카즈 기법으로 이동하며, '재현하는 스카즈'의 경우 언어 모방과 제스처가 중심 역할을 한다. 이 모든 점들은 형식주의자들의 연구 대상이 된다(〈고골의 '외투'는 어떻게 만들어졌는가Как сделана "Шинель" Гоголя〉). 역시 고골의 문체를 연구한 안드레이 벨르이는 그것을 슈제트 구성이나 묘사 수단들 같은 작가의 창작 방법의 다른 문제들과 관련시키면서 더욱 폭넓은 맥락에서 특징짓는다. 따라서 고골의 예술성에 대한 그의 연구는 음성 메타포, 스펙트럼, 퍼스펙티브, 배경, 구성, 언어적 짜임, 고정 수식어, 리듬, 음향 표현 등등과 같은, 개념들의 보다 넓은 계열을 포괄한다(《고골의 창작 기법》).

미하일 바흐친M. Бахтин과 그의 뒤를 이은 유리 만은 나름의 관점에서 고골 창작의 민중카니발적 계기들에 주목했다. 바흐친은 고골 창작의 특수성을 '민중적 웃음의 문화'와 관련지었다. 창작 제1기에 지배적이었던 요소들(즐거운 소동, 먹고 마시기, 성생활, 변장, 속임수, 구타, 왕위 박탈 등등)이 우크라이나 민속 축일과 장터의 삶에 관련된다면, 제2기의 요소들(비논리, 언어적인 불합리, 죽음의 나라에서의 즐거운 순례, 마차의 질주, 육체에 대한 그로테스크한 관념, 이름의 별명화, 그리고 웃음)은 오히려 광장에서 벌어지는 희극적 민중 인형극 전통과 관련된다(《라블레와 고골—말의 예술과 민중의 웃음 문화Рабле и Гоголь: Искусство слова и народная смеховая культура》).

물론 20세기가 다양한 해석들을 한층 더 풍부하게 만들었다. 고골의 정신분석학적 혹은 성과학sexology적 유형과 그의 민족적 정체성(러시아인 혹은 우크라이나인) 등등에 관한 논의들은 고골 창작의 이해에 많은 것을 보탰다(Чиж 2001, Karlinsky 1976, Ермаков 1999). 고골의 이미지와 그를 수용하는 형식은 해당 시기의 문화적이고 이념적인 분위기를 반영한다. 가령, 스티븐 묄러-샐리S. Moeller-Sally는 니콜라이 톰스키Н. Томский의 고골 반신상(1951)이 스탈린의 초상과 닮았음을 예리하게 지적한 바 있다(《고골의 사후*Gogol's Afterlife*》). 한 가지 덧붙이자면 현대의 정신분석학과 분석적 인류학은 또다시 말과 몸에 관한 작가의 표현에 주목하고 있다(Смирнов 1994, Подорога 2006).

2. 1990년대 초 문학 텍스트에 나타난 고골의 이미지와 안드레이 넴제르의 분석

창작 후기에 작가가 자신의 기존 모티프들과 텍스트들을 재차 활용하는 것과 마찬가지로 작가의 형상과 사상들을 예술적으로 가공하는 것은 문학적 수용 문제의 특수 부문이다. 19세기는 자신만의 고유한, 고골의 창조적 수용의 역사를 갖고 있으며, 거기에는 도스토옙스키가 고골과 벌인 '패러디-양식화'적 투쟁이 포함된다(Тынянов 1921). 가령, 20세기는 치치코프의 편력이라는 틀을 서적 수집가의 이야기에 우아하게 적용시킨 민촐로프C.P. Минцлов의 경우와(《죽은 혼들 너머За мертвыми душами》), 미하일 불가코프에 의한 동 소설의 혹독한 패러디를 알고 있다(〈치치코프의 편력Похождения Чичикова〉).

1990년대는 고전과의 창조적 대화에서 두드러지게 생산적인 시기였다. 다수의 고전 텍스트의 리메이크, 개작, 패러디, 양식화가 이미 널리 알려져 있다. 이는 종종 포스트소비에트 시기의 문화적 르네상스 분위기와 포스트모던적인 스타일의 유행으로 설명된다. 그러한 고전과의 대화에서 고골은 결코 대화 상대자들 중 끝자리를 점하지 않는다.

안드레이 넴제르A. Немзер의 평론 〈고골과의 현대적 대화Современный диалог с Гоголем〉는 그와 같은 문학적 분위기를 잘 전달해 준다(Немзер 1994).

언급된 평론에서 넴제르는 블라디미르 크랍첸코B. Кравченко, 올레그 예르마코프O. Ермаков, 미하일 쿠라예프M. Кураев, 안드레이 비토프A. Битов, 아나톨리 코롤레프A. Королев, 알렉산드르 솔제니친A. Солженицын과 같은 작가들에 주목한다. 그는 현대 작가들과 고골의 유산과의 '단편斷片적인' 상호 작용의 예들을 살피는 것에서 시작하여 고골의 테마와 억양의 보다 섬세하고 복잡한 가공의 예들로 옮겨 간다.

주인공이 (우크라이나의) 고향 도시를 방문하여 옛 친구와 만나는 이야기를 다룬 크랍첸코의 단편 〈어릿광대와의 저녁 식사Ужин с клоуном〉(Кравченко 1992)에서는 〈죽은 혼〉 제2권에서 치치코프와 마닐로프가 출입문에서 제자리걸음 하는 장면에 대한 흥미로운 문학적 기억이 주의를 끈다. 소설의 서술자는 주장한다. "이 미장센은 우리의 눈앞에 영원히 고정되어 있으며, 이 문제 중의 문제는 바로 '도대체 누가 이겨서, 상대를 먼저 들어가도록 설득할 것인가?'라는 점이다. 바로 여기에, 오직 여기에 이후의 스토리가, 불멸의 소설(서사시)의 모든 사건의 흐름이 달려 있다."

넴제르의 견해에 따르면, 크랍첸코는 그와 같이, 우연하다고 여겨지는 장면의 스토리 외적인 의미를 포착함으로써 자신의 예술적 과제를 지적하였다. 비평가는 다음과 같이 말한다. "사건의 정지, 지연, 휴지休止는 슈제트의 신속한 전개보다 더 중요하며, 눈을 즐겁게 해 준다. 마치 순수한 예술적 쾌감을 의미하는 듯한 디테일이 신비한 에너지를 획득하여, 고골의 서사시적 공간과 그의 새로운 수하생의 단편소설의 공간을 자신에게 귀속시켰다." 비평가에게 이 정지 장면은 동작 정지 장면сцены окаменения과 마찬가지로, 환상과 현실, 공상과 실제 사이에서 둘 중 하나를 선택해야 하는 주인공들이 처한 교착 상태를 상징한다. 주인공이 자기 존재를 날조함으로써 교착 상태에서 벗어날 출구를 찾는 크랍첸코의 소설 자체가 고골적인 상황과 상관관계를 맺는다. 넴제르에 따르면, "자기 폐쇄적인 인물들을 사랑하는 예술가(크랍첸코의 주인공 — T. M.)에게는, 크랍첸코가 보기에 고골의 반反주인공은 달성할 수 없는 접촉 가능성, 타자의 세계로의 진입이 허락된다." 예술은 예술가가 영원한 정지에서 벗어날 수 있게 해 주지만, 삶의 슈제트는 불투명한 미래로 나아가게 만든다. 이처럼 넴제르는 우연인 듯한 고골의 장면에 대한 기억에서 현대 작가의 시학과 문제의식의 핵심을 발견하였다. "고골의 의미론적 배경은 작가의 중요한 사상을 활성화하며, 창작, 인간 의식의 폐쇄성, 잃어

버린 청춘에 대한 그의 상념들은 고골적인 장場의 바깥에서와는 완전히 다르게 읽힌다."

흥미롭게도, 현대 산문에 대한 이와 같은 해석은 고전—가령 '제자리 걸음'의 테마—의 새로운 독해를 촉진한다. 비평가는 또한 고골 산문의 특수한 면으로서 '제유성'을 지적한다. "모든 단편을 통해서 전체를 보게끔 만드는 고골 서사시의 제유성은 한편으로 비非고골적인 텍스트들의 고골화 원칙을 낳는다. 불확실한 인용은 강력한 연상의 장을 창출한다." 우크라이나의 남부 지역에서 어린 시절을 보낸 고골과 크랍첸코 공통의 남부 지방색 역시 지적될 수 있다.

올레그 예르마코프의 소설의 〈짐승의 표Знак зверя〉에서 우리는 고골적인 도식이 아프가니스탄 테마에 흥미롭게 적용되는 것을 발견한다(Ермаков 1992). 아프가니스탄의 어느 도시에서 사서로 일하는 여자의 회상 중에 느닷없이 고골 텍스트들과 관련된 연상들이 떠오른다.

> 정적 속에서 솜털 같은 재灰가 땅 위로 흩날렸다. 여하간 바람은 산꼭대기에서 재가 되어 버린 므라모르나야 산을〔마닐로프의 한 줌의 재를 상기하라 — A. 넴제르〕 들어 올리고, 불어 날렸으니, 다음 날 아침 산이 있던 자리는 평평한 맨땅으로 변해 있을 것이다. 마치 어느 날 콧잔등에 난 뾰루지도, 코 자체도 없어진 채 잠에서 깨어난 8등 문관의 밋밋한 얼굴처럼.
>
> 어쩌면, 마약 사범 전담 수사관이 몰래 잠입한 건 아닐까?
>
> 결투, 오렌지들, 불꽃놀이. 기이하고 환상적인 도시. 대리석 궁전-화장실, 대리석 감옥, 방수처리 된 집들, 음모, 비극… 줄무늬 바지를 입은 아무개 검찰관이 곧 당도할 거라는 소문이 파다한데, 여기서는 무슨 일이 벌어지고 있는 것인가!… 모두가 어디론가 분주하게 쏘다니고, 소리지르고, 병사들에게는 깎아 내고, 문지르고, 씻어 내라고 다그치고,

요리사들에게는 실내모를 쓰라고 종용하고, 식탁 위에 식탁보를 씌운다. 마치 최후의 신랑감과의 선을 앞두고 얼굴이 누렇게 뜬 노처녀처럼, 도시가 울긋불긋 화장을 하고 분칠을 한다. 이 모든 것에는 그 무언가 구제불능의 고골적인 것이 존재한다. 그뿐만이 아니다. 신년 휴가를 나온 초년병들이 비행기를 타고 도시에 들어서자마자 **이곳에서도 동향 사람들이 그들의 새 외투를 강탈해 갔다.**(강조는 필자—T. M.)

물론 고골만이 아니라 레르몬토프, 톨스토이 등의 작품들 역시 뚜렷하게 연상된다. 그러나 고골의 모티프들은 특별한 역할을 수행한다. 그것들은 종합적으로 이 도시의 환상성, 소비에트 병사들의 무기력과 출구 없음을 표현한다.

넴제르는 다음과 같이 쓰고 있다. "아프가니스탄이 환상적이긴 하지만, 강 건너에 있는 소비에트 연방 역시 그에 못지않게 환상적이다. 고골의 옛 군청 소재지의 주민들이 원로원 위원들과 해군 장성들, 그리고 이반 알렉산드로비치 흘레스타코프가 살고 있는 휘황찬란한 상트페테르부르크로 갈 수 없듯이, 소비에트 연방으로 돌아가는 것은 불가능하다. 예르마코프는 희극 〈검찰관〉을 결코 단순하게 읽지 않는다. 그는 고골의 관리들에게 (므라모르나야 산 기슭 도시의 초년병과 마찬가지로) 검찰관이란 단지 공포의 대상만이 아니라, 애정 어린 환호의 대상임을 감지하고 있다. 그는 그러한 속임수, 가짜 감찰의 의의를 알고 있다."

넴제르의 생각대로, 예르마코프의 세계 속에서는 진짜 검찰관의 등장이란 불가능하며, 고골의 희극은 궁극적인 의미를 상실한다. "모든 사건이 완전히 안개에 휩싸이고," 도시 자체가 사라져 버리며, "고골의 소령의 코처럼, 사라진 도시가 있던 자리에 흐릿한 하늘을 이고 있는 무른 평원만이 남아 있을 뿐이다".

종결부의 우울한 장면은 새롭게 재개된 아프가니스탄 전쟁의 새로운 부조리를 배경으로 고골적인 현실의 모델이 재해석된 결과이다.

미하일 쿠라예프에게서 넴제르는 고골 텍스트에 대한 두 가지 서로 다른 접근을 발견한다. 중편 〈우정의 미세한 떨림Дружбы нежное волненье〉은 〈이반 이바노비치와 이반 니키포로비치가 싸운 이야기Повесть о том, как поссорился Иван Иванович с Иваном Никифоровичем〉의 슈제트를 직접적으로 개작한 것인 반면(Кураев 1992), 장편 〈몬타치카의 거울Зеркало Монтачки〉은 레닌그라드 공동주택의 주민들이 거울 속의 자기 모습을 잃어버렸다가 다시 되찾는 이야기로서, 범낭만주의적 전통(샤미소Chamisso와 호프만E. T. A. Hoffmann)을 따르면서 고골의 〈코Нос〉와 교호한다(Кураев 1993).

쿠라예프의 두 작품에 대한 비평가의 상이한 해석은 시사적이다. 〈우정의 미세한 떨림〉의 경우 고골과 쿠라예프 텍스트 간의 슈제트와 문제의식의 유사성에도 불구하고 양자 간의 해석의 차이점 역시 명백하다. 또한 고골적인 슈제트를 현대적 상황에 접목시킨 결과 역시 특색 있다. 넴제르에 의하면 특이점의 핵심은 서로 다투는 등장인물들에 대한 작가의 태도에 있다. 고골에게서 비평가는 "맹목적이고 우스운, 그러나 그와 동시에 나름대로 매혹적면서 긴요한 우정"의 파탄에 대한 인간적인 아쉬움을 발견하는 반면, 쿠라예프에게서는 "스스로를 매우 고고한 존재로 여기지만, 본질적으로 미르고로드의 존재들과 다를 바 없는 인물들의 하찮음"에 대한 아이러니만을 감지할 뿐이다. 비평가의 관점에 의하면, 고골의 아이러니컬한 화자는 '푸근한' 시골 사회에 대한 작가의 은근한 애착을 가면을 씌워 감추고 있다. 반면에 쿠라예프의 주인공-화자의 목소리는 돌아온 '고향집'에 대한 가식적인 기쁨에도 불구하고 작가의 회의적 태도의 일관된 준엄함을 미처 감추지 못하고 있다. 비평가는 다음과 같이 말한다. "고골 창작의 형이상학적 퍼스펙티브가 사라지고, 굳이 말하자면, 전혀 촌사람들로 보이지 않는 사이비 인텔리들에 대한 그리 심각하지 않은 폭로만이 남는다." 현대 중편소설에 대한 이와 같은 신랄한 평가 속에서 고전에 대한 애착과 존경심을 읽는 것은 흥미로운 일이다.

장편 〈몬타치카의 거울〉에서 넴제르는 고골에 대한 이중적 태도를 본다. 거울에 비친 사람들의 모습이 사라졌다가 되살아난다는 낭만주의적인 슈제트는 쿠라예프에게서 다분히 설교조로 구현된다. 거울상의 상실, 이는 소비에트적인 존재인 주인공들의 생기 없음에 대한 명백한 상징이며, 거울상의 복구는, 넴제르에 따르면, 그리보예도프 운하의 공동주택 거주자들이 모두 함께 "지상에서 가장 밝고 좋은 것은 바로 그들 자신 속에 있다"는 생각에 도달했기 때문에 가능했다.

이와 같은 의미에서 쿠라예프의 부조리는 방탕한 코의 실종과 복귀가 완벽한 난센스일 뿐인 고골의 소령에 관한 이야기와는 구별된다. 그러나 넴제르에 따르면, 여기에는 자기 내면으로의 시선의 전환과 외부 시선 간의 상호 제약성에 대한 고골적인 감각이 작용하고 있으므로 이것이야말로 고골적인 테마의 '고골화'이다. 쿠라예프는 병균에 감염된 아파트 주민들의, 자기 망각 상태에서 졸고 있는 영혼들을 부조리한 사건을 통해서 소생시킴으로써 "〈코〉와 〈죽은 혼〉의 작가가 동일 인물임을 상기시켜 주었다". 이와 동시에 "작가, 주인공, 독자가 단일한 고민, 즉 영적인 고민으로 연결되어 있다"는, 고골에게 필수적이고 확고부동하게 중요한 공통성이 복권된다.

안드레이 비토프에게서 넴제르는 뚜렷한 고골과의 대비를 발견한다. 이 평행은 '영적인 고민' 수준이 아니라 오히려 창조적인 탐색의 차원에서 전개된다. 독자들 앞에 펼쳐지는 것은 양 작가의 푸쉬킨에 대한 태도에 있어서의 대비이다. 넴제르에 따르면, 악으로부터 자유로운 미美를 추구했던 고골은 그러한 아름다움을 오로지 푸쉬킨의 시에서만 발견했다. 이점은 푸쉬킨이 죽자 고골을 사로잡았던 고아가 된 듯한 감정을 설명해 주며, 그러한 감정은 비토프를 포함한 모든 러시아 문학이 물려받았다. 그러한 이유로 푸쉬킨의 사망 후에 그는 자신을 버림받고 방치된 '푸쉬킨의 집Пушкинский дом'의 작가라고 느낀다. 넴제르의 다음과 같은 비교는 여기에서 비롯된다. "비토프에게 푸쉬킨이 고상한 창조의 승리, 행복한 자유의 화신이라면, 고골은 그에게 예술가의 문제, 작가 고유의 문제의 영원한 화신이다."

비토프의 《풍경 속의 사나이Человек в пейзаже》는 작가에게 있어 "고골적인 마법에 걸린 세계(자기 영혼의 심연)로의 진입"에 해당한다(Битов 1988). 고골 작품들의 '우연한' 인용들 사이에서(마법의 장소에 대한 묘사, 재앙에 대한 경고 등등) 비평가는 예술의 비밀에 관한 핵심 테마를 포착한다. 비토프의 기이한 화가는 서술자에게 예술가의 진퇴양난의 입지에 대해서, 예술과 신앙과의 부조화에 관하여, 창작에 개인적인 원리를 도입하는 일의 끔찍함과 그것의 불가피함 등등에 관하여 이야기하는 반면, 푸쉬킨의 재능은 그러한 교착 상태를 가볍게 극복한다: "푸쉬킨, 제비, 천재… 그는 얼마나 멋지게 자신의 화폭 속에서 이 모든 것을 그려 냈는가! '잘 가라, 자유로운 창조의 기운이여…', 이것으로 끝이다. 그는 이미 없다. 하나의 몸짓과 손짓만 남았을 뿐이다. 천재적인 운율과 회화적인 정확성이여! **그림을 그릴 때 나에게는 오직 나 자신의 코만 보인다. 그림이 뜻대로 잘 안 될 때는, 코를 마저 그릴 맘이 결코 나지 않는다. 그런데 항상 뜻대로 되지 않는다… 그래서 나는 매번 코를 그리지 않는 것이다!**"(강조는 필자— T. M.)

그림에 추가로 그려진 코, 즉 예술에 적용된 부적절한 개인적 원리의 상징은 마치 작가 고골, 〈코〉의 작가의 필사적인 창조의 노력을 가리키는 것만 같다. 그와 동시에 디테일은 "조화로움에 다다르지 못하는, 자신의 코를 더 이상은 볼 수가 없는" 현대 작가(비토프)의 문제를 지시한다. '풍경 속의 사나이'—이는 "풍경과 하나가 되어, 비약, 만용, 고집스런 의도로써 풍경을 망가뜨리지 않으면서 그 속에 브뤼겔의 그림 속 농부처럼 거주하는" 푸쉬킨의 형상이다. 넴제르의 표현에 따르면, "고골의 오솔길을 따라서" 비토프는 바로 이 이상에 도달한다. 비평가는 고골에 대한 애정으로 고무되어 있다는 점에서 비토프 소설의 의의를 강조한다.

비토프에 대한 비평가의 그와 같은 호감에 비춰 볼 때, 코롤레프의 중편에 대한 낮은 평가는 이해된다. 코롤레프의 소설 〈고골의 머리Голова Гоголя〉는 재미있는 역사 판타지로서 1920년대에 고골의 무덤이 파헤쳐지고, 그의 머리가 절취된 사건으로 시작되어, 혁명가들의 머리가 참수되던 프랑스 혁명의 절정기로 이행하며, 마담 튀소[1]의 생애와 그녀의 밀랍 인형 박물관에 얽힌 장면들이 펼쳐지다가, 누구를 참수할 것인가를 심의 중인 1945년 스탈린의 집무실 장면에서 끝난다(Королев 1992).

코롤레프의 중편은 고골에 대한 교묘한 풍자로 가득하다. 마리 튀소에 관한 서술 도중에 갑자기 바실리 니콜라에비치 노소프(고골의 관에서 장화를 훔쳐 간 인민위원)와 어느 가짜 햄릿 간의 고골의 악마적인 성향에 관한 말다툼이 벌어진다(후자의 견해에 따르면, 고골은 자신의 영혼을 악마에게 팔아 버린 데카당이다. 〈이반 쿠팔라 전야Вечера накануне Ивана Купалы〉에서 러시아 문학에서는 최초로 죄없는 어린아이가 살해당하는 이야기가 씌어졌을 때 바로 그 치명적인 거래가 성사되었다). 고골의 텍스트는 스탈린 집무실 장면에 삽입되고, 죽을 운명에 처해진(탄압받은) 사람들의 명단 읽기가 치치코프가 전매한 죽은 농노들의 명단 읽기와 얽힌다.

고골의 모티프들과 텍스트들의 그와 같은 교묘한 조작은 넴제르에게 지루한 '도미노' 게임 이상은 아니다. 첫째, 영원히 풀리지 않는 문제를 고전과의 대화를 통해서 탐구하는 비토프와는 달리, 코롤레프는 단지 '고골의 비밀'을 폭로하기만 한다. 뿐만 아니라 비토프는 고골의 저작들 속에서 고골 자체를 탐색하는 반면, 코롤레프는 전설과 소문이 무

1 〔옮긴이〕 마담 튀소Tussaud, Anne Marie(1761-1850). 독일인 가계 출신의 조각가. 주로 파리에서 활동하였으며 런던에 있는 밀랍 인형 박물관을 창설하였다.

성한 고골의 전기에만 거의 배타적으로 집중한다. 둘째, 코롤레프는 〈이반 쿠팔라 전야〉에서의 어린아이의 죽음을 러시아 문학 최초의 순진무구한 어린아이의 살해로 규정지음으로써 악마와의 거래에 관한 질문을 허구적으로 제기한다. 셋째, 그럴듯해 보이는 박식함에도 불구하고, 코롤레프의 텍스트는 "작가의 펜 아래에서 경직돼 버리는 타자의 말, 타자의 이념, 타자의 패러독스로 이루어져있다". 그의 악마는 변장變裝일 뿐이며, 꾸며 낸 것, 더 정확히 말하자면, 작품 전체가 그렇듯이 남의 책에서 발췌한 것이다. 넷째, 코롤레프에게는 명확한 구성이 없으며, 소설은 연상관계로만 유지된다. 마지막으로, 코롤레프는 수려하게 글을 쓸 권리를 자신에게 부여하기 위하여 고골을 부각시킨다. "이는 책임회피라고 명명된다." 넴제르는 코롤레프에 대한 자신의 입장을 바로 이렇게 정식화한다.

솔제니친의 〈붉은 수레바퀴Красное колесо〉의 경우(Солженицын 1986), 넴제르는 무엇보다도 상트페테르부르크에 대한 고골의 핵심적인 상징들과의 유사 관계를 발견한다(특히 제3부 '3월 17일'의 첫대목에서). 그것은 "서사시의 제1권과 제2권에서 도시들을 지배하는 똑같은 길거리의 혼잡함, 똑같은 전제적인 권력을 지닌 유언비어, 똑같은 생기 없는 관료들의 서류가 장엄하게 사각대는 소리, 사건의 가담자는 알 수 없지만, 그런 점에서 작가를 더욱 불안하게 만드는 똑같은 임박한 파국 전야의 예감"이다. 그 밖에도 비평가는 솔제니친이 혁명기의 일상을 그리는 데 사용하는 일련의 흥미로운 고골적 모티프들을 지적한다. 거기에는 맹목성, 귀신들림, 첩보 공작, 흘레스타코프적 행각, 마스크, 내적 발화 등등이 속한다.

두 번째 중요한 대목은 대재앙에 대한 예감과 미래의 러시아의 부활에 대한 공통의 희망이다. 여기서 중요한 것은 마차 바퀴, 길, 러시아의 광활한 대지라는 공통의 상징이다. "고골에게서 러시아 대지의 광대

무변함이 '활개 치며 활보할 수 있는 장소'가 있는 고대 러시아 용사들에 관한 상상력을 낳은 것처럼, 러시아의 광활함을 응시하는 보로트인체프에게 그것은 투쟁의 의지, 마지막 전투에 대한 전열을 불러일으킨다. 비록 '우리의 저명한 삼두마차가 술에 취한 채 낭떠러지로 굴러 떨어지다가, 수레 채가 걸려 진흙탕에 처박혔'고, '오만'이 우리를 불행한 날черный день로 이끌었지만(또다시 고골적인 상상력, 고골적인 억양!), 그러나 '바로 이러한 걸음을 내건는 자의 냉정함과, 바로 이러한 돌이킬 수 없음에 나름의 새로운 휴식이 있다.'"

마지막으로 넴제르는 조국에서 멀리 떨어진 곳에 있다는 점에서 두 작가의 유사성을 발견한다. "여기서 비자발적인 추방자가 '아름다운 먼 곳'으로부터 루시를 응시하는 자와 유기적인 연관성을 느끼는 것은 납득할 만하다. 〈4월〉은 귀국이 임박했다는 생각으로 끝맺는다. 따라서 〈4월〉에서 이루어질 고골과의 만남은 불가피하다."

글의 종결부에서 비평가는 "영원하고 확고부동해 보이는, 중력을 초월한 어느 한 점으로 세계를 압축시켜 버리며, 우리를 바로 이 '마법에 걸린 지점'에 놓아 두고는, 어안이 벙벙한 등장인물들과 망연자실한 독자들이 기를 쓰고 향하는 대지의 광활함을 펼쳐 보이"는 고골의 대담한 형상을 묘사한다.

넴제르의 관찰은 몇 가지 측면에서 흥미롭다. 첫째, 그의 평론은 소련 말기와 포스트소비에트 시대 초기에 수많은 작가들, 그것도 상이한 유파에 속하는 작가들이 동시대를 묘사하기 위한 이념적 도식과 창작 기법을 모색하는 과정에서 고골에 호소했다는 사실을 보여 준다.[2] 비록 도스토옙스키와의 창조적 대화의 예가 양적으로 훨씬 많다는 것을 우리는

2 넴제르는 자신의 평론에서 위에서 언급한 작가들 외에 젬피르 가레예프З. Гареев, 표트르 알레쉬콥스키П. Алешковский, 마르크 하리토노프М. Харитонов, 발레리 볼로딘В. Володин을 살피고 있다.

알고 있지만, 고골은 자신의 시의성에 있어서 도스토옙스키에 뒤지지 않는다.

두 번째로, 현대문학에 드리워진 고골의 그림자라는 비평가의 관심 자체가 흥미롭다. 현대 텍스트들에서 고골적인 계기들을 탐색하는 비평가는 때로 고골이 다른 목소리들과 뒤섞여 있을 때조차도 매우 섬세하게 그의 목소리를 감지한다. 결과적으로 넴제르의 작업은 단지 현대 작가들의 창작을 비평적으로 해석하는 것만이 아니라 고골의 세계에 대한 우리의 이해의 폭을 넓히고, 그에 대한 사고를 풍부하게 해 준다.

세 번째로, 해당 평론은 90년대 전반기 러시아 문학에 나타난 새로운 경향에 대한 비평가의 일정한 태도를 입증해 준다. 코롤레프의 중편에 대한 비평에 의하면, 비평가는 타자의 텍스트와의 '무책임한' 유희에 반대한다. 그러나 그 시점부터 러시아 문학은 '포스트모더니즘이라는 길을 따라서' 한층 더 멀리 나아갔으며, 때로는 심지어 '고전 총살 캠페인'(Катаев 2002)이라고 불릴 정도로 고전과의 기상천외한 대화들을 양산하였다. 안드레이 넴제르의 평론은 우리가 아직 블라디미르 소로킨Вл. Сорокин의 〈푸른 비계Голубое сало〉도 표도르 미하일로프Ф. Михайлов의 〈백치Идиот〉도 몰랐던 때에 씌어졌다는 점에서 흥미롭다.

3. 러시아 포스트모더니즘 맥락 속에서의 고골

'포스트모더니즘'의 정조 속에서도 고골 텍스트와의 유희는 다양한 방향으로 계속되었다. 아래에서는 넴제르의 평론이 발표된 이후 나타난 몇 가지 대표적인 예들이 다뤄진다.

먼저 앞서 살펴보았던 아나톨리 코롤레프에 의한 고골 텍스트의 교묘한 재가공의 예를 살펴보도록 하자. 작가 자신이 '콜라주'라고 명명한 작품 〈코들Носы〉은 다음과 같은 갈등 위에 구축된다(Королев 2000). 8등관(나름 소령) 코발료프는 잠에서 깨어나 자신의 코가 없어진 것을 알게 된다. 코발료프의 집 현관에는 그에게 신붓감을 물색해 준 중신 어멈이 기다리고 있다. 코발료프는 (실제로는 이미 오래전에 퇴역한 후 세상을 떠난) 친구 코치카료프와 함께 신붓감 아가피야 티호노바의 집을 방문하여, 자신의 코, 즉 '코 없음'을 보여 주고는 '침묵의 장면'을 초래한다. "마치 적수의 얼굴 앞에 모든 코들이 뒷발을 딛고 일어선 것만 같았다."

그 후 코발료프는 넵스키 대로에서 5등 문관의 계급장을 달고 있는 제복 차림의 코와 마주치게 되고, 그를 교회 안으로 끌고 가서 제자리로 돌아올 것을 간청한다. 성과 없는 협상 후에 코발료프는 사라진 코에 대한 공고문을 내기 위해 신문국으로 가서는, 어느 관리(샨스Шанс 씨)로부터 세계의 가시성과 닐스 보어[3]의 이론, 플로티노스의 '누스nous',[4] 창조주에 대한 피조물의 반란에 관한 철학적 장광설을 듣는다.

이어지는 에피소드에서 코발료프는 9등 문관 아카키 아카키예비치 바쉬마치킨의 상관으로 등장하여, 그의 새 외투를 기념하여 자기 돈을 들여 파티를 연다. 그 후로 변신이 일어난다. 선량한 상관이 별안간 사악한 광대가 되어 밤거리에서 자기 부하의 외투를 강탈하고, 그로 인하여 바쉬마치킨은 죽을병에 걸린다. 강탈당한 외투를 가지고 코발료프가 죽어 가는 부하를 방문하자, 바쉬마치킨은 임종의 침상에서 상관에게 인간의 육신과 질병 등에 관한 자신의 철학적 사변을 늘어놓는다. 코발료프가 오부홉스키 다리 위에서 정신이 드는 것으로 장면은 끝난다. 악

---

3 〔옮긴이〕 닐스 보어Niels Henrik David Bohr(1885-1962). 원자핵 구조와 원자핵 반응에 대한 이해 및 양자역학의 성립에 기여한 덴마크의 물리학자. 1922년 노벨 물리학상을 받았다.

4 〔옮긴이〕 고대 그리스 철학의 기본적인 범주 중 하나로서 우주와 인간을 지배하는 의미, 논리, 사유의 법칙들의 총합을 뜻한다. 플로티노스의 '누스'는 '일자一者'나 '영혼'으로 파악된 기존의 개념과는 달리 객체와 주체의 동일성으로 규정된다.

몽에서 깨어난 것이다(코нос-꿈сон). 마지막 에피소드는 실종된 코의 귀환에 관한 것이다. 그런데 이제 주인공은 한 개의 코 대신 한꺼번에 두 개의 코를 갖게 된다.

코롤레프의 '콜라주'는 세 가지 요소—고골의 몇몇 작품(〈코〉, 〈결혼〉, 〈외투Шинель〉, 그리고 〈검찰관〉의 극히 일부)의 단편적인 인용들, 그것들의 변이형, 철학적인 일탈—의 정교한 결합이다. 특히 우리의 관심을 끄는 것은 다양한 텍스트들을 연결시킴으로써 주제상의 통일감을 더해 주는 마지막 요소이다. 가령, 카잔 성당에서 코발료프로부터 제자리로 복귀할 것을 종용당하는 코는 사라지기 직전에 다음과 같은 거래를 제안한다.

> "원한다면, 제가 그를 사지요." 상대방은 손을 옆으로 밀쳐 내더니 냉담하게 그의 애원의 말을 중단시켜 버렸다.
> "누굴 말이야?" 코발료프가 비틀거렸다.
> "코 말입니다. 만일 당신이 비싸게 부르지만 않는다면요."
> "어떻게 내가 내 코를 팔 수 있단 말이야?" 소령은 망연자실했다.
> "하지만 영혼은 팔았잖아요?" 코가 코웃음을 쳤다.

작가는 고골의 작품에서 의사가 한 말("당신이 비싸게 부르지만 않는다면, 제가 그것을 사겠습니다")을 부분적으로 '코' 씨의 입으로 옮긴다. 하지만 그러한 조작은 상황의 부조리함을 강조할 뿐만 아니라 코롤레프가 즐겨 사용하며, 그의 의사擬似 상트페테르부르크 이야기를 관례적으로 꿰뚫고 있는 악마와의 거래(영혼의 매매)라는 모티프를 작품 속에 도입시킨다.

샨스 씨의 철학적 장광설은 소설 속 사건에 대한 익살맞은 해석이다. 처음에 관리는 진정한 세계는 눈에 보이지 않는다고 말한다. "그는 코에 난 쓰잘데없는 뾰루지는 끊임없이 찾으면서도, 자기 눈 위의 눈썹은 보지도 못하죠… 신사 양반, 사실 당신은 당신의 우스운 일화 속에서 사라진 코 대신에, 진실의 거울 속에서 완전히 다른 어떤 것을 찾아야 합니다… 애초부터 타락한 생각 때문에 당신의 코앞에 어른거리는 그 엉터리 같은 것이 전혀 아니라, 가령, 신의 섭리 같은 것 말입니다." 그런 다음 닐스 보어의 양자물리학, 플로티노스의 누스, '닭과 달걀'의 문제의 해결에 관한 이야기로 자신의 박식함을 과시하면서, 샨스 씨는 코의 실종이 창조주에 대항하는 실존주의적 반란이라고 주장한다. "코는 합법적인 자리를 거부했습니다. 그럼으로써 피조물은 일정한 위상을 획득하고, 자신의 창조주를 단번에 부정해 버린 거나 마찬가지입니다. 이러한 반란 속에는 그 모든 사회적 화신의 부정의 정신이 작용하고 있습니다… 코가 스스로를 내보이기 위해 주인에게서 떨어져 나가 버린 것입니다."

결국 이 관리의 충고는 악귀를 떨어내라는 것이다. "당신에게 본래의 모습으로 돌아가고, 코의 그토록 기이한 행동의 원인을 알아볼 수 있는 기회를 드리겠습니다… 자신의 죄악의 원자를 찾으십시오. 그 몹쓸 벼룩을 손으로 잡아서 손톱으로 쥐고서 달래십시오. 그러고는 이 흉악한 뾰루지를 사람들의 얼굴을 향해 눌러 짜십시오. 그러면 단번에 코가 본래의 자리에 돌아올 것입니다. 이건 정말이지 귀신이 알려 주는 비법입니다, 소령!"

이와 같은 사이비 철학-윤리학의 코에 관한 학설은 코롤레프의 콜라주가 주제의 차원에서 통일되어 있는 듯한 인상을 줌과 동시에 고골적 세계 자체의 다면성을 강조한다. 그것은 바로 속물성, 환상성, 부조리, 재미, 잔혹함, 박애주의, 정겨움, 교훈성 등등이다. 코롤레프는 고골적인 비논리성과 논리성의 독특한 결합을 섬세하게 포착하고 있음이 드러난다.

〈외투〉와 〈코〉를 결합하겠다는 발상은 코롤레프에게서 처음으로 떠오른 것은 아니다. 1990년대 중반 바실리 악쇼노프B. Аксенов가 단편 〈세 벌의 외투와 코Три шинели и нос〉(Аксенов 1996)에서 소비에트 시절에 대한 회상에 고골 단편들의 모티프를 적용시키고 있다. 이 즐거운 '고골리아다'에서 화자는 탈선을 일삼았던 젊은 시절에 세 벌의 외투를 만났던 일을 회상한다. 주인공의 탈선은 재즈 가수-'상하이 사람'이 입던 미국산 낙타가죽 외투에서 시작된다. 다음으로 그는 프랑스산 '이브 몽탕' 외투를 손에 넣게 되는데, 그것을 입은 채 그는 정치-문학적 사건에 연루된다.

> 어느 날 모이카 혹은 그리보예도프 운하에 있는 예의 그 추잡한 시설에서 학생들이 무리를 지어 달려 나와 소란을 피우기 시작했다. "대체 얼마나 더 참아야 합니까?! 자, 학생들이여, 시작합시다! 헝가리에서 손을 떼라, 이 스탈린의 깡패들아! 내일 우리는 시위를 벌일 것이다! 넵스키 대로 전체가 우리 뒤를 따를 것이다!"
>
> 소동이 가라앉은 후 학생들은 두려움에 떨면서, 또한 영웅적인 공적에 대해 미리 만족감을 느끼면서 사방으로 흩어졌다. 한밤중에 나는 당시 머물고 있던 숙소로, 시내의 서쪽 끝에 있는 레스나야 그레본카 거리로 향하고 있었다. 옛 **페테르부르크의 흐릿한 기하학이 나에게 자신의 뾰족한 예각들을 들이대고 있었다. 도로변의 기둥들과 맨홀 뚜껑이 중력에 저항하기 시작했다. 두어 번 홈통을 타고 점령군의 낯짝을 향해, 맹렬한 기세로 달려들었다.**
>
> 갑자기 원한이 서린 부슬비와 진눈깨비가 세 명의 주체, 항구 근처의 소매치기-강도의 명수들로 변했다. **문자 그대로 아카키 아카키예비치처럼 그들은 나를 나의 새 외투에서 흔들어 떨어냈다.** "이게 대체 무슨 일이람?!" —나는 절규했다. 그러고는 내 주변에 완벽한 공백, 허공뿐임을, 말하자면 완전한 고립뿐임을 자각했다. 심지어 저 위에서 나를 비웃을 달조차 뜨지 않았다. (강조는 필자— T. M.)

반란을 일으킨 작은 인간의 이와 같은 파국은 고골의 페테르부르크 이야기의 정조와 스타일로 기술되고 있다.

그러한 불행을 겪은 후에 곧 이 '스탈린 사후 체제의 바쉬마치킨'은 알베르 카뮈를 연상시키는 근사한 세 번째 외투를 손에 넣었다. 그것은 수수께끼의 인물, "대관식을 치루지 않은 넵스키 대왕, 탈선한 대학생들의 우두머리, 이상적으로 생기고, 이상적으로 차려입은" 노소프(코) 씨의 '간접적인' 선물임이 드러난다. "코 씨로부터" 받은 외투를 걸친 주인공은 또 다른 사건을 겪는다. 친구와 함께 영화 〈헝가리 반혁명 세력의 괴멸〉을 본 후, 그는 넵스키 대로와 사도바야 거리 모퉁이에 있는 지하 창고에서 '자유를 위한 봉기'를 일으킬 것을 민중들에게 호소하다가 '짭새'에 의해 저지되자, "자신이 마치 마가단 유형수들의 시위[5] 대열 속에 있는" 듯한 심정이 든다. 그러나 이 중요한 순간에 갑자기 또다시 수수께끼의 노소프(코)가 나타나서 세 개의 황금 문자가 찍힌 붉은 수첩을 손바닥 위에 제시하고는 주인공을 석방시킨다.

악쇼노프는 자신의 회상에 신비한 결말을 맺어 준다. 모든 사건이 종결된 후 노소프 씨는 주인공에게 비밀 노트를 보여 주는데, 거기에는 예기치 못한 세 개의 문자(КГБ)가 아니라, 단지 '코НОС'라고 적혀 있을 뿐이다. 결별의 순간 노소프가 남긴 말 역시 문학적인 익살처럼 들린다. "외투 호주머니에서 나를 찾게 되면, 궁전 다리 위에서 네바 강으로 그냥 던져 버려. 알아들었어?"

그러한 문학적인 익살 덕택에 작가의 힘겨운 젊은 시절의 이야기는 러시아 문학에 대한 낙천적인 찬미로 읽힌다. 작가는 자신의 단편을 또 하나의 즐거운 일화로 마무리 짓는다.

—얼마 전에 새로운 민주주의 러시아 정부의 각료들 리셉션 자리

5 〔옮긴이〕 1936년 스탈린 헌법 선포 직전 정치범들을 극동으로 이송하려 할 때 마가단 감옥의 정치범들이 이송에 불응하고 시위를 벌였던 사건.

에서 흥미로운 대화가 펼쳐졌다.

"여러분, 거기 무슨 말씀이십니까." 정부 각료가 미소를 지으며 이야기를 꺼냈다. "여러분과 우리 모두는 어쨌든 공산당 출신 아닙니까."

"아닙니다, 전부는 아니지요." 내가 반박했다. "몇몇은 그럼에도 불구하고 외투에서 나왔지요. 저의 경우, 심지어 세 벌의 외투 출신이랍니다."

조용히 다가온 원로 시인 보즈네센스키가 한 마디 덧붙였다. "몇몇은 심지어 코에서 나왔습니다. 어떤 이는 왼쪽 콧구멍, 또 어떤 이는 오른쪽 콧구멍 출신이죠…"

코롤레프식 부조리와 악쇼노프식 황당무계한 유머 너머에는, 넴제르가 자신의 평론에서 주목했던 고골의 민중카니발적(바흐친의 용어) 정조가 놓여 있다. 고골의 그와 같은 카니발적 변이형은 드미트리 립스케로프Д. Липскеров의 소설 〈찬초에의 40년Сорок лет Чанчжоэ〉(Липскеров 1996)에서도 접할 수 있다.

립스케로프는 종종 러시아의 마르케스로 불리며, 그의 스타일은 바흐친의 용어 '그로테스크 리얼리즘'과 일맥상통하는 마술적 리얼리즘으로 명명되곤 한다. 실제로, 립스케로프의 소설은 그로테스크하고 부조리한 사건들로 포화되어 있다. 수백만 마리의 암탉이 초원의 도시를 향해 날아가고, 의사擬似 러시아 고대 도시의 역사를 총 40년으로 응축시켜 놓은 암호로 쓰여진 비밀스런 연대기, 민족주의자 야구딘의 발의로 광장에 세워진 거대한 '행복'의 탑, 고아들을 위해 인터넷 교사가 자행한 센세이셔널한 살인 사건과 카니발리즘, 암탉으로의 변한 인간, 그리고 범사회적인 폭동…

이와 같은 현란한 상황 속에서 물리학자이자 모든 시민들의 총아인 고골이 등장한다. 그에게는 긍정적이고 적극적인 역할이 주어진다. 민족주의자 야구딘이 탑에서 날아올라 추락사 했을 때, 고골은 선조의 위업을 지속해 나가기 위해 초대형 기구氣球를 제작할 것을 제안한다.

> 우리는 날아오를 겁니다. 우리는 천상으로 솟아올라 자유로운 새처럼 될 것입니다. 구름보다 높이 올라가서, 우리의 머리 위에 먹구름이라곤 결코 없을 겁니다. 자유로운 태양빛과 푸른 하늘만 있을 겁니다. 새들과 우리뿐이죠. 우리와 새들… 우리는 초대형 기구를 제작해 비상할 겁니다. 지상에 단 한 명의 불구자도, 단 한 명의 맹인도, 꼽추도, 무식자도 남아 있지 않을 겁니다. 우리 모두는 날아오를 겁니다! 우리의 기구에는 모두를 태울 자리가 충분합니다! 우리의 행복이란, 이 기구 마이너스 지구 전체의 중력입니다!

그는 약속을 이행했고, 모두를 위한 기구를 제작했다. "무지개 빛깔을 뿜어내면서, 공기가 아직 채워지지 않은 까닭에 흔들리는 기구의 지름은 400피트에 달했다. 기구에 매달린 바구니는 정말로 주민들 전부를 하늘로 들어 올릴 수 있을 정도로 용적이 어마어마했다." 군중들이 물리학자의 발상에 의혹을 품고 그의 호소에 부정적으로 반응하자, 그는 홀로 '행복'의 기구를 타고 날아간다. 도시 전체에 폭동이 일어나고 주민들이 도시를 떠나게 되는 소설의 마지막 대목에서야 고골은 행복의 소식을 안고 텅 빈 도시로 돌아온다.

> 어디로 사라진 겁니까?! 여기 누구 없습니까?! 내가, 아마도, 행복을 찾은 것 같다구요—오—오!

이러한 물리학자 고골은 단지 괴짜가 아니라, 소설의 카니발적 정조가 필요로 하는 유쾌한 어릿광대, 보편적인 행복의 진정한 탐색자이다.

실제로, 소설 속 세계는 바흐친이 고골 창작의 민중카니발적 계기들이라 명명했던 것—성생활에 대한 예찬, 비논리, 언어적 난센스, 육체에 대한 그로테스크한 관념, 이름의 별명화 등으로 가득하다. 가령, 주민들의 여러 이름들(현 지사 콘타타Контата, 페르시크Персик 씨, 대주교 로보히쉬빌리Ловохишвили, 육군 중위 치킨Чикин, 툐플르이Теплый 씨, 힘센 장사 디마 디모프Дима Димов)은 이름이라기보다는 별명 혹은 언어적 마스크와 유사하다. 성적인 것과 육체적인 것 또한 소설 속 세계의 변별적 자질이다. 육군 중위가 발행하는 일간지명은 '유방과 다리'이며, 육군 대령 겐리흐 샬레르는 "각각의 남근은 자신만의 음문을 찾는다"라는 명제에서 자신의 철학적 사유를 시작한다. 이는 단지 에로틱한 인간관계가 아니라, 오히려 우주의 출산 기관으로서의 우주의 음문의 에너지 실체에 관한 의사擬似 미래주의적 공상이다. 고골의 형상은 이와 같이 립스케로프 소설의 '카니발적' 정조를 구현하고 있다.

니나 사두르Н. Садур의 희곡 〈형제 치치코프Брат Чичиков〉 역시 고골적 텍스트의 '카니발적' 변이형이다(Садур 1999). 작품의 이야기는 가면을 쓴 '미지의 여인Незнакомка'이 곤돌라 사공 치치코프에게 러시아에서 죽은 농노를 매입하여 부자가 되라고 권하는 이탈리아 카니발 장면에서 시작된다. 그녀의 제안은 혼란스런 포스트소비에트 시절을 틈탄 세계자본주의의 계략처럼 들린다.

> 지금 러시아에는 엄청난 페스트가 횡행하고 있어요. 엄청난 페스트죠! 그런데 정권은 전혀 이 점을 숙고하지 않고 있습니다. 그들은 자기들 일에 골몰하고 있어요. 이봐요, 그들은 푼돈을 챙기고 있다구요, 당신처럼 말이에요. 그래서 죽은 자들이랑 산 자들이 뒤섞이고 있어도, 누가 누군지 이미 알 수가 없어요. 가서 그들을 산 사람인 것 마냥 사들이세요. 그러고는 은행에 담보로 맡기세요.

'미지의 여인'과 셀리판을 동반한 주인공의 편력의 세부적인 내용들 또한 카니발적인 희극성, 저속함, 비일상성을 특징으로 한다. 마부 셀리판의 '욕설'에 대한 재능도 두드러진다. 인물들의 여러 변별적 자질들은 지나치게 비대하고 과장되게 나타난다. 작가는 의사 고골적인 세계의 모든 인물들, 매매된 죽은 농노들과 나폴레옹에게조차도 발언권을 주며, 이는 카니발적인 부조리의 어조를 고양시킨다. 가령, 엘리자베타 보로베이는 여타의 죽은 농노들과 함께 한목소리로 헤르손 현縣으로 보내지 말아 달라고 주인공에게 간청한다.

이 모험의 주도적인 인물인 '미지의 여인' 또한 카니발적인 양가성을 특징으로 한다. '미지의 여인'은 때론 익사한 여자로, 때론 마녀로, 때론 짐승(말, 매)으로 자유롭게 변신한다. 치치코프는 그녀를 '부인', '여보'라고 부르며, 결국에는 '루시'라고 부른다. 처음에 그녀는 인간적인 애정을 갈구하는(그녀는 "나는 당신을 사랑하고 싶어요"라고 치치코프에게 말한다) 죽은 여자, 혹은 피안의 존재이다. 그녀 덕택에 치치코프는 이율배반에 직면한다. 그것은 가정과 아내, 그리고 세속적인 행복을 얻고자 하는 개인적인 소망과 이 피안의 존재에 대한 매력과 동정 간의 양립 불가능성이다. 그러나 '미지의 여인'은 그 자신의 '어디에나 존재함'으로 인하여 그의 마음을 끌고, 심지어는 일정한 의미에서 그의 분신이 된다. 그가 마침내 '미지의 여인'에 대한 사랑에 빠졌을 때, 그녀는 문득 자신의 사랑을 거절한다.

> 치치코프　부인, 여기 당신 앞에 온전한 내가 있소, 당신의 남편 말이오! 내가 얻은 모든 것을 당신의 발 아래에 바칠…
> 미지의 여인　어쩐지 나는 당신을 못 알아보겠어요.

이와 같이 사이비 공주의 카니발적인 '제위 박탈'이 일어난다.

이러한 대규모 합창에 작가는 고골적인 목소리들뿐만 아니라 러시아 문학의 다양한 목소리들을 초청한다. 우리는 사두르가 단지 고골 텍스트의 민중카니발적 요소들을 과장되게 표현하는 것만은 아님을 알고 있다. 그와 동시에 그녀는 자신의 고골리아다에 다른 러시아 작가들의 작품 구성 요소들을 포함시킨다. 츠이푸쉬타노바M.A. Цыпуштанова가 지적하듯이, 여기서 은세기 텍스트들의 인용을 찾는 것은 쉬운 일이다. '미지의 여인'의 형상에서 우리는 "성물의 속화, 꿈의 와해, 세계의 붕괴"에 관한 블로크A. Блок적 주제의 암시를 발견한다. 그것은 사두르의 희곡에서 루시, 어둠, 악마적인 원무圓舞와 카오스의 이미지들 간의 관계를 더욱 공고하게 만든다. 치치코프가 '미지의 여인'과 함께 탔던 플류쉬킨의 낡은 정원에 있는 그네들은 표도르 솔로구프의 악마의 그네를 상기시킨다(그네에 당도했으니/어서 타거라, 네가 말한 대로 해 주마).[6] 낡은 정원 자체는("이 정원은, 삼가 백 년이 되었다.") 체호프의 '벚나무 동산'을 연상시킨다.[7]

사두르에게서 고골적 세계는 은세기의 문학적 기억의 프리즘을 통과하여, 루시를 감각하고 관찰하기 위한 거대한 구조물로서 부상한다. "루시Русь가 어여쁜 게 아니라 애수грусть가 어여쁘다." 죽은 농노에 관한 음모에서 루시에 대한 엘레지 풍의 예찬("잠에서 깨어나라, 나의 루시여.")에 이르기까지, 길 위의 진창에서 밝고 광활한 초원에 이르기까지, 그녀의 모든 형상들은 고골적인 옛날과 현대에 동시에 관계한다. 츠이푸쉬타노바의 지적대로 사두르는 고골에게서 러시아 자체의 '비밀스런 본질', 즉 그것의 '원형적인' 형상을 발견할 줄 알았던 것이다.

6 〔옮긴이〕 원문은 다음과 같다: "Попался на качали / Качайся, черт с тобой."

7 츠이푸쉬타노바는 이 희곡에 등장하는 치치코프의 형상의 원천 중 하나로서 안드레예프의 〈사탄의 일기Дневник Сатана〉를 또한 꼽는다(Цыпуштанова 2008, 199).

4. 간략한 결론

러시아에게 1990년대는 나라의 역사를 집중적으로 재해석하는 시기였다. 문학의 영역에서도 그와 같은 재해석은 고전과의 대화로서 부분적으로 이루어졌다. 그러한 대화의 가장 두드러진 상대는 도스토옙스키였다. 우리가 도스토옙스키와의 동시대적 대화의 몇몇 문제들을 연구했을 때, 현대 작가들이—각자 나름대로—그의 유산을 수용하고, 해석하고 개발하며, 자신의 창작을 위해서 활용한다는 것을 알았다. 이때 우리는 가장 문제적이고, 모순적이며, 혹은 이율배반적인 요소들이 창조적 대화를 위해서 가장 효율적인 재료가 된다는 점을 파악했다. 가령, 도스토옙스키의 경우 그러한 요소가 되는 것은 그의 정치적인 이데올로기, 종교적인 관점, 민족적 문제에 관한 시각이다. 그의 소설의 시학과 서술양식 또한 러시아 사회의 로고스 중심주의와 관련하여 흥미를 불러일으켰으며, 이를 부분적으로 부추긴 것은 도스토옙스키 저작들의 수많은 양식화, 패러디, 개작들의 출현이다.

고골에 관해서도 대체로 같은 이야기를 할 수 있다. 우리의 연구 결과는 작가적 유산의 이율배반적인 면들이 현대 작가들에게 가장 매력적인 재료임을 말해 준다. 아마도 고골의 경우에는 환상적인 것과 실재적인 것, 이상적인 것과 현실적인 것, 악마적인 것과 신성한 것, 광활한 공간, 어둠, 공허, 그리고 최종적으로는 러시아에 대한 그의 관점이 그러할 것이다. 문 앞에서의 제자리걸음에서 광활한 대지에 관한 애수 어린 일탈에 이르기까지, 그의 서술의 특수한 리듬과 템포 역시 양식화나 패러디 같은 창조적 반응을 불러일으킨다.

두 작가가 수용되는 양상의 차이점을 정식화하자면, 그 해답은 그들의 창작에서 다뤄지는 문제들의 특수성 속에서 부분적으로 찾을 수 있다. 도스토옙스키의 장편소설은 1860년대 농노개혁 이후의 상황으로부터 발전해 온 것이며, 따라서 포스트소비에트 사회에서 매우 시의성 있고, 상통하는 면이 있다. 고골의 테마들은 인간 존재의 교착 상태, 이상과 현실 간의 해결되지 않는 모순, 러시아성의 영원한 원형 등과 같은 '영원한' 문제들이다. 도스토옙스키의 문학에서 현대적인 갈등에 대한 해법 혹은 현대적인 문제들의 고찰 방식을 찾을 수 있다면, 고골의 문학은 다면적인 러시아 사회를 관찰할 수 있는 특수한 광학 도구이자 그러한 문제들에 대한 정신적, 영적 접근의 모델로 나타난다. 바로 그러한 이유로 본 논문에서 언급된 작가들 가운데 고골에게서 현대적인 문제에 대한 그 어떤 일의적인 해답을 구하는 경우는 드물었던 것이다. 그러한 해답을 위해서는 보통 도스토옙스키를 찾는다. 고골의 문학은 모든 교착과 모순에도 불구하고 풍요로운 전체로서 우리 시대에 중요한 의의를 지닌다. ■ **테추오 모치주키** • 이명현 옮김

참고문헌

• 고골과 관련된 작품들

Аксенов В .

1996 Три шинели и нос. Рассказ // Негатив положительного героя. М.

Алешковский П.

1995 Старгород. Голоса из хора. М.

Битов А.

1988 Человек в пейзаже. М.

Богаев О.

1995 Мертвые уши. Пьеса. (http://www.theatre.ru/drama/bogaev/ushi_1.html)

Булгаков М.

1922 Похождения Чичикова. Поэма в 10-ти пунктах с прологом и эпилогом.

Володин В.

1992 Русский народ едет на шашлыки и обратно // Волга. №1.

Гареев З.

1992 Мультипроза. М.

Ермаков О.

1992 Знак зверя // Знамя. № 67.

Королев А.

1992 Голова Гоголя. Роман // Знамя. № 7.

Королев А.

2000 Носы. Коллажи // Голова Гоголя. М.

Кравченко В.

1992 Ужин с клоуном // Знамя. № 6.

Кураев М.

1992 Дружбы нежное волненье // Новый мир. № 8.

Кураев М.

1993 Зеркало Монтачки. Новый мир. № 5.

Липскеров Д.

1996 Сорок лет Чанчжоэ. Роман // Новый мир. № 78.

Минцлов С.

1991 За мертвыми душами. М.: Книга.

Садур Н.

1999 Брат Чичиков: Пьеса в двух действиях. 1998 // Обморок. Книга пьес. Вологда.

Солженицын А.

1986 Красное колесо. Узел 3. Март семнадцатого. Вермонт-Париж.

Харитонов М.

1992 Линии судьбы, или Сундучок Милашевича // Дружба народов. № 12.

• 고골 및 그의 수용에 대한 비평적 저작들

Бахтин М.

1965 Рабле и Гоголь: Искусство слова и народная смеховая культура // Творчество Франсуа Рабле и народная культура средневековья и Ренессанса. М.:

Художественная литература.
Белый А.
1996 Мастерство Гоголя. М.: МАЛП.
Ермаков И. Д.
1999 Психоанализ литературы: Пушкин, Гоголь, Достоевский. М.: Новое литературное обозрение.
Ерофеев В.
1987 Розанов против Гоголя.
Набоков Н.
1999 Николай Гоголь // Подлинная жизиь Себастьяна Найта. Под знаком незаконнорожденных. Николай Гоголь. СПб.: Симпозиум.
Немзер А.
1994 Современный диалог с Гоголем // Новый мир. №5: 208-225.
Подорога В.
2006 Мимесис. Материалы по аналитической антропологии литературы. Том 1. Н. Гоголь, Ф. Достоевский. М.: Культурная революция.
Розанов В.
1996 Легенда о Великом инквизиторе Ф.М. Достоевского. М.: Республика.
Розанов В.
1992 Опавшие листья. М.: Современник.
Смирнов И.
1994 Психодиахронологика: Психоистория русской литературы от романтизма до наших дней. М.: Новое литературное обозрение.
Тынянов Ю.
1921 Достоевский и Гоголь (к теории пародии). Петроград: Опояз.
Цыпуштанова М. А.
2008 Пьеса Н. Садур «Брат Чичиков» : Опыт диалога с классикой // Вестник Удмуртского университета. Вып. 3: 193-200. (http://vestnik.udsu.ru/2008/200813/vuu_08_053_24.pdf)
Чиж В. Ф.
2001 Болезнь Н.В. Гоголя(Сост.Н.Т.Унаняпц). М.: Республика.
Эйхенбаум Б.
1927 Как сделана «Шинель» Гоголя // Литература: Теория. Критика. Полемика. Ленинград.

Эпштейн М.

1996 Ирония стиля. Демоническое в образе России у Гоголя // Новое литературное обозрение. № 19: 129-147.

Karlinsky, S.

1976 *The Sexual Labyrinth of Nikolai Gogol.* Chicago & London.

Moeller-Sally, S.

2002 *Gogol's Afterlife: The Evolution of a Classic in Imperial and Soviet Russia.* Evanston: Northwest UP.

• 보충적 자료들

Катаев В. Г.

2002 Игра в осколки: Судьбы русской классики в эпоху постмодернизма. М.: Изд. МГУ.

Сохряков Ю.

2002 Творчество Ф.М. Достоевского и русская проза XX века(70-80-е годы). М.: ИМЛИ РАН.

Турнин С. И.

2006 Рецепция Достоевского в русской прозе конца XX- начала XXI вв. Минск: Изд. И.П. Логовинов.

Мотидзуки Т.

2002 "Новые римэйки романа Достоевского: о современном «Идиоте»". Фигури на автора // Юбилеен сборник в чест на 60-годишнината на професор Боян Биолчев. София.

Mochizuki, T.

2007 The Perception of Dostoevsky by Contemporary Russian Writers: Reminiscences, Stylizations and Remakes // Halina Janaszek Ivanickova(ed.). The Horizons of Contemporary Slavic Comparative Literature Studies. Warszawa.

러시아 중등교육에서의 고골 연구

역사와 전망

고골은 언제나 가르치고 싶어 했으며 문학 교육에 대해서도 많은 생각을 했다. 이런 사색의 결과가 〈러시아 젊은이를 위한 문학 교과서〉이다. 문학 교육에 대해 그는 네쥔의 김나지움 시절부터 골몰하기 시작한 듯싶다. 아마 이에 대한 이유로 충분한 것이, 당시 김나지움에서 문학을 가르치던 니콜스키 교수는 당대 독자들의 환영을 받던 그리보예도프, 쥬콥스키, 바튜쉬코프, 크르일로프, 푸쉬킨의 문학을 '현대' 문학으로 인정하지 않았다는 점이다. 19세기 말에 문학을 학과목으로 가르치기 시작했는데 이때의 학과 과정의 마지막 장은 고골이었다.

교수 방법론에서 고골을 언급한 경우로선 자신을 '골수 관료형 교육자педагог казеннейшего типа'[1]라 자처한 플라스킨В. Т. Пласкин의 교과서(1842)가 처음이다. 그 당시 가장 널리 보급된 교과서로는 갈라호프А. Д. Галахов와 부슬라예프Ф. И. Буслаев의 교과서가 있다. 1842년 《러시아 문학 전집Полная русская хрестоматия》이 출판되었고 이후 《러시아 문학 선집Русская

1 벤게로프С.А. Венгеров의 말에 의한 것이다. Венгеров С.А. Русская литература в средней школе как источник идеализма. Пг. 1917, с. 6. 이 책은 1916년 12월 27일 모스크바에서 열린 전 러시아 러시아어 문학 교사 대회에서 행한 연설을 출판한 것이다.

хрестоматия》이라는 이름으로 무려 삼십여 차례나 중판이 발행되었다. 이 선집에서 처음으로 중등교육과정에 푸쉬킨, 레르몬토프, 고골과 다른 작가들의 작품이 포함되었다(Галахов 1844). '교사와 학생'들이 인정한 이 선집의 서문에서 저자가 밝히듯, 제2편 '역사적 저작. 전기와 인물' 편에 고골의 〈죽은 혼〉의 일부분—'구두쇠'(플류쉬킨에 대해)가 실려 있다. '기술적 산문Описания. А. Собственно описания' 편에는 고골의 〈우크라이나의 밤Украинская ночь〉이 게재되어 있고, 또한 〈슈킨 시장의 그림가게Картинная лавка в Щукином дворе〉도 실려 있다. 제3편 '철학적 저작'에는 고골의 〈알렉산드르 푸쉬킨의 작품Сочинения Александра Пушкина〉이란 논문이 게재되어 있다. 1852년에 '러시아어문학 프로그램'이 완성되어 문학사와 고대로부터 고골에 이르기까지 러시아 문학작품에 대한 상세한 비평이 수록되었다. 이 프로그램에서 주요 작가로 언급된 면면은 로모노소프, 푸쉬킨, 그리보예도프, 레르몬토프 그리고 고골이다.

일찍부터 고골은 가장 중요한 민족 작가 중의 한 명으로 자리 잡았다. 여러 시대와 문예 사조를 거치면서 저명한 교육학자들은 고골을 교육과정과 교과서에 언제나 포함시켰다. 그러한 예 중의 하나가 보도보조프В. И. Водовозов의 저술이다.

보도보조프의 주요 교수 방법론 저서는《범례와 분석을 통해 보는 문학Словесность в образцах и разборах》으로 여기에는 '분석 예제'라 불리는 문제가 실려 있다. 이 책은 교수 방법론 발전에 심대한 영향을 미쳤다. 고골의 〈옛 기질의 지주Старосветские помещики〉에 대한 분석은 가장 널리 알려진 부분 중의 하나이다. 보도보조프는 작품을 두 부분으로, 즉 가장 중요한 두 사건인 고양이에게 일어난 일과 풀헤리야 이바노브나의 죽음으로 나누어 볼 것을 제안하고 있다. 일단 이렇게 나누어질 수 있는 두 사건 사이에 어떤 연관성이 존재하는가 하는 문제를 학생들에게 제기하며 보도보조프는 다음과 같이 외친다. "여러분! 여러분은 아직 아무것도 모르는군요, 이러저러한 추측도 사실 다 소용이 없습니다. 소설의 전반부를 좀더 잘 읽어 보세요, 그러면 모든 게 분명해집니다. 무엇보다도 '인내'에 주목하시길!"(Водовозов 1905, 6)

이미 19세기에 작가의 전기와 관련해 문학작품을 연구하는 것이 중요하게 대두되었다. 고골의 전기는 스무 번을 넘게 간행된 빅토르 오스트롭스키В. Островский의 저명한 논집인 《20인의 러시아 대표 작가의 전기Двадцать биографий образцовых русских писателей》(1890)에 실려 있다. 교수 방법론의 고전인 오스트롭스키에 의하면 자신의 논집에 선정된 20인의 작가는 민중적이며, 전범적인 작가로 여겨졌는데, 이는 "다른 작가들이 그들을 마치 전범으로 모방하기 때문이며, 이들 작가의 글과 문장에서 귀에 듣기에 유려한 (음악적) 소리와 생생하고 표현력 풍부한 민중의 언어, 그리고 조국의 살아 있는 이미지, 아름다운 생각과 고양된 애국심을 찾을 수 있기 때문이다. 소년과 젊은이들은 학교에서 이들 작가의 글을 통해 러시아어를 배우고 조국과 인류 그리고 삶을 깨닫고 사랑하는 법을 배우기 때문"이라고 밝히고 있다(Островский 1999, 11).[2]

소비에트 혁명 직후 10년 동안 문학에 대한 사회주의적 접근이 우세했다. 흥미로운 여러 경우를 생각할 수 있는데, 그중 지금은 잊혀진 켈투얄라В. Я. Келтуяла의 교과서가 특히 인상적이다. 중요한 것은, 중등학교 교과 과정에 고골이 살아남았다는 것이다. '귀족 작가'인 고골의 작품을 포함시킨 것에 대한 변명으로 켈투얄라와 그의 제자인 페레베르제프В. Ф. Переверзев는 고골이 몰락한 귀족 가문 출신으로 '농노'를 거의 소유하지

2 오스트롭스키는 피로고프Пирогов, 우쉰스키Ушинский, 그리고 스토유닌Стоюнин의 교육 철학의 선구자로 인정된다. 그가 가장 그리워했던 시대는 1860년대 초반이다. 1860년대 초반은 "해방된 국가의 모든 계층의 전 국민을 위한 교육의 의미와 강력한 필요성과 [⋯] 유용한 지식의 실제적 함양, 그리고 거칠기 짝이없는 이기심 대신 이타적 정신을 배양하고 야만적인 습속을 인간적인 모습으로 유도하는 것 등이 문학에서 분명하고 충분한 설득력을 가진 채 상세하게 논구된 시기였다." 오스트롭스키는 "1860년대 초반 그의 행적이 보여 주듯, 정의와 인간애의 열렬한 전도사로, 순수한 이상주의자"로 여겨졌다.

않았음을 강조했다.

물론, 소비에트의 교과서에 반드시 언급된 사항 중에는 레닌В. И. Ленин이 자신의 글 속에서 고골의 등장인물들을 몇 번 언급하고 있는지, 러시아 혁명의 발전 과정에서 고골의 역할에 대해 레닌이 무엇을 이야기했는지 하는 점 등이 있다. 문학 교과서의 저자와 교수 방법론 연구가들은 언제나 곁에 학술원 회원 밀리차 네취키나М. Нечкина의 책(Нечкина 1969)을 두고 있었다. 자신의 생애를 바쳐 그녀는 어떤 상황에서 어떻게 레닌이 러시아 문학의 일련의 이미지와 인물을 이용했는지에 대한 연구에 매진했다. 많은 교수 방법론 저서에서 언급되길, 레닌의 글 속에는 수백 건에 달하는 인용이 고골 작품에서 이루어지고 있으며, 또한 치치코프와 흘레스타코프에서 하사관의 과부와 부인에 이르기까지 24명의 고골의 등장인물이 고르게 발견된다. '크렘린의 몽상가'라고 아이러니하게 지칭되는 헤르베르트 웰스라는 정치가는 종종 고골의 몽상가인 마닐로프의 이미지를 마흔 번가량이나 떠오르게 한다. 이런 맥락에서 벨린스키가 고골에게 보낸 편지 역시 이해할 수 있다. 특히 교사를 위한 다양한 참고 문헌에 주목할 것을 권유하는데,[3] 이들 참고 문헌에는 벨린스키 편지를 이념적으로 해석한 부분과 편지를 둘러싼 다양한 정황에 대해 서술되어 있다.

오래전 벤게로프가 지적했듯이, "고골의 위대성이 자그마한 디테일 하나하나에 이르기까지 섬세함과 적확함 등, 모든 면에서 러시아 삶의 진실된 모습을 자신의 창작에서 그려 내는 데 있다는 말은 이미 모든 교과서에 쓰이고 있는 클리셰가 되었다."

이러한 관점은 전체적으로 보아 물론 의심의 여지가 없다. 당연히 그

3 Белинский в воспоминаниях современников. М.: ОГИЗ, 1948; Райхин Д. Я. Белинский в школе. М.: Учпедгиз, 1955; Корст Н.О., Смирнов С.А. Методические указания к преподованию литературы в 8 классе. М.: Учпедгиз, 1956 и др.

누구도 고골만큼 가식 없는 진솔한 러시아적 삶의 모습을 문학적 반영의 핵심에 자리매김 한 적이 없다. 고골에게서는 물론 '그 어떤 진리'도 존재하지 않았다. 만약 누군가 문학적 의식의 근저에 깊게 자리한 고상한 주제와 '비열한' 주제로의 양분법의 개념을 타파할 수 있었다면 이는 고골이다. 그러나 고골은 리얼리티의 재현을 위해 일종의 '인식의 정수'라는, 예술적 기법이긴 하지만 상당한 전제 조건을 상정할 때 리얼리즘적이라 말할 수 있는 기법을 사용했다(Гоголь 1915, 533).

소비에트 시기 기본적인 관심은 그의 창작의 사회비판적 요소에 돌려졌다. 창작세계의 정신적-종교적 근간과 고골의 세계관에 대해 말하는 것은 그저 불가능해 보일 뿐이었다. 그러나 고골의 경우만 그러했던 것은 아니었다. 이것은 정신성과 종교성을 따로 분리하던 사회주의 리얼리즘의 미학적 기본 입장이었다. 명백한 것은 고골에 대한 그런 이해가 수정될 것이라는 점이다. 21세기 초반 러시아 사회는 점점 종교적으로 변해 가고 있으며, 러시아 정교회의 정치적 입지 또한 확대되고 있다.

고골과 관련한 또 하나의 신화는 낭만주의의 극복과 리얼리즘으로의 전향이다. 고골이 생애의 많은 시간을 해외에서 보냈고 러시아를 잘 몰랐음은 두드러져 보인다. 한 교사용 지도서에는 "리얼리스트 작가로서의 말년의 고골 역시 낭만주의적 개념의 포로 상태였다"(Михед 1988, 38)고 적고 있다. '포로 상태'라 한 것이 특징적이다.

고골은 언제나 러시아 고전 문학의 일부였다. 그는 거의 곧바로 문학선집에 이름을 올리는 작가가 되었고 선집 구성에 빠지는 적이 거의 없었다. 혁명 이전의 김나지움에서도 그의 작품은 읽혔고, 소비에트 직업학교와 기술훈련원에서도 필독 작가였으며, 포스트소비에트 시기인 지금도 '문학 필독서' 목록에 이름을 올리고 있다.

고골의 작품은 교수 방법론을 둘러싼 논의의 대상으로는 등장하지 않았다. 그렇기 때문에 망명한 교수 방법론 이론가인 페레밀롭스키B. B.

Перемиловский가 러시아 중등학교에서 고골의 수용 특징을 자세히 분석한 논문은 각별한 관심을 끈다(Перемиловский 1929, 35-48). 여러 동시대 소비에트 비평가와 같이 페레밀롭스키 역시 고골이 러시아 문학에서 풍자의 시초라는 점에 반대한다. 그래서 그는 〈죽은 혼〉의 제1권을 제2권에 대비시킨다. "비평가든 학교에서의 교육자든 모든 이들이 고골의 〈죽은 혼〉 제1권을 전적으로 지지하며 독자와 학생들에게 작품의 모든 것이 올바르고, 예술적이며, 진실되며 고골은 진정한 작가라고 되뇐다. 반면 제2권은 지적 쇠퇴이며 고골의 병, 의도된 도식, 도덕화 등이라 폄하된다. —요컨대 다시 한 번 읽어 보시오, 그러나 글자 그대로 너무 믿지는 마시길, 청년들이여…" 그러나 페레밀롭스키에게 최고의 적수는 〈검찰관〉이었다. 그는 자신의 논문에 다음과 같이 쓰고 있다. "〈죽은 혼〉 이전 〈검찰관〉의 성공과 그에 힘입어 아직까지 러시아 젊은 세대를 육성하고 있는 이 훌륭한 작품의 성가가, 사실 얼마나 많은 일방적인 계몽, 연구, 주석을 통해 그릇된 해악을 끼치고 있는가! 매 장면마다 발을 동동 구르며 박장대소하는 통에 우리는 이 작품이 학생들의 심리에 미치는 영향을 제대로 가늠할 수 없다. […] 〈검찰관〉은 러시아를 묘사하고 있지만, 이 묘사는 아주 사소한 것일 뿐이다. 코미디로 인한 정신없는 웃음이 가라앉을 그때, 학생의 무의식에 보다 정련되거나 날카로운 문제의식하에 형성되는 평가가 중요하다. 학교에서 이 작품의 희극적 효과를 냉각시키려는 어떤 시도가 행해진 적이 있는가? 구체적으론 레스코프의 〈믿음이 경건한 자들Праведники〉처럼 러시아 농촌의 삶의 즐거움을 훌륭히 묘사한 여타의 다른 작품과 대비하며 〈검찰관〉의 희극적 요소를 가라앉혀 보려는 시도가 있기는 했는가?" 주지하듯이, 〈검찰관〉에 일정 정도 의도된 해악적 요소가 있음을 인정하면서도 교수 방법론 연구자들은 이 작품이 중등교육 교과서에서 제외되어야 한다고는 생각하지 않는다. 실상 교육에 있어 부정적인 측면이 긍정적이고 바람직한 효과에 무시로

도달한다는 것은 모른 채, 연구자들은 긍정적인 측면과 부정적인 측면의 '균형을 맞추려고' 애쓸 뿐이다.

고골의 이름이 1852년 중등교육과정에 등장한 이래 그의 작품은 계속 새로운 세대들이 배워 나갔다. 연구 대상 텍스트의 폭도 문학 교육의 모든 구조적 혁신에 따라 확대되어 갔다. 말 그대로 '총체적 문학 연구'라 불리는 1960년대 기획안이 정초, 확정됨에 따라 고골의 텍스트도 그 수가 증가했다.

문학 교수 방법론은 학제간적 학문이다. 이론적으로 문학 교수 방법론은 문학 이론에 기대고 있지만 실상에 있어선 역사와도 문학과도 거리를 둔 채 변증법과 평행선을 긋는다. 고골 연구에서 방향타를 제시한 것은 학술원 회원 흐랍첸코M. П. Храпченко의 저작들이다. 그의 책은 이데올로기 공세의 도구가 되었다. "일련의 작가와 비평가들—흐랍첸코는 그들을 부르조아 문학 연구자와 작가라 낙인찍었다(인용자)—에게 고골은 무엇으로든지 변했다. 고골은 상징주의자이자 초현실주의의 선포자였으며, 부조리 예술의 지지자였고 프로이트 이론을 문학에서 실현한 자였으며, 리얼리티 예술의 반대자로 철저한 안티리얼리스트였다" (Храпченко 1980, 684).

타성이라는 것은 심히 막강해 1990년대 초반 쿠투조프A. Кутузов가 자신의 일관된 시각하에 책임 편집한 교과서를 냈을 때, 상급 학년생들에게 흐랍첸코의 저술과 관련된 과제가 제시되기도 했다.

1990년대 중반 벨렌키Г.И. Беленький가 편집한 교사용 지침서가 출판되었을 때 문예학적 토대가 확대되었다. 여기에는 모출스키, 바이스코프M. Вайскопф, 유리 만 등이 인용되었으며 구스M. Гус와 마쉰스키C. Машинский 역시 언급되었다.

대다수의 교과서는 고골을 리얼리스트로 간주한다. 구콥스키의 책 《고골의 리얼리즘Реализм Гоголя》은 사범대학 학생들에게 특히 강력한 영향을 미쳤다. 중등학교에서 고골을 '비非리얼리스트'라 이야기하는 것은 힘든 일이다. 예전에는 그렇게들 생각했다. 청년 시절의 고골에게는 젊음으로 인해 몇몇 실수가 있었지만 이는 용서할 만하다. 그러다 시간이 지나고 고골은 비판적 리얼리즘이야말로 창작의 진리임을 깨닫게 되었다. 최근에서야 교사들은 치졥스키Д. Чижевский의 《알려지지 않은 고골 Неизвестный Гоголь》(1951)을 통해 고골의 창작에 있어 신비주의적 측면이 다른 측면들과 균형을 이룰 뿐 아니라 심지어는 근본을 이루며 가장 선명한 지점이라는 것을 알게 되었다(Ланин 2008).

가장 중요한 사건은 모스크바에서 유리 로트만의 교과서가 출판된 것이다. 이 교과서에서 로트만은 처음으로 고골 작품 분석에 구조주의적 방법론의 요소들을 도입했다. 전통적인 문예 이론에 근거해 '지주의 형상'에 집중해 오던 교사들은 처음으로 〈죽은 혼〉의 구조적 골간이 바로 "길, 길에서의 만남, 그리고 길에서의 사건으로 이 길은 음울한 길" (Лотман 2000, 193-194)임을 알았다. 교과서의 문체 역시 전혀 예상치 못한 것으로, 진정 혁명적인 것이었다. 로트만의 교과서는 처음에는 그 자체로 하나의 문학작품처럼 읽힌다. 전반에 걸쳐 작품 요소를 분석하고 난 다음 로트만은 다음과 같이 이어 나간다. "고대 멕시코의 수도에서 도시 전체를 관통하는 중요한 거리는 '죽은 자들의 거리'라고 불린다. 고골의 작품 〈죽은 혼〉을 관통하는 것 역시 양쪽을 따라 지주들의 그로테스크한 형상이 굳어 비석이 되어 서 있는 일종의 죽은 자들의 길과 같다. 반면 그 길을 따라서는 또 다른 새로운, 고골에겐 더 한층 끔찍한 형상인 일확천금을 노리는 중세 기사의 모습, 탐욕스런 치치코프가 '동전까지 긁어 모아랏!'이라는 아버지의 유언이 적힌 깃발을 들고 뛰어가고 있다"(Лотман 2000, 194). 이 교과서는 로트만이 활동했던 에스토니아의 중등학교 학생을 대상으로 쓰여졌으며 실제 현장에서는 부분적으로 활용되었다. 기본적으로 이 교과서는 교사용 지침서의 성격으로 이용되었다. 이 책을 출판한 모스크바의 출판사는 인문학 전문서적을 발간하는 출판사이다.

아동작가인 마르샤크C.Я. Маршак는 중등학교에서 고골 연구가 왜 필수적인지 잘 설명하고 있다. 그에 따르면, "고골은 우리 인생의 어느 부분과도 떼어 놓을 수가 없다. 우리는 어린 시절 그의 작품을 읽으며 고골이란 작가를 알게 되고 이 신선한 첫 인상은 성년이 되어 가며 겪게 되는 다른 여러 인상과 함께 영원히 남게 된다. 큰 소리로 깔깔거리며 웃을 수 있고 공포에 부들부들 떨며 동시에 감동에 눈물 흘릴 수 있고, 기민한 소년의 상상이 희뿌연 우리들의 상상을 추월하는 유년 시절에 고골을 접할 수 있다는 것이 얼마나 다행스럽고 좋은 일인가!"[4] 현재 러시아의 중등학교에서 고골 작품은 단계별로 다층적으로 연구되고 있다.[5] 6학년에서는 《디칸카 근교의 야화Вечера на хуторе близ Диканьки》와 〈오월의 밤Майская ночь или Утопленница〉, 그리고 〈성탄 전야Ночь перед Рождеством〉를 읽는다. 작가의 전기와 관련해서는 중편 연작 소설의 형성 과정에 관해 배우고 문학 이론에 대해서는 유머와 풍자에 대한 기본적인 사실들을 학습한다. 7학년에서는 장편소설 〈타라스 불바Тарас Бульба〉(2차 편집본)를 꽤 자세하게 검토하며 8학년에서는 희곡 〈검찰관〉과 〈외투〉를 읽는다. 고골의 전기에 대해서도 좀더 상세하게 읽는다. 작가에 대한 기록 중 그의 생애와 운명에 대한 연구에 집중한다. 그리고 9학년 과정에는 포에마 〈죽은 혼〉에 대한 연구가 포함된다. 상술한 작품은 필독서 목록에 불과하다. 교사는 현대적 교수법을 활용해야 하며 학생에겐 새로운 정보 기술을 활용한 과제 연구가 제시된다.

---

4 Литературная Газета. 1952. 4 марта.

5 여기서 언급되는 중등교육과정은 러시아 학술원 산하 주관 연구소인 러시아 교육 아카데미의 문학 교육 개발실에서 연구, 개발한 것이다. ИСМО РАО. Ланин Б.А., Устинова Л.Ю. Литература. Программа. 5-11 классы. М.: Вентана-граф, 2006. 이 프로그램은 러시아 연방 교육부에 의해 승인, 확정되었다.

현재 고골에 대한 학생들의 이해는 그 폭이 점차 넓어지고 있다. 그의 전기가 지속적으로 깊이를 더하며 연구되고 있으며 그의 작품은 몇몇 대중적 인터넷 사이트에서 읽을 수 있다. 다양한 매체에서 작품을 접할 수 있도록 오디오북의 형태로도 출판되고 있다. 고골의 동상에 새겨진 '소비에트 정부로부터'라는 글귀도 그를 마야콥스키와 같은 운명으로 밀어 넣지는 못했다.

물론 고골 문학의 몇몇 측면은 다양하게 해석될 수 있다. 그의 종교성은 이제 더 이상 숨길 수 없는 부분이다. 결론적으로 말해 고골은 여전히 러시아 고전 작가로서 어떤 문학 선집에도 항상 언급될 것이다. 언제나 민족의 교사가 되고자 했던 러시아 작가에게 이는 행복한 운명이다. 그러나 그가 죽고 난 뒤 그런 꿈이 이루어진 것이 유감일 뿐이다. ■ **보리스 알렉산드로비치 라닌 • 최정현** 옮김

참고문헌

Белинский в воспоминаниях современников. М.: ОГИЗ, 1948

Венгеров С. А.

1917 Русская литература в средней школе как источник идеализма. Пг.

Водовозов В. И.

1905 Словесность в образцах и разборах. 6-е изд. СПб.: Издательство Л. Ф. Пантелева.

Галахов А.

1844 Полная русская хрестоматия. М.

Гоголь Н. В.

1915 Мертвые души. Петроград: Изд. Н. П. Карбасинова, серия «Классики в школе» под ред. Н. С. Державина и Г. Г. Тумина. ИСМО РАО.

Корст Н. О., С. А. Смирнов

1956 Методические указания к преподованию литературы в 8 классе. М.:

Учпедгиз.

Ланин Б. А., Л. Ю. Устинова

2006 Литература. Программа. 5-11 классы. М.: Вентана-граф.

Ланин Б. А., Ж. И. Стрижекурова

2008 Русское зарубежье: новое открытие классики. М.: Дрофа.

Литературная Газета. 1952. 4 марта.

Лотман Ю. М.

2000 Учебник по русской литературе для средней школы. М.: Языки славянской культуры.

Михед П. В.

1988 Развитие критического реализма в творчестве Н. В. Гоголя // Изучение творчества Н. В. Гоголя в школе: пособие для учителя. Под ред. Г. В. Самойленко. Киев: Радянська школа.

Нечкина М. В.

1969 Художественные образы русской литературы в произведениях В. И. Ленина. М.

Островский В.

1999 Двадцать биографий образцовых русских писателей. М.

Перемиловский В. В.

1929 Задачи и принципы школьного изучения русской словесности // Русская школа за рубежом. № 31.

Райхин Д. Я.

1955 Белинский в школе. М.: Учпедгиз.

Храпченко М. Б.

1980 Собрание сочинений в 4 т. Т. 1. М.

고골, 우크라이나인 그리고/혹은 러시아인?

성서적 기독교의 관점에서 고골의 민족적 정체성의 양가성에 대한 고찰

1. 들어가며—민족주의의 물결 속에서

21세기에 러시아와 우크라이나는 서구와의 3중 관계 속에서 복잡미묘한 정치, 경제, 사회 부분의 마찰을 겪으면서 갈수록 인종 중심적인 민족주의적 대립 구도를 띠고 있다. 고대 키예프 루시와 그리스 정교라는 공동의 역사적 기원을 갖고 있는 양국은 1654년 우크라이나 게트만인 흐멜니츠키가 터키, 타타르, 폴란드 민족들의 침입에 대한 러시아의 보호를 요청하는 페레야슬라블 조약을 러시아와 체결한 이후 20세기 후반 소비에트 해체 직전까지 예속과 지배의 비대칭적인 구도로나마 공존과 화합의 길을 걸어 왔다고 할 때, 오늘날 첨예화되고 있는 정치, 경제, 외교적 대립과 갈등은 그동안 쌓아 온 사회적, 문화적 공존과 화합의 기반을 갉아먹는 부정적인 영향을 미치지 않을까 우려된다.

오랜 문화적, 사회적 공통 기반과 화합의 역사에도 불구하고 소비에트 체제의 해체 이후 단 20여 년 사이에 러시아와 우크라이나가 경제, 정치, 외교 분야에서 복잡하고 양가적인 길항 관계를 맺는 데에는, 그간의 공존과 화해의 체제에 잠재되어 있던 갈등의 맹아들이 기폭제에 의

해 활성화되고 있기 때문은 아닌지 판단된다. 가장 핵심적인 갈등의 맹아들 가운데 하나로 18-19세기에 러시아 전제 정부, 귀족, 인텔리겐차가 각자 자신의 관점과 이해관계에 따라 그에 상응하는 서구의 모델들을 자신의 대타자the Other로 삼아 정립해 온 민족적 정체성의 표상들과 당시 우크라이나 지식인들이 역시 유사한 서구 모델에 따라 정립하기 시작한 우크라이나적 정체성의 표상들 간의 대립과 균열일 것이다. 양국의 서구화된 지식인들이 자기 정체성의 모델로 삼은 서구의 담론들로는 계몽주의와 낭만주의를 포괄하는 자유주의, 주로 낭만주의와 동의어로 간주되었던 민족주의, 그리고 그 담론들의 외연 확장의 결과라고 할 수 있을 제국주의와 오리엔탈리즘 등이다. 이 근대성의 대표적인 담론들이 서구에서 러시아를 거쳐 우크라이나로 유입되는 과정에서 서구 내에서의 양가성과 모호함이 증폭되었고, 여기에 200여 년에 걸친 서구-러시아-우크라이나 삼자 간의 복잡한 지정학, 지경학적 이해관계들이 얽히면서 20세기 말 이후 그 민족적 정체성들의 부정적인 잠재태가 선명히 드러나는 것으로 요즘의 대립 관계를 설명할 수 있을 것으로 보인다.

이런 복잡한 이념적, 정치경제적 갈등의 증폭의 시대적 흐름 속에서, 고골의 민족적 정체성의 문제가 오늘날 새로운 연구 주제로 부상되는 것은 미학의 사회정치적 함의를 드러내는 또 다른 예가 될 것이다. 그동안 고골의 민족적 정체성이라는 주제는 서구의 연구자들을 중심으로 민족주의와 오리엔탈리즘에 대한 자기반성적인 탈근대적 관점에서 주로 다루어져 왔고, 그 결과 고골의 생전부터 러시아 문학계에서 고착되기 시작한 그의 러시아적 정체성에 대한 고정관념은 이미 서구의 연구자들 사이에서는 많이 흔들린 것으로 보인다. 이들에 의해 서구 중심적인 오리엔탈리즘을 반성하는 탈오리엔탈리즘이나 탈식민주의의 관점에서 고골의 러시아인으로서의 정체성과 그의 러시아 민족주의자로서의 면모를 비판적으로 해부하여 그 이면에 존재하는 작가의 우크라이나적 정체성과 러시아와 유럽 전반의 사회정치적 동향에 대한 그의 양가적이고 모호한 태도들이 전경화되었다(Bojanowska 2007; Pirie 1996; Romaniw 2006; Yoon 2006; Gasparov 1999). 보야놉스카E. M. Bojanowska는 다소 우크라이나에 우호적인 관점에서 고골의 생전의 모든 편지와 작품 초고들과 그의 실제 간행본들을 실증적으로 비교, 검토하여 고골이 러시아 사회의 검열과 지적 · 심리적 동향을 상당히 의식하면서 자기 작품들의 완성본에서 우크라이나적 색채를 하향 조정하였다고 주장한다(Bojanowska 1996, 122-143). 또한 피리P. S. Pirie는 우크라이나 정체성과 러시아 정체성의 관계 유형들을 두 정체성 중 어느 한 쪽만을 수용하는 유형, 건강한 이중 정체성을 지니는 유형, 두 문화 간에 심리적 양가성을 내포해서 '영혼의 분열' 증세를 보이는 유형 등 세 유형으로 구분하고, 고골을 그 세 번째 유형에 자리매김하였다(Pirie 1996, 1082-1083).

이렇듯 고골의 숨겨진 우크라이나성을 조명하면서 그의 민족적 정체성의 모호함과 양가성을 주장하는 연구들이 서구 중심으로 속출하는 반면, 러시아 비평계에서는 소비에트 해체 이후 이전의 정통 해석인 사실주의 혹은 사회주의적인 고골 해석은 거의 주변부로 밀려나고 그동안 간과되어 온 그의 낭만주의성, 종교성, 정신분열 증세, 부조리성 등에 대한 연구는 서구와의 교호 작용을 통해 활발하게 일고 있으나 그의 민족적 정체성에 대해서는 그다지 활발하게 연구되지 않는 것 같다. 반면에 우크라이나에서는 고골의 우크라이나적 정체성을 새롭게 발굴하려는 연구들이 축적되고 있고 서구의 연구 경향을 반영, 혹은 추동하는 것으로 보인다.

오늘날 러시아 문학계의 고골의 민족적 정체성에 대한 주된 해석 경향은 19세기 전반 고골 당대의 러시아 비평계의 해석과 같은 기류에 있다고 할 수 있을 것이다. 19세기 전반 서구의 자유주의 사상에 입각하여 전제정치를 강하게 비판한 서구주의자들 가운데 일부는 러시아의 민족적 정체성과 주변 민족들과의 실제 정치 관계에 대해서는 공식적 민족성Official nationality을 지지하는 민족주의자들과 거의 차별성을 보이지 않았다. 대표적으로 벨린스키는 러시아의 오리엔탈리즘적인 영토 확장 정책과 이민족들의 러시아화 정책에 계몽주의적인 오리엔탈리즘의 논리에 따라 적극 찬성하였다(Rutherford 1995). 그는 낭만주의적인 민족주의에서 민족어를 핵심적인 민족성의 매개로 간주하는 전통에 따라 우크라이나어로 문학작품을 창조하는 것은 서구 문명을 거부하는 어리석은 구시대적 행동으로 보았고, 그 점에서 러시아 제국 내의 이민족들의 독자적인 민족성을 인정하지 않는 공식적 민족성 계열의 출판업자들인 불가린, 센콥스키, 그레치 등과 큰 입장 차이가 없었다(Debreczeny 1966). 20세기 소비에트 사회주의 비평 역시 고골 문학을 사회주의 관점에서 재단하고 그의 우크라이나적 정체성은 종교성과 낭만주의성과 마찬가지로 완전히 간과하는 편향성을 보인다(Поляков 1953). 비평계에서뿐 아니라 고골 작품의 출간과 교과서적인 해석에 있어서도 위대한 러시아 문학의 대표적인 예로서 그를 신화화하는 정책이 19세기 말 전제 러시아에서 이미 추진되었다고 한다(Moeller-Sally 1995). 소비에트 체제 이후에는 그동안 조명되지 못한 고골 문학의 종교성, 낭만성과 더불어 우크라이나적 정체성의 문제가 부상하고 있으나, 아직 러시아는 물론 해외의 고골 독자층에서도 고골의 민족적 정체성에 대한 고정관념은 크게 흔들리지 않은 상태이다.

현재까지 파악된 고골의 민족적 정체성에 대한 가설들은 민족적 정체성에 대한 오늘날의 다양한 관점들과 더불어 고골의 민족적 정체성과 민족주의 개념의 양가성에 자의적인 다양한 시선들을 투영하고 있기 때문에 그중에 무엇이 더 현실 타당한 모델인지 현실을 통해 검증하기 전에는 분간하기 어려워 보인다. 이에 기존의 정적이고 선명한 고골의 러시아적 정체성에 대한 고정관념을 반성하고 고골의 민족적 정체성을 실재에 부합하는 정체성 모델로 새롭게 표상할 필요성이 제기된다.

그 새로운 대안적 정체성의 자격 요건으로서 필자는 고골의 우크라이나성과 러시아성의 양가적이고 역동적인 결합 구도를 규명할 필요성은 물론 그의 각 민족적 정체성에 존재하는 실재the real, substantial와 허구the unreal, fanciful를 분리할 필요성을 제기한다. 즉 고골의 러시아적 정체성과 우크라이나적 정체성의 혼합 양태를 밝히는 작업은 두 민족적 정체성에 대한 다양한 담론들에 존재하는 실재와 허구를 분리하여 실재만으로 재구성하는 반성과 재구성 작업을 필히 요구한다고 본다. 그런 점에서 근대의 정체성 담론들은 과잉 존재론화되어 있고, 포스트모던 담론들은 과잉 탈존재론화되어 있다. 이에 필자는 각 담론들 내의 실재적 요소들과 허구적 요소들을 필자의 성서적 기독교의 관점에서 구분하여 실재적 요소들만으로 새로운 민족적 정체성 담론을 재구하여 이를 바탕으로 고골의 민족적 정체성에 새롭게 다가가고자 한다. 성서적 기독교라 함은 성서에 대한 복음주의적 신앙을 바탕으로 한 기독교적 세계관을 의미한다.[1]

본고는 성서적 기독교의 관점에서 고골의 민족적 정체성에 대한 기존의 러시아 중심의 해석에 근간이 되어 온 벨린스키의 자유주의적인 민족적 정체성과 민족주의 개념을 고찰하여 그 실재와 허구를 규명하고 후에 그의 고골 작품 비평에 대해 구체적으로 비판적으로 분석하고자 한다. 더불어 같은 관점에서 고골이 선택한 민족적 정체성의 지형도를 규명하고 그의 정체성 담론의 실재와 허구를 분간하고, 그의 정체성

---

1 성서적 기독교란 성서의 무오성과 영감설의 원칙에 따라 구약 36편, 신약 27편, 총 66편으로 구성된 성서를 세계에 대한 해석과 개인의 삶의 실천적 행위의 원칙으로 받아들이는 복음주의evangelism 기독교관을 의미한다. 복음주의 계열의 성서적 기독교는 프란시스 셰퍼에 의하면 다음을 기본 교리로 한다. 1) 성경의 영감 및 무오성, 2) 그리스도의 동정녀로부터의 탄생, 3) 그리스도의 죽음을 통한 인간의 죄의 대속, 4) 그리스도의 부활, 5) 그리스도의 재림. 프란시스 셰퍼, 〈분수령을 만들다〉, 《위기에 처한 복음주의》(생명의 말씀사, 1987), 81쪽. 성서적 기독교에 대한 세부적인 내용은 이경완, 〈성서 해석학의 관점에서 고골의 종교성 고찰〉, 《러시아문학연구논집》, 제30집, 한국러시아문학회, 2009 참조.

의 형성 과정과 그 내적, 외적 영향 요인들을 규명해 보기로 한다. 이를 위하여 고골의 허구 작품들과 에세이들에서 우크라이나와 러시아 민족의 공동의 이상으로 갈수록 신화화된 자포로지예 세치의 카자크 공동체에 대한 그의 표상화 작업을 집중 연구대상으로 삼고자 한다.

여기에서는 《디칸카 근교의 야화》(1831-1832)에서 우크라이나 역사와 카자크 공동체의 삶이 부각되는 작품들, 《미르고로드》(1835)의 러시아/우크라이나 민족성에 관한 이념적 요소가 선명히 드러나는 〈타라스 불바Тарас Бульба〉(1835, 1842), 《아라베스키Арабески》(1835)에서 독일의 유기론적 역사주의의 직접적인 영향 아래 쓴 우크라이나 역사에 대한 에세이들을 중심 텍스트로 삼겠다. 덧붙여 벨린스키의 민족적 정체성의 개념에 대한 기독교적 성찰을 시도하고, 이를 토대로 벨린스키의 고골의 정체성에 대한 이해를 반성해 보기로 한다.

2. 성서적 기독교의 관점에서 본 민족적 정체성과 민족주의의 허와 실

민족적 정체성의 존재 여부에 대한 논쟁 속에서 20세기 말에 등장한 서구의 포스트모더니즘 계열에 속하는 담론들은 실체성의 부정으로 거의 일관된다. 후기구조주의, 문화구성주의, 정신분석학, 해체 등 하부 범주들로 구분되는 포스트모던 담론들은 민족적 정체성뿐 아니라 모든 정체성의 실체를 거부하고, 동시에 모든 사물들과 경험들에 대한 근대적인 존재론을 뒤집어서 그 허상성을 드러내는 데 일차적인 목표를 둔다. 그 일례로 19세기 후반 프로이트가 제기하고 20세기를 거치면서 지속적인 자기 발전을 거듭해 온 정신분석학은 인간의 자율성과 주관성에 대한 근대 철학의 절대적 확신에 의문을 제기하고, 그 근거로 인간의 생물학적인 본능, 사회문화적인 제도들, 정치적인 이데올로기의 유포를 통한 군중 심리 등이 인간의 의식, 무의식, 사유, 감정, 습관, 선택 등에 거의 결정적인 영향을 미친다고 주장한다. 반면 정체성과 다른 모든 사물과 경험의 실체성을 인정하는 존재론적 사유는 진리의 객관성과 절대성에 대한 형이상학적 대전제를 기반으로 인간은 물론 다른 대상들의 고유한 정체성을 인정한다.

이 두 관점의 공통점은 기존의 사유 체계에 대한 부정적인 경험이 그 체계 전반에 대한 부정을 낳는 것으로 보며, 그 사유 체계에 대한 근본적인 반성을 통하여 자신이 경험하는 현상들에 대한 보다 현실 타당한 대안적 사유 모델을 추구한다는 것이다. 일례로 현대의 포스트모던 담론들의 탈존재론적 경향은 기존의 종교나 근대 철학의 현실에서의 기능마비와 현실에 미치는 부정적 작용에 대한 극단적인 반대 급부였다. 그러나 기존 종교와 철학에 대한 경험적인 부정을 곧 그 규범 자체에 대한 근본적인 부정으로 직결시키는 것은 그다지 성숙한 태도는 아니라고 판단된다. 사유 체계나 사회 문화 제도는 어떠한 것이든 허와 실을 동시에 내포하고 있기 때문에 현상적으로나 경험적으로 낮게 평가되는 기존의 담론들도 규범적으로 거리를 두고 성찰하여 그 내면의 허와 실을 조명하고 허는 버리고 실은 남겨서 더 나은 대안을 구성하는 반성적인 창조의 작업이 요구된다. 그런 입장에서 기존의 존재론적인 담론들에 대해서도 규범과 경험의 양 차원을 세세히 비교, 고찰하여 실체의 요소와 환상의 요소를 구별하려는 노력이 지속될 필요가 있다.

2-1. 민족적 정체성에 대한 성서적 기독교의 관점

성서적 기독교의 관점에서 민족적 정체성은 실체로 인식되지만, 절대적인 의미와 존재 가치를 지니지 않는다. 신과의 관계를 반영하는 인간의 종교적 정체성을 인간의 보편적인 절대적 정체성으로 보는 성서적 기독교의 시각에서 볼 때, 민족적 정체성이나 민족 의식은 실체를 반영하는 존재론적 개념으로서 인정 가능하지만, "민족이 개인이 최고의 충성을 바쳐야 하는 대상이라고 믿는 신조"로서의 민족주의(장문석 2007, 36)는 허상이요 신화로서 거부당한다.

가부장제적인 공동체 단위의 생활 문화가 보편적인 구약 시대에는 민족적 정체성이 종교적, 정치적, 문화적 정체성과 분리되지 않고 서로 긴밀한 유기체적 통일성을 이루는 경향이 지배적이었고, 구약에 의하면 유대인들은 아브라함의 후손이자 신의 선택받은 민족으로서 뭇 민족들 사이에서 '구분'되었다.

그러나 구약에서도 개인의 선택에 따라 이방인이 유대인들의 신앙을 받아들여 신에 의해 자신의 백성으로 인정받는 선례가 있었다. 구약에서 룻기에 나오는 나오미라는 모압 여인이 그 대표적인 예이다. 따라서 민족적 정체성이 종교적 정체성과 완전히 일치한다고 말하는 것은 구약에서도 사실이 아니고, 신약에서는 더더욱 민족적 정체성을 뛰어넘은 독자적인 종교적 정체성이 신의 백성의 여부를 결정한다. 따라서 신약 시대에 선택받은 백성의 개념 규정에서 절대적인 것은 혈연상의 이스라엘 백성이 아니라 정신적인 차원에서 개인의 의지와 선택에 의해 결정되는 능동성이 된다(갈 3:26-29).

그렇다면 민족적 정체성의 의미는 구약과 신약에서 어떤 공통성과 차별성을 갖는가? 구약과 신약에서 모두 민족적 정체성은 신에 의해 결정되는 실체로서 신의 선택받은 백성이 되기 위한 매개체로서의 의미를 갖는다. 다만 구약에서는 아직 인간의 개인적인 이성과 분별력이 미숙한 상태에서 민족, 부족, 종족의 단위로 종교성이 결정되어 개인의 독자적인 신앙 선택의 폭이 좁고 그 대신 집단의 종교적, 정치적 지도자인 예언자, 제사장, 왕 등의 역할이 매우 크다. 반면 신약에서는 이방인과 유대인의 구별이 사라지고 개인의 주관적인 판단과 결정에 의해 그리스도인이라는 새로운 영적 정체성이 주어지기 때문에 민족적 정체성의 역할은 훨씬 축소된다. 그리고 구약에서는 혈통으로는 유대인이라 할지라도 그 역시 개인적인 믿음을 통해 율법에 순종하지 않으면 신의 축복을 누리지 못하고 오히려 저주를 받는다(신 28장).[2] 신약에서는 모든 민족이 예수를 신의 아들인 그리스도요 메시아로 믿고 말씀에 순종하는 삶을 살기만 하면 선택된 백성이 된다.

따라서 성서적 기독교의 관점에서 예수 그리스도의 도래 이전의 구약 시대에는 민족적 정체성이 종교적 정체성과 거의 직결되었고, 유대인의 민족적 정체성은 곧 신의 선택된 백성이라는 절대적인 의미를 얻었다. 반면 신약 시대에는 예수 그리스도의 십자가의 죽음과 부활을 통해 보편 인류를 위한 구원의 길이 열리고 모든 백성이 자신의 민족적 정체성에 관계없이 믿음을 통해 신의 선택된 백성으로 인정받게 된다.

여기에서 주의할 점은 구약 시대에는 혈연상의 유대인들만을 신이 배타적으로 사랑하고 다른 민족은 저주받고 지옥으로 갔다고 생각하기 쉬우나, 구약 성경에 의하면 혈통상 이스라엘인이어도 신의 율법에 진심으로 순종하여 신과 함께 걷지 않으면 신의 저주를 받고, 이방인이어도 율법에 순종하고 이스라엘 민족신을 경외하면 구원을 얻는 개인적인 선택의 절대성이 인정된다. 이것은 룻기에서 이스라엘 민족에 동화되어 예수의 선조가 되는 모압 여인 룻의 경우처럼 개인 차원에서도 일어나

2 바울은 로마서 4장에서 아브라함도 율법의 준수가 아니라 그의 믿음으로 신에 의해 의롭다고 인정을 받았음을 주장하여, 사실 구약에서부터 신약에 이르는 전 역사의 기간에 인간 구원의 전제 조건은 율법 준수가 아니라 신에 대한 믿음이었다고 강변한다. 그는 갈라디아서 4장에서 다시 아브라함의 두 아들인 이삭과 이스마엘이 각각 신의 약속에 의하여 정실 부인에게서 난 자손과 순전히 인간적인 관계에 의해 종에게서 난 자손으로 구분됨을 지적하면서, 신의 선택받은 백성은 약속에 의한 초월적인 기적에 의해 형성되었음을 피력한다. 바울에 따르면, 구약에서 선택받은 민족의 본질에도 신약의 주된 핵심인 믿음을 통한 구원과 선택받은 민족의 형성의 원리는 그대로 작용하며, 단지 차이점은 그리스도라는 신의 아들을 기준으로 그 본질의 완성도에 있는 것이다. 구약과 신약의 예표적 관계에 대한 그의 주장을 지지하는 다른 성경 구절로는 히브리서 8-10장을 참조할 것.

고, 요나서에서 요나의 예언을 듣고 회개하는 이방 도시인 니느웨인들의 경우처럼 집단의 차원에도 적용된다.

그리고 구약에서나 신약에서나 신이 특정 민족을 선택하는 것은 그 민족과 가장 이상적인 관계를 누리기 위함이고 동시에 이를 통해 다른 민족과 개인들에게 신의 존재를 알리고 그와 같은 이상적인 신실한 관계를 맺고자 하는 호소와 요청의 의미를 갖는다.[3] 신은 선택된 백성만 배타적으로 사랑하는 것이 아니라 모든 세상 인류를 사랑하기 때문에, 선택된 백성들에게 신에 대한 온전한 순종으로 축복을 받는 이상적인 삶을 누림과 동시에 전파하라는 책임을 맡기는 것이다.

기독교의 관점에서는 종교적인 정체성이 절대적인 유일한 정체성이고 민족적 정체성은 인간 삶의 최대 목표인 선택된 백성이 될 수 있는 매개일 뿐이다. "신은 한 사람을 통하여 모든 민족을 만드시고 그들이 온 땅에 거하게 하셨다. 그리고 그는 그들을 위한 때와 그들이 살 곳을 정하셨다. 신이 이렇게 하신 것은 사람들이 그를 찾고 그에게 나아와서 그를 만나게 하기 위함이다. 신은 우리 각자에게서 멀리 계시지 않는다"(사도행전 17:26).

이런 성경적인 민족적 정체성 이해를 기준으로 인간 중심적인 근대의 인간관과 세계관에 의해 형성된 민족적 정체성과 민족주의 개념들을 조명해 보기로 한다.

2-2. 민족적 정체성과 민족주의에 대한 개념들의 허와 실

성경적인 민족적 정체성 이해를 기준으로 민족적 정체성과 민족주의에 대한 근대의 존재론적 담론들과 포스트모던한 탈존재론적 담론들을

3 창세기에서 신이 아브라함에게 내린 축복은 "모든 민족들이 그를 통해 축복을 누릴 것이다"(창 12:2-3)라는 것이며 이는 신약에서 "모든 민족을 제자로 삼으라"(마 28:19-20)는 예수 그리스도의 명령으로 이어진다.

재조명해 볼 때, 각각의 담론들은 민족적 정체성과 민족주의에 대한 규범화와 실제 현상의 해석에서 서로 다른 양태이지만 실과 허의 양가적이고 모호한 결합의 양상을 보인다고 판단된다. 그중 근대의 존재론적인 민족적 정체성 담론들에 초점을 맞추어 그 실과 허의 결합 양태를 한편으로는 근대적 정체성의 내용과 형식 사이에서, 다른 한편으로는 민족적 정체성에 대한 기호와 실제 현실 해석 사이에서 확인할 수 있다. 여기서는 고골의 민족적 정체성과 작가적 사명에 대해 고골과 열띤 논쟁을 벌이면서, 러시아 사회에 고골은 '러시아의 풍자 작가'라는 고정 관념이 각인되는 데 큰 영향을 미친 벨린스키의 관점만 살펴보기로 한다.

이념의 형식과 내용의 관계의 측면에서 벨린스키의 민족적 정체성과 민족주의 담론들은 의식적이고 주제론적인 반反기독교성과 사유의 형식과 언어들의 기독교성이 양가적으로 결합하고 있음이 발견된다. 즉, 그가 무신론적 관점에서 설명하는 역사관, 인간관, 세계관은 용어와 내용상으로는 반反기독교적이지만 형식과 사유 체계에 있어서는 기독교와 상당히 부합한다.

그는 서구를 러시아 역사 발전의 대타자로 설정하고 서구 중심적이고 진화론적인 역사 발전 법칙을 정립하면서 역사적 주체를 헤겔의 변증법을 원용하여 '민중narod', '민족nation', 유기적 전체organic unity로 구분한다. 이 변증법적 발전 과정에서 첫 단계인 '민중'은 구성원 개인이 이성이나 선견지명의 능력을 갖지 못하고 구식의 관습, 습관, 전통을 반복하며 태생적으로 보수적이고 사회적으로 동질적인 공동체를 의미한다. 그 '민중성narodnost'에서 "밖에서 집단에 부여되는 주입되는 특징들"과 "혈통, 인종, 기후와 지리적 조건에 의해 형성되는 내재적이고 실체적인 요소들"이 구별되는데, 이 실체를 그 다음 단계인 민족적 정체성의 시기에 보편적이고 전 인류적인 차원으로 통합시켜야 이념의 절대적 목적인 유기적 통합에 도달할 수 있는 것으로 본다(Rutherford 1995, 503-508).[4] 실체

중심의 보편적 통일성을 추구하는 벨린스키의 역사관은 성서적 기독교의 관점과 상당한 유사성을 갖는다.

그러나 그 차이점도 선명하게 제기되는데, 먼저 벨린스키가 열거하는 실체적 요소들은 성서적 기독교의 관점에서 신이 개별 민족, 부족, 종족에게 부여하리라 유추되는 요소들과 상당히 다르다. 그는 무신론적인 자유주의자로서 성서적 기독교의 관점에서 신이 지상의 민중에게 처음부터 부여할 것으로 기대되는 특수한 정신, 기질, 능력, 소명 등을 실체적 요소들로 고려하지 않는다. 또한 벨린스키는 각 주체가 낮은 단계에서 계몽을 통해 그 다음 단계로 진보해 나갈 것을 기대한다. 그러나 성서적 기독교의 관점에서 인간의 진정한 변화는 첫 출발점에서부터 유기적인 통일성으로 변형되는 불연속성을 띤다. 결국 그의 민족적 정체성에 대한 사유 체계는 성서적 기독교의 관점에서 볼 때 형식과 내용이 기독교성과 반기독교성의 무의식적인 공존의 양태를 띠는데, 이것은 서구 계몽주의 사상의 양가성의 반복이기도 하다.[5]

한편, 벨린스키의 사유는 보편과 특수의 관계에서 코스모폴리타니즘의 이념과 실제 러시아 현실에 대한 민족주의적 해석 간에 양가적인 결합의 양태를 띤다. 벨린스키는 한 민족의 발전 과정은 보편적이고 절대적인 이념에의 도달을 궁극적인 목표로 한다고 본다. 이는 보편적인 인간관, 절대적인 존재자의 뜻(혹은 존재 법칙)의 실현에 삶의 목적을 두는

---

4 벨린스키는 그 다음의 민족 단계에서는 '대립되는 현상들' 간의 역동성, 무식한 농민과 교육받은 지식인의 대립 등의 현상이 나타나며, 민중 단계에서 위대한 실체를 지닌 집단만이 민족으로 올라갈 수 있고 문화는 민중의 성격의 실체적인 요소들을 표현해야 하며, 민중시가 특수성에 의지한다면 민족시는 민중의 실체적 요소들을 보편적인 양상으로 통합시켜야 한다고 주장한다. 민중에서 민족을 거쳐 도달하는 종합의 단계는 '유기적 통일성'이라는 역사의 목적을 성취하는 단계이다.

5 계몽주의적 오리엔탈리즘의 양가성에 대해서는 이경완, 〈근대 자유주의와 푸쉬킨의 오리엔탈리즘의 모호성—푸쉬킨의 〈집시들〉에 나타난 "자유" 개념을 중심으로〉, 《한국슬라브학회》, 2008, 113-114쪽 참조.

기독교의 입장과 상당히 유사하다. 그런데 그는 농민 관습, 종교적 정교, 사회적인 공동체주의communalism 등 고대 슬라브의 사회 제도에 대한 슬라브주의자들의 숭배 문화는 거부하면서도, 서구화 이후 1812년 프랑스와의 보로디노 전투에서 러시아가 승리한 사건에 대해서는 숭고의 미학적 태도로 러시아 민족과 차르를 찬양한다.

그가 1839년에 쓴 〈보로디노 기념식. 주콥스키의… 손 없는 환자가 다리 없는 환자에게 보로디노에서 보내는 편지Бородинская годовщина. В. Жуковского... Письмо из Бородина от безрукого к безнокому инвалиду〉의 내용은 보로디노 전투에 참여한 러시아인들의 영웅적인 숭고함과 더불어 러시아 황제, 러시아 민족, 러시아 역사의 위대함에 대한 찬양과 환희로 가득 차 있다. 러시아의 위대함에 대한 민족주의적이고 제국주의적인 태도는 당시 농노제, 전제정 등 사회, 정치적 사안들에 있어서 첨예한 대립 상태에 있던 공식적 민족성 지지자들, 즉 불가린, 그네치, 센콥스키의 입장과 별반 다르지 않아 보인다. 더불어 러시아 농민 공동체와 정교 신앙의 순수성을 보존하고 전파하고자 하는 슬라브주의자들이나, 러시아 황제의 정의롭고 자비로운 지배하에 러시아 민족과 주변의 민족들이 정교 신앙과 러시아 정신으로 제국의 신민으로 공존하기를 염원하는 고골의 거의 일관된 정치관과도 큰 차별성을 보이지 않는다.

벨린스키는 같은 논리에서 러시아의 역사적 특수성을 서구와 러시아 주변의 '열등한 타자'들 사이의 관계적 정체성을 설정하는 식으로 모색한다. 그는 1830-1840년대에 러시아 사회에 일어난 러시아의 역사적 위상과 소명에 대한 미학적 표상과 이념적 규범화의 열풍을 반영하면서 서구, 러시아, '동방' 민족들 간의 관계를 계몽주의적인 오리엔탈리즘의 시각에서 본다. 즉 러시아는 서구의 이성 중심의 근대 문명을 받아들여 독자적인 서구 열강으로 성장하고, 주위의 민족과 종족들에 자신의 근대성을 전파하여 그들을 민중의 단계에서 민족을 거쳐 유기적 통일성에 도달하도록 돕는 소명을 갖고 있다고 본다. 그런 관점에서 볼 때 1830-50년대 사이의 우크라이나 문학의 활성화 움직임과 우크라이나 민족주의 운동은 역사의 진보의 법칙에 역행하는 시대착오적인 처사이다.

벨린스키의 인류 문화의 발전 과정에 대한 시각은 인류의 근본적인 보편성과 선진 문화에의 동화와 흡수를 통한 전 인류의 발전과 유기적인 통일성 도달에 대한 욕구, 민족성의 실체와 허상을 구별해야 할 필요성에 대한 인식, 그리고 문화와 정치적 정체성의 연계성에 대한 통찰력 등을 내포하며(Rutherford 1995, 510-511), 이는 성서적 기독교의 관점에서 인류의 보편성, 기독교 전파의 사명, 지상의 문화에서 실재와 허구의 구분에 대한 인식 등과 상당히 직접적인 연관성을 지닌다. 그러나 그의 이념과 실제 러시아 역사 해석 간에는 서구의 자유주의적인 역사 철학이 내포하는 양가성이 러시아 사회 현실과 맞물려 새로운 양상으로 노출되며, 그 양가성은 그의 우크라이나에 대한 평가에서 드러난다.

성서적 기독교의 관점에서 벨린스키의 민족적 정체성 개념의 허위성은 자신의 선명한 이념을 배반하는 오리엔탈리즘과 민족주의의 양가성의 재발현으로 해석 가능하다. 자유주의적 민족주의의 외적인 세계시민주의와 실질적인 자기 중심성 간의 양가성과 자기 모순이 그에게서 서구-러시아-우크라이나 간에 반복되는 것이다. 양가적인 결합의 심리적 동인은 인간의 자유에 대한 숭배와 무한한 절대자와의 합일을 통한 자기초월에의 숭고한 욕망이다.[6]

그런 면에서 근대의 민족적 정체성 개념과 그것을 토대로 형성된 민족주의 개념에 대한 포스트모더니즘 담론들에 의한 완전한 해체는 성서

---

6 자유주의적 민족주의의 일반적 특징으로 장문석은 충분한 규모의 민족만이 '참된' 민족이고, 작은 민족에서 큰 민족으로 나아가는 것이 '진보'이며, 민족 형성은 불가피하게 '통합'과 '팽창'—종종 '부흥'을 외치는—의 과정이 될 수밖에 없다는 인식을 지적한다. 또한 민족주의의 지적 · 사상적 기원은 낭만주의만이 아니라 계몽사상에 있다(장문석 2007, 177-178).

적 기독교의 관점에서 재성찰될 필요가 새롭게 제기된다. 인간의 정체성뿐 아니라 사물, 현상, 가치, 정신 활동, 자연 등 삶의 모든 구성 요소들을 사회문화적으로 형성된 기호로만 보는 시각(Hall 2000)은 허무주의와 현실을 자기 순환적인 담론들의 표상 세계로 대체하려는 경향을 유발하기 쉽기 때문이다.

과잉되고 이상 비대화된 근대의 존재론적 담론들과 탈존재론적인 포스트모던 담론들의 이항 대립을 거부하고 현실과 기호의 상호 비교를 통하여 기호의 실체성과 허위성을 구별하고 실체적 요소들에 입각한 새로운 정체성 담론을 모색하는 것이 그 대안으로서 제기될 수 있다. 이러한 문제의식을 바탕으로 고골의 민족적 정체성의 실재와 허상을 그의 카자크 공동체에 대한 표상화를 통해 조명해 보기로 한다.

3. 카자크 공동체를 매개로 한 고골의 이중 정체성

지금까지 19세기 전반기에 존재한 고골의 우크라이나와 러시아의 이중 민족적 정체성의 양가성의 문제는 주로 존재론적 관점이나 탈존재론적 관점 중 어느 한 관점에서 두 정체성 간의 내적인 구도와 작용 양식, 지향점, 기능 등을 고찰하는 경향을 띠었다. 본고에서는 고골의 작품들을 1831-1832년 작품들과 1835-1842년 작품들로 구분하여 성서적 기독교의 관점에서 고골의 민족적 정체성의 내적인 양가성과 역동성을 조명하고, 러시아 정체성과 우크라이나 정체성의 실체성과 문화적 구성성을 규명하여, 그의 현실에 보다 근접하는 새로운 정체성 형성의 가능성을 타진하기로 한다.

3-1. 고골의 1831-1832년 허구 작품과 에세이에서의 카자크 공동체 상의 실재와 허구

고골은 10대 말에 러시아 근대화의 상징인 상트페테르부르크로 상경하여 그간 독서와 수업으로 주로 접했던 유럽 근대 문화와 러시아 근대 사회를 체험하게 된다. 고골은 이때 자신이 태어난 우크라이나 동부의 폴타바 지역의 친러시아성은 물론, 네쥔에서 접한 유럽과 우크라이나, 러시아의 18세기의 바로크 문화와 19세기 근대 문화의 영향으로 러시아 정체성 속에 우크라이나 정체성을 통합하는 사뭇 안정된 이중 정체성을 갖고 있었던 것으로 보인다. 고골이 1831-1832년 갓 상트페테르부르크에 상경하고 2-3년 사이에 발표한 《디칸카 근교의 야화》는 당시 유행한 우크라이나적인 토속성이 가미된 낭만주의적 역사 소설이나 민담집들을 모방한 창작 우크라이나 민담집이다. 여기에는 우크라이나어가 부분적으로 직접 사용되고, 우크라이나와 러시아의 관계에 대한 시골 촌부들의 가벼운 감정적인 발언들이 묘사되고, 우크라이나적인 지향성이 강한 주제가 담겨 있기도 하다. 청년 고골이 원래 자신을 러시아 정체성을 지닌 주변 우크라이나 소지주 귀족으로 인식하였고 주로 어머니로부터 편지로 받은 민속 자료를 토대로 상상력을 발휘하여 미학적인 우크라이나 공간을 창조하는 것 자체에 의미를 두었다고 볼 수 있다.

특히 《디칸카 근교의 야화》에 등장하는 우크라이나 카자크 공동체에 대한 묘사와 기술은 고골의 정체성을 드러낸다. 〈성탄 전야〉에서 주인공인 대장장이 청년 바쿨라는 자신이 사랑하는 변덕스럽고 통명한 옥산나의 화려한 구두를 가져다주면 결혼하겠다는 말에 악마를 동원하여 예카테리나 2세를 찾아뵙는다. 그가 여제를 알현할 때 자포로지예 세치 카자크들과 직접 알현하게 되고, 그들이 여제와 대화하면서 세치의 보호와 유지를 간원하는 장면이 나온다.

> "부탁드립니다, 어머님! 어째서 충직한 백성을 억압하십니까? 무엇으로 탄압하셨는지요? 정말 저희가 타타르의 더러운 손을 붙잡기라도 했는지요, 정말 터키인과 협력이라도 했는지요, 어떤 문제나 음모로 당신을 배반한 적이 있는지요? 왜 가혹하게 대하시는지요? 예전에 사방에 저희에 대항하는 요새를 건설하도록 명령하신 것을 들었습니다. 이전에 사냥꾼으로 전환시키겠다고 말씀하셨지요. 그런데 이제 새로운 불행을 듣게 되었습니다. 자포로지예 군대에 무슨 죄가 있습니까? 당신 군대를 페레코프 너머로 이동시키고 당신 군사들이 크림 타타르들을 살육하도록 도운 것이 잘못이란 말인가요?…"[7]

자포로지에 세치 카자크인들 중 한 명의 이 탄원은 실제 역사적으로 1764년 예카테리나 2세가 자포로지예 세치 부대를 해체하고 세치를 러시아 행정 구역으로 통합시킨 사실을 반영한다(한정숙 2005, 65-67). 자신들의 자율적인 공동체를 억압하는 러시아 정부에 대한 원망과 불만이 뒤섞인 이 탄원에 대해 여제와 주위 궁정 관료들은 침묵으로 반응한다. 이 순간을 포착하여 주인공 바쿨라가 갑자기 여제의 구두에 찬탄을 보내면서 잠시 심각해졌던 분위기가 일순간 동화적인 행복한 분위기로 반전된다. 단순하고 순박하지만 정확한 러시아식 예법과 언어로 표현된 바쿨라의 순박한 소망은 여제에 의해 즉시 실현된다. 그로 인해 중단된 여제의 자포로지예 세치의 카자크들과의 대화는 이후 다시는 정치적인 사안으로 돌아가지 않는다. 여제의 카자크들의 독신 생활의 사실 여부에 대한 질문에 한 카자크가 "교활하게" 식자층의 교양 있는 러시아어 대신 투박한 농민들의 언어로 대답하는 장면으로 끝나는 것이다. 그의 답변의 내용은 다음과 같다.

---

7 Гоголь Н. В. Собрание сочнений в 8 томах, т. 1. М.: Правда, 1984, c 190. 향후 이 전집에서 인용할 경우 출처는 인용문 끝에 (권수: 쪽수)의 방식으로 표기한다.

> "저흰 수도승이 아니고 죄인들입니다." 자포로지예 카자크는 말을 이었다. "모든 명예로운 기독교인처럼 재계 중 먹어서는 안 되는 음식물을 먹을 정도로 타락했습지요. 저희 가운덴 아내가 있지만 세치에서 같이 살지 않는 사람들이 적지 않습니다. 폴란드에 부인들이 있는 경우도 있습니다. 우크라이나에 아내를 두는 사람들도 있어요. 터키에도 아내를 두는 사람들이 있습니다." (1: 191)

18세기 후반 예카테리나 2세와 카자크들 간의 단속적인 대화 장면들을 통해 당시 러시아 정부의 강압적인 러시아화 정책과 그에 대한 카자크인들의 불만, 러시아 사회에 퍼진 세치의 카자크들에 대한 통념, 그에 대한 카자크의 짐짓 단순 소박하고 어눌한 어투의 대답 등은 바쿨라의 행복한 이야기를 에워싸는 주변 틀로 구성되어 있다.

이런 구성과 대화 내용은 고골이 러시아 정부와 세치의 역사적 관계에 대한 지식과 카자크들의 생활 풍속에 대한 지식을 갖고 있었고 민감한 정치적 사안들에 대한 자신의 입장을 동화적인 행복한 결말로 우회하여 표현한 것이라는 해석을 가능하게 한다. 즉, 우크라이나 출신으로서 그는 우크라이나가 러시아의 변방으로서 러시아 중심 문화와 사회체제의 유기적인 통일성 실현에 기여하는 내적인 고유한 독립체로 존재하기를 바라지 않았을까 추정된다.

《디칸카 근교의 야화》에 같이 수록된 〈무서운 복수Страшная месть〉에서는 카자크 공동체가 우크라이나 민족의 정체성의 구현체로서 이상화된다. 카자크 전사들의 무용과 카자크 공동체의 집단적 에토스에 대한 낭만주의적인 이상화가 강한 이 작품은 그러나 인간의 모든 무공과 덕성에 아랑곳없이 그를 불행과 재난으로 이끄는 초월적인 섭리를 이야기한다. 바로크적인 이원론적 세계관이 작품의 이중 구조와 주제 의식에 강하게 투영되기는 하지만 그 대주제 내에서, 〈성탄 전야〉에서보다 더욱 직접적으로 카자크 공동체의 가치가 부각되는데, 그 가치는 우크라이나 민족과 슬라브 정교, 그리고 러시아 땅 등이다.

> 그는 비밀스런 배반을 위해 러시아 땅의 정교에 대한 적들과의 합의를 위해서, 가톨릭 교도들에게 우크라이나 민중을 팔아 넘기고 기독교 교회를 불태우기 위해 앉아 있다. (1: 215)

역사적으로 우크라이나 카자크들은 리투아니아의 지배에 이은 폴란드 정부의 탄압, 크림 타타르와 터키인들의 침입과 약탈 등에 시달리면서 러시아의 보호를 요청하였고 폴란드와 러시아에 의해 분할 점령되어 서로 다른 종교, 정치적 특성이 결합된 두 개의 서로 다른 민족적 정체성을 형성하는 경향성을 보인다. 그중 러시아의 지배를 받는 우크라이나 지역의 우크라이나인들은 러시아 친화성이 강하기 때문에 러시아와의 종교적, 혈연적, 문화적 공통성을 인정한다(한정숙 2005, 54-62).

여기에서 도출되는 고골의 민족적 정체성의 양태는 우크라이나와 러시아 민족성의 안정적이고 건강한 혼합 속에 모종의 틈과 아이러니가 없지는 않은 그런 이중적 정체성이라고 생각된다. 즉, 고골의 가장 초창기에 카자크 공동체는 우크라이나성의 완전한 실현체로 설정되며 낭만주의 문학의 민족주의적 파토스가 강하게 투영되고, 정치사회적인 맥락에서 양가성과 아이러니가 발견될 뿐, 역사, 문학, 종교 등 문화적인 민족적 정체성의 측면에서는 양가적인 이중 정체성에 근접해 있는 것으로 보인다.

실제로《디칸카 근교의 야화》는 작가 자신에 의해 우크라이나 작가가 쓴 우크라이나 작품이 아니라, 우크라이나 출신 러시아 작가가 러시아 대중을 위해 쓴 러시아 소설로 인식되었고 러시아 독자들도 그렇게 읽었다. 그러나 고골은 자신의 우크라이나성이 자포로지예 세치의 카자크의 요청처럼 러시아의 관대하고 너그러운 정책에 의해 제국의 틀 내에서 인정되고 향유되기를, 즉 통일성 속의 다양성이라는 낭만주의적 세계관의 기본 전제가 실현되기를 바란 것으로 보인다.

고골은 같은 시기에 우크라이나의 문학적 표상화 이외에 역사적 개념화를 역시 같은 낭만주의적 역사 인식과 서정성으로 실현시키고자 한다. 1832년에 쓴 《아라베스키》에 실린 우크라이나에 대한 에세이들에 그의 우크라이나적 정체성이 강하게 드러난다. 일례로 〈소러시아 형성에 대한 견해Взгляд на составление Малороссии〉에서 고골은 카자크 공동체를 역시 기독교 신앙, 즉 슬라브 정교의 옹호자로 보았고 우크라이나 정교와 러시아 정교를 같이 포괄하였다. 덧붙여 이 에세이에서 카자크 공동체는 타타르 단어와 폴란드 단어를 많이 받아들였음에도 불구하고 근본적으로 당시의 러시아어에 가까운 우크라이나어를 사용하고, 신앙은 그리스 정교이며, 주연과 축제를 마음껏 즐기고 질긴 형제애로 단단히 결속되어 있고, 포도주, 금화, 주거지를 공유하는 등의 민족성национальность을 구현하는 것으로 묘사된다.

여기에서 벨린스키의 자유주의적인 민족적 정체성 개념이 이념적인 코스모폴리타니즘과 실제 러시아 역사 해석에서의 민족주의 강조라는 양가성을 보이는 것처럼 고골의 민족적 정체성 개념도 유사한 형식의 양가성을 드러내는 것을 발견하게 된다. 그의 보편사적 역사관에는 벨린스키의 경우처럼 독일 관념론의 보편과 특수에 대한 이중적인 인식이 여과 없이 스며 있고, 특히 서구 중심적인 '동'과 '서'의 존재론적 이항구도의 개념이 은연중에 배어 있다. 성서에서는 근대 오리엔탈리즘의 산물인 '동'과 '서'에 대한 존재론적 개념이 전혀 언급되지 않는다. 따라서 근대 사회에서 서구가 자신을 개념화하기 위해 자신에게서 배제하고픈 가치들을 투영시킨 '동양'은 그야말로 문화적 구성물이고, 동양에 대한 대타자로서 구성한 자아상인 '차갑고 이성적이고 합리적인 서구'라는 관념도 존재론적인 실체로 보기 어렵다. 그런 경향성은 존재할 수 있으나 이를 존재론화하는 것은 근대 국가들의 정치, 사회적 이해관계에 의한 것이며, 따라서 그에 대한 포스트모던의 탈오리엔탈리즘의 성찰과 비판은 성서적 관점에서도 상당한 근거가 있다. 그런 면에서 고골의 헤르더의 역사철학에 토대를 둔 보편사적인 역사관은 오리엔탈리즘의 허구성을 상당히 반영한다.

더불어 우크라이나의 민족적 정체성의 알레고리로서 자포로지에 세치의 카자크 공동체를 영웅화하는 작업에는 실재와 허구가 결합해 있다고 할 수 있다. 카자크들이 폴란드와 크림 타타르, 오스만 투르크 제국들의 침략에 저항하면서 우크라이나와 러시아의 정교 문화권을 지키는 역할을 한 것은 역사적 사실이다(한정숙 2005, 50-54). 따라서 〈무서운 복수〉에서 일부 카자크들이 폴란드와 결탁하여 가톨릭을 수용하고 그들의 정치적 지배를 허용하여 카자크의 통일성에 내적 균열이 가해진 것이 비판적으로 묘사되는 것은 실제 역사적 사실에 부합하는 것으로 판단된다. 그러나 카자크 공동체를 헤르더의 역사 철학에 바탕을 두고 낭만주의적인 역사 소설의 양식을 수용하여 우크라이나 민족이나 러시아 정교의 수호자로 낭만화하는 것은 분명히 문화적 구성물 창조 작업에 해당되는 것이다.

3-2. 〈타라스 불바〉의 초판과 수정판에서의 카자크 공동체상에서의 실재와 허구

고골은 〈타라스 불바〉의 1835년 초판에서 카자크들의 영웅성에 인간적인 양가성과 나약함을 결합시킴으로써 〈무서운 복수〉에서나 소러시아에 대한 보편사적 에세이에서 보여 준 카자크들에 대한 영웅적 이상화에 스스로 아이러니컬한 거리를 두고 있음을 내비친다. 반면 〈타라스 불바〉의 1842년 수정판에서는 그런 이중성과 양가성이 영웅적이고 숭고한 러시아성으로 변화되는 것을 보게 된다.

먼저 〈타라스 불바〉 초판은 그 이전의 작품들에서처럼 카자크 공동체에 대하여 우크라이나의 민속성, 카자크에 대한 영웅적 이상화와 더불어 불완전한 인간으로서의 카자크 개인과 군중들의 양가성이 결합된 가벼운 낭만주의적인 역사 소설의 양태를 보인다.

초판에서 폴란드와 카자크들의 대립의 원인은 경제적 이윤 분배에서의 마찰이었고, 카자크의 대외 관계는 러시아(우크라이나)와 폴란드 간의 대립 관계로 나타난다.

타라스는 집단의 대표자로서의 남성적인 영웅성과 인간으로서의 불완전함이 결합된 양가적인 형상이다. 그는 호전적이고 싸움을 좋아하는 기질의 카자크 전사이고 그가 추구하는 최고의 가치는 재산, 명예, 정교(기독교와 조국과 동일시되는)이다. 그는 자신을 정교의 수호자로 자처하지만, 고집스럽고 감정적인 분노를 억제하지 못하여 일을 망치기도 한다. 그는 인간적인 복수심에 맹목적으로 사로잡혀 카자크들이 폴란드와 화의 협정을 체결하는 것에 무조건적으로 반대하고 자신의 부하들을 대거 희생시키고 혼자 살아남는다. 큰 아들 오스타프가 영웅적인 죽음을 맞이한 이후에 그가 "극도로 열광하는 반백의 광신도"로 변화하고 '광폭한 만족감'을 갖고 잔인한 살육을 지켜보는 것은 그의 영웅성의 양가성과 모호함을 반영한다. 그와 큰 아들 오스타프, 그리고 카자크 전사들의 영웅적인 무용에 대한 이상화된 묘사는 인간미는 물론 이교적인 서사시의 숭고함을 내포한다.

폴란드의 귀족 아가씨에 대한 묘사에서도 종교적, 민족적 숭고보다는 낭만주의적으로 이상화된 미인의 형상이 선명하다. 그녀는 "하늘처럼 새롭고 아름다운 것들의 심연을 지닌 여인"으로서 '여왕'으로서 숭배의 대상일 뿐이고, 그녀와 타라스의 둘째 아들 안드레이의 사랑은 직접적인 남녀간의 애정 표현으로 묘사될 뿐이다.

안드레이의 죽음의 장면 묘사도 인간의 자연스러운 심리적 반응 양식에 충실하게 묘사되어 있다. 아버지를 보자 그는 두려움을 느끼고 소심해져서 비겁하게 숨으려고 한다. 그것이 안 되자 그는 최후의 수단으로서 아버지를 정말로 공격하려고 한다. 그는 자신의 욕망을 위해 가족, 공동체, 이념을 배신한 한 인간으로서 그의 영웅성은 물론 낭만주의적 파토스도 그다지 강렬하지 않은 방식으로 묘사된다. 얀켈로 대변되는 유대인들은 돈에 대한 강한 욕망과 교활함, 이기심 등을 민족성으로서 공통적으로 내포하는 것으로 묘사된다.

초판의 경우 인물 개개인과 사건의 묘사에 카자크 공동체의 숭고한 이념과 남성적 영웅성이 전면화되어 서사시 장르에 속할 수 있을 정도이지만, 그 이면에 인간적 불완전함과 가치관의 불완전함 등이 아이러니칼하게 제시되어, 전체적으로 영웅적 파토스의 긴장감과 더불어 가벼운 낭만주의적 서정성과 양가성도 드러난다.

반면, 1842년에 나온 수정판에서는 모든 기존의 요소들이 정교 중심의 숭고the Sublime의 이념과 정서로 일정 정도 변형된다. 당시 고골은 로마를 고대 그리스 로마 시대부터 18세기까지 전근대로 총칭될 수 있는 과거 서구의 문화 예술의 집합체로서 숭고의 미학적인 관점과 러시아 정교의 종교적 관점이 결합된 종교적 미학관에 입각하여 숭배하고, 그에 비해 19세기의 근대 도시인 상트페테르부르크와 파리는 양가적인 악의 공간으로서 가치폄하하는 성향을 갖고 있었다(이경완 2005, 96-106). 전근대 문화와 근대 문화에 대한 이분법적인 사고가 투영된 수정판에는 우크라이나적 민속성, 인간적인 불완전함과 모순성 등이 약화되고, 러시아 정교의 미학주의에 의해 카자크 공동체는 러시아 정교와 러시아 민족의 수호자들로 보다 러시아화된다. 각각의 이념과 미학적 요소들에 숭고한 정교 중심의 미학적 파토스가 투영되어 작품의 이념적, 정서적 통일성에 도달되는 것으로 보인다.

구체적으로 살펴보면, 수정판에서 카자크 공동체의 이웃 민족들과의 관계는 정교와 이슬람교도의 대립 구도가 주를 이루면서 강한 이념성을 띤다. 타라스 불바가 추구하는 최고의 가치는 명예, 정교, 법률이다. 오스타프는 완전한 서사시 영웅으로 이상화되고, 반면 안드레이도 이념의 내용은 다르지만 음악적, 시적 열정의 예술가로 이상화된다. 그와 사랑에 빠지는 폴란드의 귀족 아가씨도 적을 사랑하는 비극적인 운명의 여인, 숭고하고 고결한 정신을 지닌 '미인', '여왕' 등으로 이상화된다. 안드레이의 죽음 역시 보다 낭만화되고 인간적인 비속함은 사라진다.[8]

그리고 안드레이가 카자크들이 포위한 폴란드의 성으로 들어가는 과정이 로마의 궁전과 가톨릭 사원, 빌라 등을 향유한 경험을 반영하는 듯 예술적 감상의 대상으로서 보다 세밀하게 묘사된다. 카톨릭 사원, 지하 미로를 거쳐 안드레이가 폴란드 귀족 아가씨를 보았을 때 두 사람은 신비주의적인 열정과 몰아적인 환희에 빠지지만 귀족 아가씨는 운명의 비극성을 뼈저리게 느끼는 동시에 가족과 민족에 대한 공적인 책임감을 안드레이의 입장에서도 생각하는 성숙한 품성을 보여 준다. 화자는 안드레이가 카자크 기사도, 자포로지예, 우크라이나, 정교를 배반한 것에 대해 비난하지만, 그의 낭만주의적 정서와 열정에 대한 직접적인 아이러니나 선명한 비판은 보이지 않는다.

러시아와 우크라이나의 관계에 대하여 고골은 우크라이나와 러시아가 하나의 공동체로 결합된 것으로 설정하고 이를 "슬라브 민족만이 할 수 있는 일"이라고 높이 평가한다. 고골의 두 국가에 대한 일괄적인 호칭이 러시아로 고착되어 이제 '러시아 땅, 러시아의 혼, 러시아 정신, 러시아 이성' 등이 카자크 공동체의 가치로 선명히 제시되고, 정교도 '러시아 정교'로 직접 지칭된다. 이는 그의 문화적 민족주의에 정치, 사회

8 "그는 죽어서도 아름다웠다. 얼마 전까지만 해도 힘과 아내에게 거부할 수 없는 매력으로 충만했던 그의 남성적인 얼굴이 더욱더 신비로운 미를 표현하고 있었다"(2: 121).

적인 이데올로기성이 내포되어 있음을 시사한다. 카자크 전사들의 영웅적인 에토스가 극대화되며, 파토스 역시 한껏 고양된다.

또한 수정판에서는 우크라이나의 전통적인 음유시인인 코프자리의 서사시 낭송과 공동체 내에서의 이념을 선명히 제시하여 정서적인 결집력을 고양시키는 공적인 말들이 예언자의 말에 버금가는 종교적인 위상을 부여받는다. 공동체의 정체성을 담보하는 과거의 영웅담과 이념적 통일성을 강화시키는 공적인 발언을 할 줄 아는 자가 그 집단의 내적인 통일성의 원류이다. 그리고 타라스 불바의 영웅적인 죽음 역시 그에 대한 부하들의 이야기와 서사시 시인의 노래로 후손들에게 길이 기억될 것이 예고되어 마지막 장면에서 그의 숭고함이 한결 더 고양된다.

그러나 바야놉스카의 지적에 의하면 이 수정판에도 양가성과 아이러니는 잔존한다. 타라스 불바의 표면화된 영웅성 뒤에는 드러나지 않은 인간적인 양가성이 존재한다는 것이다. 일례로 그의 이름의 어원이 '감자'를 의미하는 단어라는 것, 그가 굉장히 뚱뚱하고 거대한 체격을 갖고 있어서 동작이 굼뜨고 전투에 이상적인 신체적 상태가 아니라는 것, 자신의 감정을 사리분별 있게 적합하게 조절하지 못하여 일을 망치는 것, 담뱃대 하나로 생명을 잃는 것 등이 구체적인 양가성의 증거들이라고 그녀는 주장한다(Bojanowska 2007, 274-279). 그녀의 주장의 타당성을 완전히 인정하기는 어려우나, 적어도 안정된 러시아 정체성을 가지고 러시아성에만 천착한 것으로 여겨져 온 고골의 내면에 우크라이나적 정체성이 살아 있었을 것으로 쉽게 짐작된다. 우크라이나 민요에 대한 그의 말년까지의 지속적인 애착과 관심을 볼 때 그의 심성에 우크라이나적 정서와 민족적 자의식이 존재하지 않았다고 주장하기는 어려울 것이다. 따라서 고골의 민족적 정체성은 우크라이나성과 러시아성이 유기적으로 결합된 이중적인 정체성이며 안정적이고 건강한 결합체에서 보다 불안하고 우크라이나성이 갈수록 억압되거나 변형되는 결합체로 나아가는 것으로 추정된다.

또한 수정판에서 러시아는 신의 선택받은 백성이라는 이념이 보다 강화된다. 성서에 의하면 동과 서의 구분은 물론 러시아 혹은 우크라이나의 정교의 강한 민족성 역시 허상이다. 기독교적 인간관은 인류 보편성을 민족적 개별성보다 우선시하며, 근대 국가의 성립과 더불어 근대 사회의 상위의 정체성 규범으로 정착된 민족적, 국가적 정체성은 온전한 기독교 세계에서는 종교적 정체성과 분리되며 그 정체성에 위협이 되지 않아야 한다. 근대 사회에서 민족적 정체성의 개념에 사회, 정치, 문화적으로 높은 가치가 부여되는 것은 신의 권위에 버금가는 절대적인 권위가 조국과 민족에 부여되었기 때문일 뿐이다. 성서적 기독교의 관점에서 민족적 정체성은 절대적이지 않으며, 규범적으로 지상에서 코스모폴리타니즘이 완전히 지배적인 공간은 신의 나라의 모형인 교회이다. 따라서 고골의 카자크 공동체 묘사는 러시아 정교의 민족적 숭고화의 기제에 따르고 있기 때문에 성서적인 시각에서 허구이다.

1842년 수정판 이후 고골은 러시아 정신을 이해하기 위해서는 인간의 영혼을 보편적으로 이해하여야 함을 깨닫고 러시아 정교를 매개로 기독교의 정신을 좇아간다. 그의 민족적 정체성과 인간의 보편적 정체성의 이해 과정이 성서적 기독교에 따라 인류의 보편성으로부터 민족적 개별성으로 나갔다면, 보다 기독교적인 코스모폴리탄적인 인간관과 민족관에 도달하게 되고, 우크라이나성과 러시아성에 대해서도 각각 거리를 두고 반성적으로 고찰하면서 자신의 이중 민족적 정체성을 보다 건강하게 재형성할 수 있었을 것으로 생각된다.

마지막으로 벨린스키의 민족적 정체성의 개념과 고골의 정체성 개념을 비교해 보면, 전자는 서구의 개인의 이성 중심의 근대 문명을 접하지 못한 카자크 공동체를 자연 상태에 가깝고 본능적이며 무의식적인 친족 관계에 머무는 '민중성народость'이 강한 집단으로 평가할 것이다. 반면 후자는 벨린스키가 민중성이 한 단계 진보한 단계로 인식한 '민족성 национальность'이란 단어를 고대 페르시아 제국의 지배하의 다양한 국가들의 민족적 특징을 가리키는 개념으로 사용한다. 이로써 같은 독일 관념론의 영향을 받았으나 벨린스키는 헤겔식의 계몽주의적인 자유주의 민족관을 자기화한 반면, 고골은 헤르더의 유기론적이고 낭만주의적인 민족관을 자기화하여 서로 다른 길을 걸어간 것으로 볼 수 있다.

규범적인 차원에서의 대립성은 실제 우크라이나의 카자크 공동체 인식에 있어서의 차별성으로 이어질 것이다. 벨린스키는 자신의 민족관을 그대로 따를 경우, 고골의 러시아 정체성의 강화에는 이의를 제기하지 않았으나, 고골의 내면에 존재하는 우크라이나적 정체성은 그가 버려야 할 낙후되고 열등한 정체성 개념으로 보았다. 그가 자신의 민족관에 보다 충실하였다면 고골의 우크라이나적 민중성에 존재하는 실체를 인정하고 이것이 민족성의 개념과 유기적 통일성의 개념으로 진화할 수 있는 길을 모색해 주었어야 하지 않을까. 그는 '민중' 단계에서 고유한 실체적 요소가 능동화될 때만이 그 다음 단계의 정체성으로 발전할 수 있다고 주장하였던 것이다.

그러나 벨린스키는 우크라이나인이자 러시아인으로서 고골의 이중의 민족적 정체성을 그 실체를 발전시킴으로써 유기적 통일체로 변화, 발전해 나가야 한다고 생각하지는 않았다. 그는 자신에게는 익숙한 러시아 민족주의가 고골에게는 우크라이나적 정체성의 실체와 더불어 인정받는 보다 견실한 이중의 민족적 정체성으로 발전하는 것이 가장 이상적인 길일 수 있음을 인식하지 못했다. 고골을 당대에 높이 평가하고 인정해준 비평가들 중 한 명인 벨린스키는 그로 인해 고골이 러시아 사회에 불만과 좌절감과 환멸감을 갖고서 '머나먼 곳'에서 자신의 조국인 러시아를 생각하게 되었을 수도 있음을 인식하지 못했다.

고골은 1830년대 초반에 자기 작품들이 러시아 민족주의의 관점에 의해 정치사회적인 차원에서 러시아 비평가들에 의해 주로 비판을 받는 것에서 불안과 우수를 겪었다. 그는 러시아 정부나 사회가 배타적인 민족주의와 서구의 비속한 문화 예술을 대중들의 무의식에 각인시켜가는 과정을 불안하고 우울한 시선으로 바라보아야 했다.[9] 심지어는 공식적 민족성을 주창하는 비평가들뿐 아니라 러시아성을 성찰하는 서구주의와 슬라브주의의 러시아 지식인들 대다수의 암묵적인 러시아 민족주의적 성향에 의해서도 그는 감정적인 상처와 불안을 느껴야 했을지 모른다. 고골의 이중적 민족적 정체성의 복잡하고 역동적인 변화 과정에 접근하기 위해서는 점차 배타적이 되어 가는 중심부에서 주변부 출신이 느꼈을 불안과 상처에 대한 보다 깊은 인식과 이해가 있었어야 할 것으로 판단된다.

더불어 고골에게 민족적 정체성은 종교적 정체성과 분리되지 않기 때문에 종교적 차원에서의 고골 이해가 필요하다. 그의 종교적인 차원을 그의 입장에서 고찰해 보지 않고 사회정치적 차원에서 그의 종교성을 평가하는 것은 자신의 잣대에 상대방을 꿰맞추는 것에 다름 아니다. 그런 점에서 벨린스키가 《친구와의 서신 교환선》에 대해 신비주의, 금욕주의, 경건주의의 산물이라고 비판하고 자신의 무신론적인 사유에 따라 문명, 계몽, 인간 중심성을 수용하라고 요구한 것은 올바른 비평은 아니

9 고골은 작품 활동 초기부터 자신의 주된 독자층이 될 대중들의 반응에 민감한 관심을 보였고, 이는 예술이 사회에 봉사해야 한다는 점에서 초지일관한 그의 예술관들을 고려해 볼 때 자연스러운 반응이었다. 더구나 벨린스키나 불가린이 서로 다른 양태로 대변하는 서구 근대 문화가 러시아 사회에 확산되면서 미적, 윤리적, 종교적인 차원은 간과되고 사회, 정치, 경제적 차원에서 예술을 해석하는 문화가 조성되고, 고골의 작품들이 그의 지향성과는 달리 그들을 필두로 한 러시아 대중들에 의해 러시아 민족이나 정치, 사회에 대한 풍자나 순전히 우스운 코미디로 인식되는 것에 크게 상처를 받았다. 그는 대중의 반응에서 자신이 작품에 부여한 의미와 기대 효과가 실현되지 못하고 오히려 그 의미가 '조야한 우크라이나성, 전제 정부에 대한 풍자, 순전한 코미디' 등으로 왜곡되고, 그런 관점에서 자신에게 공격이 가해지는 것에 놀라고 만다. 그래서 상트페테르부르크의 문학과 출판계, 사상계, 대중의 문학적 취향에 대한 환멸과 좌절감으로 1836년에 〈검찰관〉의 초기 공연 이후 유럽으로 떠났었다.

라고 생각된다(Вересаев 1990, 408-409). 기실 고골의 신 중심의 세계관과 벨린스키의 인간 중심주의적인 세계 인식의 확연한 차별성이 완전히 드러나는 1840년대 중반 이후의 논쟁이 있기 전에 이미 고골은 처음부터 종교적이고 신비적인 차원의 세계와 정신 작용에 따라 작품 활동을 하였다. 따라서 그의 종교적 정체성을 고려한 그의 사회정치적인 의식과 민족적 정체성에 대한 접근이 필수적으로 요구된다.

4. 결론

러시아 비평의 전통에 상당히 의거해 온 고골 문학에 대한 비평 담론들은 그의 민족적 정체성의 이중성을 그다지 심각하게 조명해 오지 않았으나, 소비에트 해체 이후 우크라이나가 독립을 하고 러시아와 우크라이나의 정치, 사회, 경제적 관계가 상층부에서부터 악화되어 감에 따라 고골의 우크라이나적 정체성을 복원해서 그의 이중적 정체성을 새로이 규정해 볼 필요성이 근래에 크게 제기되었다. 그런 현실적 문제 인식하에 본고에서는 서구의 근대 국가 출현 과정에서 최우선의 정체성의 반열에 오르기 시작한 민족적 정체성의 개념이 존재론적인 관점과 탈존재론적인 관점에서 서로 대립된 방식으로 규정되는 현상에 대하여 각 개념의 허와 실을 구별하여 두 요소의 결합 양태 및 기능 등을 조명할 수 있는 제3의 민족적 정체성 개념을 모색하고자 하였다. 그 대안적 관점이 성서에 기반을 둔 기독교로서, 그 관점에서 성서와 부합하는 내용은 실체로 그렇지 않은 내용은 허구적인 신화로 분류해 보았다.

그런 시각에서 러시아의 대표적인 서구주의자인 벨린스키의 민족적 정체성 개념을 규명하였을 때, 그의 민족적 정체성 개념에서는 '실체'와 '허구성'이 구별되고 실체가 발전되는 과정이 변증법적인 법칙에 따라 민중에서 민족을 거쳐 유기적인 통일성이라는 궁극적인 목표에 도달하는 길로 제시되었다. 이는 기독교적인 민족적 정체성의 개념과 형식적으로 일면 부합한다. 벨린스키의 민족적 정체성 개념은 내용상의 반反기독교성과 형식의 기독교성이라는 내적 모순을 안고 있는 것이다. 더불어 현실과 기호의 관계에서 그의 개념은 자유주의적 민족주의의 일반적인 특징을 반영하여 자기 중심성과 외연의 확장에 대한 숭고의 지향성을 보이면서 내적 모순에 빠진다. 즉, 그의 계몽주의적인 오리엔탈리즘은 규범적으로는 코스모폴리타니즘에 속하지만 무의식적으로는 서구중심성을 내포하며, 실제 러시아 역사와 문화 비평에 있어서도 코스모폴리타니즘에 위배되는 러시아 민족주의의 파토스를 강하게 드러낸다. 그런 점에서 그의 민족적 정체성 개념은 허와 실을 같이 공유하여 모호하고 양가적인 양상을 띤다고 추정된다.

마찬가지로 고골의 민족적 정체성 개념을 성서적 기독교의 관점에서 카자크 공동체에 대한 작품에서의 표상과 기술을 토대로 규명해 볼 때, 고골의 러시아 선민사상과 그 모태가 되는 러시아 정교관의 허구성으로 말미암아 그의 정교 중심의 민족적 정체성 역시 '허'의 속성을 강하게 나타내게 된다. 여기에 낭만주의적인 민족적 공동체의 이상화가 개입되어 실제 카자크 공동체의 기호는 더욱 현실과 유리된 문화적 구성물로 규정될 수 있다. 그의 작품들에서 카자크 공동체를 묘사한 부분들을 비교, 고찰해 볼 때 초기에는 우크라이나와 러시아적 정체성이 '통일성 속의 다양성'의 신념에 따라 역동적인 긴장 관계에 있었고 1835년의 〈타라스 불바〉에서도 정교 신앙을 중심으로 한 낭만주의적 이상화는 이미 강하게 나타나지만 인간의 불완전함과 우크라이나의 민속적 현실성, 삶의 양가성에 대한 아이러니적인 인식이 큰 비중을 차지하여 다소 가벼운 역사 소설의 느낌을 준다.

반면에 1842년의 〈타라스 불바〉에서는 러시아 정교가 우크라이나 정교를 아우르면서 가장 중요한 카자크성의 가치로 부상하고, 민족적 정체성도 우크라이나적 속성이 약화되고 러시아 정신, 영혼, 기질, 러시아 땅 등 러시아를 숭고화하는 기호들이 강화된다. 더불어 공동체의 정체성의 근간인 말과 기억의 요소가 강화되어 카자크 전사들의 무용이 코프자리에 의해 서사시로 대대손손 노래 불려지면서 기억될 것이라는 서사시적 에토스가 강화된다. 더불어 그리스도가 카자크 전사들을 정교의 수호자로서 칭찬하리라는 종교적 숭고화도 강해진다. 작품의 두 판본을 비교해 본 결과 러시아 정교를 기반으로 카자크 공동체를 러시아의 이상적인 유토피아상으로 재현하려는 작가의 지향성이 수정판에서 강화되었음을 보게 된다.

그러면서 고골의 이중적 민족적 정체성은 러시아적 정체성으로 기울게 되는데 영웅들의 묘사 속에 은닉된 양가성과 아이러니의 요소들은 여전히 고골의 민족적 정체성이 완전한 균형과 안정 상태에 도달한 것은 아니라는 가정을 하게 한다. 이에 성서적 기독교의 관점에서 그의 1840년대 초의 민족적 정체성을 조명해 본다면, 러시아 선민사상과 오리엔탈리즘적인 근대성 정체성의 양가성의 심화와 러시아 사회의 민족주의적인 기류의 강화 속에서 고골이 우크라이나 출신으로서 느꼈을 불안과 우수 등의 심화를 고려해 볼 때, 고골의 정체성 모색은 불안하고 양가적이며 모호한 면을 내포하고 있다는 결론에 도달하게 된다.

고골의 정체성에 대한 향후 연구는 역시 성서적인 기독교의 관점에서 민족적 정체성의 실체성과 문화적 구성물로서의 허구성을 보다 체계적으로 구분하고 고골의 말년까지의 민족적 정체성을 고찰하여 고골의 역동적이고 양가적인 정체성의 형세를 새롭게 재구성하는 작업과, 더 나아가 우크라이나성과 러시아성을 조화롭고 역동적인 유기적 통일성의 단계로 끌어올리는 길을 모색하는 작업을 수반할 수 있겠다. 그 과정에서 그의 정체성의 핵심 요소들인 우크라이나와 러시아의 민족성, 정교성, 근대성을 실체성과 허구성의 측면에서 구별하고 실체성만 가지고 유기적으로 결합시킴으로써 고골이 도달할 수 있는 보다 좋은 이중적 민족적 정체성의 양태를 모색할 수 있을 것이다. 더불어 러시아 사회가 건실한 민족적 정체성에 토대를 두고 주변부 민족 및 비슬라브 민족들과 지속적인 상호 작용을 통해 공통의 보편적인 정체성을 실현시킬 수 있는 이념적 실험을, 기호에 대한 성찰과 현실과의 끊임없는 상호 작용을 통하여 모색할 수 있을 것이다. ■ 이경완

참고문헌

이경완

2005 〈고골의 '로마'에 나타난 멜랑콜리의 수사학〉. 《러시아어문학연구논집》, 19: 83-110.

2008 〈근대 자유주의와 푸쉬킨의 오리엔탈리즘의 모호성—푸쉬킨의 '집시들'에 나타난 "자유" 개념을 중심으로〉. 《슬라브학보》, 23-2: 105-138.

2009 〈성서 해석학의 관점에서 고골의 종교성 고찰〉. 《러시아어문학연구논집》, 30: 43-69.

장문석

2007 《민족주의 길들이기—로마 몰락에서 유럽 통합까지 다시 쓰는 민족주의의 역사》. 지식의 풍경.

최진석

2000 〈벨린스키와 근대성—근대적 자기의식의 형성과 근대문학비평의 정초〉. 서울대학교 석사학위논문.

한정숙

2005 〈우크라이나의 근대적 민족 정체성과 타라스 셰브첸코〉. 《유랑시인》. 타라스 셰브첸코 지음, 한정숙 옮김. 한길사.

Белинский В. Г.

1977 Бородинская годовщина. В. Жуковского... Письмо из Бородина от безрукого к безногому инвалиду// Белинский В. Г. Собрание сочинений. В 9-ти томах. Т. 2. Статьи, рецензии и заметки, апрель 1838--январь 1840. М.: Художественная литература.

Вересаев В.

1990 Гоголь в жизни. Систематический свод подлинных свидетельств современников. М.: Моск. рабочий.

Гоголь Н. В.

1984 Собрание сочнений в 8 томах. М.: Правда.

Григорьев А.

Белинский и отрицательный взгляд в литературе, http://az.lib.ru/g/grigorxew_a_a/text_0170oldorfo.shtml

Сочинения. Том второй. Статьи & письма. М.: Художественная литература.

Гуляев Н. А., Н. В. Карташова

1974 Об эволюции творческого метода Гоголя // Русская литература. № 2.

Поляков М.

1953 Гоголь в оценке русской критики // Н. В. Гоголь в русской критике Сб. ст. М.: Художесвенная литература.

Bojanowska, Edyta M.

2007 *Nikolai Gogol: Between Ukrainian and Russian Nationalism*. Cambridge: Harvard University Press.

Debreczeny, P.

1966 "Nikolai Gogol and His Contemporary Critics." *Transactions of the American Philosophical Society*, 56-3: 1-68.

Gasparov, B.

1999 "Alienation and Negation: Gogol's View of Ukraine." *Gogol: Exploring Absence: Negativity in 19th-Century Russian Literature*. Edited by Sven Spieker. Bloomington, Indiana: Slavica Publishers.

Hall, S.

2000 "Who Needs Identity?" *Identity: a reader*. Edited by P. du Gay, J. Evans, and P. Redman. Londond: SAGE Publications.

Mathewson, Jr. R.W.

1975 *The Positive Hero in Russian Literature*. 2nd ed. Stanford, California: Stanford

University Press.

Moeller-Sally, S.

1995 "Parallel Lives: Gogol's Biography and Mass Readership in Late Imperial Russia." *Slavic Review*, 54-1: 62-79.

Pirie, P. S.

1996 "National Identity and Politics in Southern and Eastern Ukraine." *Europe-Asia Studies*, 48-7: 1079-1104.

Romaniw, M.

2006 "Visions of the 'Ruina': Literary depictions of Cossacks and the development of a Ukrainian identity." *Stanfords' Student Journal of Russian, East European, and Eurasian Studies.*

Rutherford, A.

1995 "Vissarion Belinskii and the Ukrainian National Question." *Russian Review*, 54-4: 500-515.

Yoon, Saera

2005 "Transformation of a Ukrainian Cossack into a Russian Warrior: Gogol's 1842 "Tarras Bulba." *The Slavic and East European Journal*, 49-3: 430-444.

고골의 현대성과 비현대성

정전에 대하여

포스트모더니즘 시대가 도래한 후 인류 사회의 기존 질서는 거센 도전에 직면했다. 여성, 성적 소수자, 제3세계 등 그 전까지 문명의 변두리에서 약자로 고통 받던 비주류들의 시각이 주류로 편입되기 시작했고 권위를 인정받던 주류 담론, 고급문화가 전복되고 재해석되었다. '정전canon' 역시 그 의미의 실체가 무엇인가에 대해 새로운 해석의 시험대에 서게 되었다. 정전은 주로 대학 강의에서 교재로 읽히면서 그 영예로운 자리를 얻게 되는데 그 근저에는 기실 정전의 '정치학'이 도사리고 있다는 견해도 설득력을 얻고 있다. 상술하자면 한 예술작품이 '정전'의 위상을 획득하게 되는 제반 과정에는 일군의 '비평가'들이 가진 잣대가 중추적 역할을 하는데 '비평가'들의 취향은 사실 그가 속한 당대 사회 주류 세력의 문화적, 정치적, 사회적 기호와 떼려야 뗄 수 없는 공생 관계에 있기도 한 것이다.[1] 무릇 '비평가'는 생산자(작가)와 소비자(독자) 간

1 정전에 대한 비평가들의 도전과 재해석에 대해서는 *Falling into Theory*의 2장에 실린 논문들을 참고하시오.

에 중개 역할을 하게 되는데 그들이 고등 교육과 훈련을 통해 획득한 '고급' 취향에 의거해 선별한 작품들은 전부터 내려오는 정전의 테두리를 벗어나지 못하면서 선대로부터 별다른 고민 없이 대물림되기도 하고, 또 한편으로 새롭게 발굴되어 정전의 위치를 얻는 작품들도 거개가 비평가들의 안목, 즉 그들의 세계관과 문학관을 반영하게 된다. 그러므로 시대에 따라 정전의 목록이 변하는 것은 그다지 놀라운 일이 아니다. 정전 역시 유행을 탄다. 정전 목록은 항구적인 듯 보이나 사실 시대의 흐름을 타고 출렁이는 것이다.

그러나 정전이 정치 문화적 가변성에 노출되어 시대에 따라 호응도 및 가치 평가가 달라진다고는 해도 정전이 갖추어야 할 덕목이라면 무엇보다도 고전으로서의 깊이와 다면성일 것이다. 시대에 따라 달라지는 취향에도 불구하고 인간의 기본적인 조건들을 호소력 있게 탐구하고 무궁무진한 해석의 가능성을 품고 있는 작품이 고전의 필요충분조건이고 바로 그런 장점이 시간을 견뎌 내며 비평가의 관심을 꾸준히 받을 수 있는 고전의 비밀 아닌 비밀일 터이다. 그리고 그러한 고전이 흔히 정전으로의 위치까지 획득하게 된다.

러시아 문학 강의에서 정전의 위치를 굳건히 지키는 작가 중 한 명이 니콜라이 고골이다. 고골은 푸쉬킨, 도스토옙스키, 톨스토이와 함께 19세기 러시아 문학의 얼굴이며 그의 작품들은 세계 문학의 고전 반열에 올라 있다. 고골 작품을 해석하는 방법이 19세기부터 다양한 방면으로 가지를 치며 진화해 왔다는 사실만 보아도 그의 작품이 고전으로서 갖는 생명력을 가늠할 수 있다. 고골 해석의 유행 변천사를 간단히 짚어 보자면 19세기에 고골은 우선 리얼리스트로 대접받았다. 그 평가는 잘 알려져 있다시피 벨린스키라는 19세기 러시아가 낳은 불세출의 비평가가 내린 것으로 벨린스키는 고골 작품의 다면성 중에서 풍자, 즉 낙후되고 왜곡된 러시아 사회를 비꼬는 측면을 전면에 내세워 고골을 높이 치

켜세웠다. 이 경향은 20세기 들어서도 계속되었다. 소련 비평계에서는 벨린스키를 본받아 고골이 사회 부조리를 비판하여 독자들을 각성시키는 리얼리스트라고 보는 견해를 꾸준히 유지했던 것이다. 《고골의 리얼리즘》이라는 구콥스키의 저서는 그 대표적 예이다. 하지만 또 다른 한편에서는 고골 비평에 획기적 변화를 모색했으니 20세기 초, 모더니스트들로부터 고골의 재평가가 시작되었다.

모더니스트들은 고골 작품의 또 다른 세계, 다시 말해 리얼리스트적인 모습 뒤에 음험하게 도사리고 있는 혼돈과 환상, 그로테스크한 세계관에 주목했다. 《페테르부르크Петербург》를 쓴 벨르이는 고골에 대한 걸출한 비평서 《고골의 창작 기법》을 저술해 고골 연구의 전환점을 마련했다. 무척이나 세밀하고 정치하게 고골 텍스트를 분석한 벨르이의 뒤를 이어 문학 연구의 과학화를 표방한 일군의 젊고 재능있는 비평가들, 즉 형식주의자들이 고골의 텍스트 안으로 뛰어들었다. 벨린스키를 위시해 소련 비평가들이 거시적 관점에서 고골 작품을 바라보며 사회적 비평을 펼쳤다면 20세기 초 등장한 형식주의자들은 미시적 관점에서 고골의 예술 텍스트가 지닌 특이성을 일차적 연구 대상으로 삼았다.[2] 그 후 20세기를 거치며 고골 연구는 전방위로 확대되어 심리학은 물론이고 종교적 관점,[3] 또 신화적, 전기적 관점을 두루 아우른다. 이와 함께 고골의 개별 텍스트에 대한 천착이 한층 심도를 더했고 포스트모더니즘 시대에 접어들어서는 고골의 순수 문학 텍스트만이 아니라 비평 등 예전에는 조명을 받지 못했던 주변 텍스트들까지 통합적으로 연구 가시권 안에 편입되었다. 연구 주제도 마찬가지로 포스트모더니즘 시대에 걸맞게 예전에 별다른 주목을 받지 못했던 주제들이 이제는 활발한 논의의 대상이 되

2 20세기 초중반에 유행했던 형식주의 및 모더니즘 관점에서 고골을 분석한 대표적 논문들을 *Gogol from the Twentieth Century*에서 찾아볼 수 있다.

3 이에 관해서는 고일/석영중 1993, 173-176을 참고할 것.

었다. 고골의 정체성, 특히 민족적 정체성이 그 대표적인 예이다.

이처럼 다양한 경로로 진화해 온 고골 연구를 바탕으로 21세기에 접어든 지금 고골은 현대 독자들에게 어떤 모습으로 비칠까? 21세기 포스트모더니즘 시대에 기존의 권위는 더 이상 무게를 지니지 않는다. '참을 수 없는 존재의 가벼움'처럼 이제 가벼움이 무거움을 누르는 시대다. 기존의 권위는 불신의 대상이 된 지 오래다. 신화 해체의 시대. 러시아 문학만 해도 지난 2백여 년간 러시아의 국민시인으로 군림해 온 절대 지존 푸쉬킨이 빛을 잃었고 그의 신화도 해체되는 지경에 이르렀다.[4] 고골은 어떠한가? 그는 아직도 우리에게 유효한가? 그는 21세기를 사는 우리에게 여전히 현재 진행형인가? 다시 말해 이전부터 내려오는 정전의 후광으로서가 아니라 고골 작품 자체가 여전히 21세기 초반 현대인들의 관심사와 만나 조응하고 반향의 울림을 내는가?

물론 고골이 창작 활동을 한 때는 19세기 전반기이고 그의 작품이 당대 현실의 산물이기는 하지만 고전의 충분 요건이 시대의 부침에도 변함없이 새로운 패러다임에 맞추어 새로운 면모를 드러내 보여 준다는 점에서 21세기, 2009년 우리 인류 문화의 관점에서 고골을 조망하는 것도 의미가 있으리라 사료된다. 그런 전제하에 이 글에서는 몇 가지 키워드, 즉 그의 세계관, 자연관, 그리고 정체성 문제를 가지고 고골의 세계를 살펴볼 것이다.

고골의 세계관—보수적인, 너무나 보수적인

주지하다시피 포스트모더니즘은 탈권위를 지향하고 중심과 주변의 역전을 꾀하는, 기존의 기득권층의 입장에서 보면 '불온한' 사조이다. 한

4 이와 관련해 서구에서는 푸쉬킨의 탄생 200주년을 맞은 즈음부터 연구가 활발했고 최근 국내에서도 권정임이 푸쉬킨 신화의 몰락을 연구한 논문을 냈다.

편으로는 거부할 수 없는 후기 자본주의가 촉발시킨 소비문화의 광포한 급류에 휩쓸린 가운데 예술 역시 베스트셀러로 대표되는 판매량이나 가격이 가치와 동일시되는 현상이 벌어진다. 하지만 포스트모더니즘은 몇몇 부정적인 측면에도 불구하고 시대의 도저한 흐름을 거스르지 않는 면모를 갖추고 있는데 그것은 지식이 소수의 기득권으로부터 다수의 민중에게로 확산되고(적어도 통로가 넓어졌는데, 인터넷은 그 첨병이다), 예술 역시 기존의 '고급' 예술이 쌓아 올렸던 담을 허물고 그 자리에 대중의 소비문화가 주류로 부상하면서 예술 권력의 안팎이 전복되었다는 점을 지적할 수 있다. 이는 엘리트 문화를 강력히 지지하던 고답적인 모더니즘에 맞서 고급문화와 대중문화의 간격을 좁히려는 노력의 산물이기도 하다(김욱동 2008, 114-129). 다시 말해 포스트모더니즘은 문화계에서 일어난 민주화라고 간주할 수 있다.

이와 같은 21세기의 포스트모더니즘의 관점에서 고골을 되돌아볼 때 명약관화하게 드러나는 바는 그의 비현대성이다. 잘 알려져 있다시피 그가《친구와의 서신 교환선》에서 밝힌 세계관은 당대인들마저도 스캔들로 받아들일 정도로 보수적이었다. 유언장으로 대신한 첫 편지를 시작으로 총 32통의 편지를 모아 놓은《친구와의 서신 교환선》은 답장은 전혀 싣지 않고 자신의 편지만 나열했다는 점에서 제목과 내용이 불화를 빚으며 본질적으로 고골의 일방향적[5] 설교문이다. 고골은 여기서 문학, 예술, 종교, 당대 러시아 사회를 두루 논하는데 모든 논의는 종국에 '올바른 삶'이란 화두로 귀결되고 그 기저에는 종교적 열망, 즉 기독교적 가르침에 충실하게 살아감으로써 개인의 삶을 정화하고 나아가 러시아 사회를 정화하자는 간절한 바람이 자리 잡고 있다. 여타 기독교 사상가들과 비교해 고골이《친구와의 서신 교환선》에서 줄곧 강조하는 기

5 '일방향적'이란 말은 곧 바흐친이 역설한 '대화주의dialogism'의 대척점에 선 '독백주의monologism'의 개념과 다르지 않다.

독교적 바른 삶의 길에는 흥미로운 점이 하나 있다. 고골은 유난히 숙명удел에 집착한다. 《친구와의 서신 교환선》을 통틀어 계속해서 강조되는 이 개념은 "네게 주어진 (다시 말해 신이 네게 주신) 자리место를 알고 그 분수를 지켜라"라고 요약할 수 있다. 《친구와의 서신 교환선》의 29번째 편지는 〈누구의 숙명이 지상에서 가장 고결한가Чей удел на земле выше〉로 고골은 다음과 같이 설파한다.

> 누구의 숙명이 지상에서 가장 고결한지, 그리고 누구에게 가장 훌륭한 운명이 주어졌는지 당신에게 도저히 말해 줄 수가 없습니다. 제가 지금보다 더 어리석었던 과거에는 어떤 소명을 다른 소명보다 더 선호하곤 했지만 지금은 모든 이의 숙명이 똑같이 부럽습니다. […] 자기의 의무를 성실하게 다한 사람에게는 그게 차르이건 가장 미천한 자이건 누구에게나 똑같이 보상해 주시는 하느님의 은총이 그저 놀랍기만 합니다. 천국에서 그들은 모두 동등할 것이니 모두가 자기 주님의 기쁨 속으로 들어가 하느님 안에서 '공평하게' 살게 될 것이기 때문입니다. (고골 2007, 265-66).

여기서 고골은 내세의 공평함에 의지해 속세의 욕망과 신분 차이를 부정한다. 러시아 최고 권력자이건, 아니면 그 반대로 밑바닥 하층민이건 간에 신이 내린 숙명을 받아들이고 그에 따르는 의무를 성실히 다하면 천국에서 복을 누리리라는 약속을 내세워 고골은 현세의 불평등함과 불공평함을 설명하려 든다. 즉 타고난 숙명에 반항하거나 불평하지 말고 내세에 받을 상을 생각하며 주어진 숙명이 요구하는 의무를 다하라는 가르침인 것이다. 위계 질서의 부동성을 강조하는 고골의 신념은 그의 편지의 명목상 수령자인 고위 관료는 물론 귀족, 현 지사 부인, 성직자, 농민 등 지위고하를 막론하고 일관되게 유지된다.

많은 이들이 고골의 보수성을 두고 그의 생애에 눈길을 돌린다. 1836년 〈검찰관〉 공연 이후 도피하듯 유럽으로 떠난 고골이 1830년대 후반부터 몇 번에 걸쳐 죽음의 고비를 넘기면서 급보수로 기울어졌다는 의견이 널리 퍼져 있다. 보통 인간이 죽음의 문턱에 이르면 신에게 귀의함으로써 삶의 의미를 찾으려 드는 경우가 드물지 않음에 비추어 보면 고골의 경우도 그렇게 해석하는 것이 무리는 아니다.[6] 하지만 고골이 이른바 '회심'을 기점으로 견해를 바꾸었던가 하면 그건 결코 그렇지 않다는 사실을 간과해서는 안 된다. 고골은 초반부터 보수적인 세계관을 지니고 있었고 시간이 갈수록, 그리고 병으로 생사의 기로를 헤맨 후에 그 경향이 한층 더 강해져서 나중에는 순수 문학을 벗어나 《친구와의 서신 교환선》이라는 독특한 설교집을 낼 정도가 되었다는 점이 눈에 띌 뿐이다. 여기서는 고골이 《친구와의 서신 교환선》에서 강조하는 '자리место'에 따른 분수가 그의 소설 세계에도 일관된 흐름으로 깔려 있음을 지적하고자 한다.

우선 '페테르부르크 이야기'라고 불리는 단편소설들을 보자. 작가 스스로가 이름 붙인 적은 없지만 〈코Нос〉, 〈넵스키 대로Невский проспект〉, 〈초상화Портрет〉, 〈광인 일기Записки сумасшедшего〉, 〈외투Шинель〉는 러시아 제국의 수도 상트페테르부르크를 무대로 한다는 점에서 '페테르부르크 이야기' 사이클로 묶이며 꾸준한 사랑을 받고 있다. 다섯 편의 단편소설을 이어주는 공통분모는 사실 상트페테르부르크라는 무대뿐만이 아니다. 환상성을 담지한다는 점에서도 그렇고 예술과 예술가를 논한다는 점에서도 그러하다. 더불어 이 소설들은 인간의 속물성пошлость을 풍자한다는 점에서도 노선을 같이 한다.[7]

다른 관점에서 보자면 이 소설들이 드러내는 인물 군상은 두 부류로

---

6 작가가 세르게이 악사코프에게 1840년 12월 말에 쓴 '진짜' 편지를 보면 죽을병에서 소생했으며 그 '부활'의 감사함을 신의 역사하심에 돌리고 있다.

나뉜다. 하나는 범속성에 찌들 대로 찌든 속물로 그들은 자신의 폐쇄된 세계에 갇혀 살며 그 밖으로 나갈 생각을 전혀 하지 않는다. 다른 한 부류의 사람들은 첫 번째 부류와 비슷한 속성을 가지고 있지만 그에 그치지 않고 더 많은 것을 원한다. 그들은 자신의 삶을 바꾸려고 든다. 그리고 그 시도는 늘 고골의 세계 속에서 비극으로 귀결된다. 〈넵스키 대로〉는 그 좋은 예다. 위에 언급한 두 부류의 인간상이 두 명의 주인공으로 등장한다. 이름도 비슷하다. 피로고프와 피스카료프는 '페테르부르크 이야기' 사이클의 인물 구도를 관통하는 상징적 분신 한 쌍이다. 피로고프는 그야말로 고골이 창조한 속물의 전형으로 먹고 마시고 허세 부리는 인물이다. 그는 육체의 욕망에 충실하다. 한편 피스카료프는 화가라는 직업에 걸맞게 육체의 한계를 뛰어넘는 욕망을 드러낸다. 그는 아름다운 여인에 집착하고 그녀를 통해 자신의 삶을 바꾸려 시도한다. 그리고 잘 알다시피 그 시도는 모욕과 절망, 자살이라는 비극으로 마무리된다. 두 인물의 대조된 양상에서 드러나듯이 기이한 희비극성이 교차하는 고골의 세계에서 살아남는 것은 결국 속물이다. 철면피 속물들만이 뻔뻔함으로 세상을 살아 나가고, 자신의 삶을 바꾸려고 드는 이들은 가차없이 응징당하는 것이다. 이런 관점에서 보자면 피스카료프처럼 화가를 주인공으로 내세운 〈초상화〉 역시 큰 틀에서 같은 선상에 서 있다. 신비로운 초상화의 유혹에 저항하지 못하고 돈과 명예를 추구한 차르트코

---

7 고골이 전반기에 발표한 일명 '우크라이나 이야기'와 '페테르부르크 이야기' 두 연작물은 환상과 사실이 변화무쌍하게 어우러지면서 지금까지도 독자들을 매료시키는 힘을 가지고 있다. 특히 페테르부르크의 환상성은 푸쉬킨으로부터 발원하여 고골을 거쳐 도스토옙스키로 계보를 이어갈 만큼 러시아 문학 연구자들에게는 이미 익숙한 주제이기도 하다. 고골의 페테르부르크가 담고 있는 환상성은, 기실 디칸카나 미르고로드가 펼쳐 보이는 환상성과 본질적인 면에서 다르지 않다. 고골의 환상은 결국 범속성과 허무를 두르고 있는 화려한 거죽이다. 〈외투〉나 〈코〉에서 보여 준 바와 같이 고골은 환상과 실재 사이에서 현란한 줄타기를 벌이며 현실의 반영이 아닌 리얼리티의 재구성을 통해 세계를 새롭게 지각해 냈다.

프는 파멸의 나락으로 떨어진다.[8]

다른 소설도 마찬가지다. 〈광인 일기〉의 주인공 포프리신과 〈외투〉의 아카키 아카키예비치는 흥미로운 한 쌍을 이루는데 그들의 첫 번째 공통점은 둘 다 '의사 예술가pseudo-artist'라는 사실이다. 공교롭게도 그들은 둘 다 하급 관리로 관청에서 정서하는 일을 한다. 다시 말해 그들 직업은 남이 써 놓은 서류를 한 글자도 고치지 않고 베끼는 일로 이는 곧 글쓰기, 창조적 글쓰기의 창백한 그림자인 셈이다.[9] 더 나아가 그들이 공유한 다른 공통분모는 둘 다 욕망의 희생자가 된다는 사실이다. 포프리신은 신분 상승과 동의어인 상관의 딸을 열망하다가 결국 정신병원으로 끌려가게 되고 소시민의 극치인 아카키 아카키예비치는 무생물인 외투를 마치 새색시처럼 여기며 애지중지하다가 예기치 않은 사건으로 강탈당한 뒤 그 충격에 목숨까지 잃고 만다. 이 두 소설은 여러 가지 다양한 해석을 허용하는데 주인공의 욕망과 운명과의 함수 관계에 초점을 맞추어 보면 그들의 파멸이 욕망에서 비롯된다는 해석도 가능하다. 다시 말해 그들은 자신의 '분수'를 잊고 자기 것이 아닌 것을 탐하다가 화를 당하게 된다고 볼 수 있는 것이다. 이런 해석을 염두에 두고 보면 고골 세계관의 보수성, 즉 물질적 욕구는 물론이고 신분 상승에 대한 열망 역시 부정적으로 보고 있음이 드러난다. 이러한 해석은 〈초상화〉와 〈넵스키 대로〉에도 마찬가지로 적용된다. 차르트코프와 피스카료프, 두 화가는

---

8 〈초상화〉에서 차르트코프의 대립항으로 나오는 다른 화가는 종교의 힘으로 타락을 모면하고 자신의 재능을 꽃피우게 된다. 긍정적인 인물을 구현했다는 점에서 이 소설은 고골의 작품 세계에서도 예외적으로 치부된다.

9 물론 두 인물 간의 차이점도 명백히 존재한다. 아카키 아카키예비치가 1인칭 주어를 3인칭 주어로 바꾸는 것 같은 아주 미미한 수정도 어려워할 정도로 철저히 베끼는 작업밖에 하지 못하는 데 반해 〈광인 일기〉의 주인공 포프리신은 그가 쓴 일기가 소설의 근간을 이룬다는 가정하에 주인공의 창조적 글쓰기 능력을 일정 부분 인정해 주고 있다. 그러나 종국에 포프리신이 정신착란을 일으키며 미친다는 설정은 분명 그가 세상과 소통하지 못한다는 반증이다.

모두 타고난 재능에 충실히 매진하는 대신 다른 욕망에 사로잡혀 그 욕망을 뒤쫓다가 재능은 물론 생명까지도 희생하는 쓰디쓴 대가를 치르게 되는 것이다.

고골의 걸작 〈죽은 혼〉도 크게 다르지 않다. 혹자가 지적하듯이 치치코프는 현대 자본주의 관점에서 보자면 기발한 아이디어를 가진 사업가다. 치치코프는 봉이 김선달과 흡사하다. 봉이 김선달이 대동강 물을 돈 받고 팔려고 했던 것처럼, 즉 당대에는 말도 안 되는 사기를 치려고 했듯이 치치코프는 이미 죽은 농노들을 사들여 사적 이익을 취하려는, 그 누구도 생각하지 못한 사업 구상을 실현하느라 지방을 돌며 지주들을 설득한다. 고골이 〈죽은 혼〉을 단테의 신곡을 모델로 삼아 구상했으며 그에 따라 〈죽은 혼〉이 '지옥편'에 상응하고 1842년 〈죽은 혼〉의 대성공 후 고골이 10년 후 죽음을 맞을 때까지 병마와 싸우고 온갖 창작의 고뇌를 겪으면서도 〈죽은 혼〉 2권 집필에 필사적으로 매달렸음도 익히 알려진 사실이다. 따라서 고골의 계획에 따르면 우리에게 남겨진 〈죽은 혼〉 1권은 곧 19세기 초반 러시아를 무대로 한 지옥인 것이고 그 중심에 위치한 치치코프의 행각은 작가의 손에서 지옥을 주름잡는 활동인 동시에 지옥에 떨어진 인물들을 드러내 보이는 촉매제 역할을 한다. 치치코프를 비롯해 〈죽은 혼〉에 등장하는 인물들은 모두 육체는 살아 있으나 영혼은 죽은 바나 진배없는 것으로 그려진다. 그 지옥 열전 속에서 치치코프 역시 사기꾼으로서 악행을 저지르는 인물로 묘사된다. 그 와중에 고골의 펜은 치치코프의 행각이 내포한 모험심이나 독창적인 아이디어에는 별다른 주의를 기울이지 않고 그를 포함해 그를 매개로 하여 드러나는 인간 사회의 속물근성을 풍자하는 데 주력한다.

여기서 고골과 푸쉬킨 사이의 간극이 드러난다. 푸쉬킨은 〈보리스 고두노프Борис Годунов〉의 참칭자 그리고리를 필두로 늘 운명에 도전하는 인간,[10] 모험을 두려워하지 않고 실패로 끝난다 하더라도 자신의 운명을 시험하는 자에게 매력을 느끼고 그런 인물들에게 긍정적인 시선을 보냈다. 그에 비하면 고골은 정반대의 입장을 취한다고 하겠다. 고골은 기존 질서를 무너뜨리려는 여하한 시도도 달갑게 여기지 않는다. 그 행위가 치치코프의 경우처럼 사회적인 함의를 가질 때는 물론이고 아카키 아카키예비치처럼 개인의 차원에서 자신의 삶을 바꾸려는 데 국한된다고 해도 말이다. 결론적으로 고골은 나중에 《친구와의 서신 교환선》에서 사람은 각자 타고난 신분과 지위에 맞게 살면서 그에 따른 의무를 다해야 한다고 강조하는데 작가의 신념은 이미 그 전에 쓴 소설에도 반영되어 있는 것이다. 자신이 처한 위치에서, 즉 '자기 자리에서 최선을 다하자'가 고골의 세계관이고 인간관인 것이다. 그리고 거기에 만족하지 않고 자신에게 주어진 자리를 넘어서려는 '욕심'을 갖게 되면 그것이 바로 악의 유혹에 빠져드는 첫걸음이라고 보는 것이다. 따라서 현재 시점에서 고골의 세계관을 평하자면 그는 그 당시에도 보수라고 간주되었지만 개인의 재능을 바탕으로 다양한 가능성의 길이 열려 있는 현대 민주주의 사회에서는 더할 나위 없는 극보수, 아니 반동으로 여겨질 수밖에 없다.

고골의 자연환경관—그로테스크 자장 안에 포섭된 상상력

21세기에 들어선 인류가 당면한 화두 중 하나가 환경 문제라는 데 그 누구도 이견을 제기하지 않을 것이다. 그리고 환경 문제가 제기되고 논의되는 기저에는 포스트모더니즘의 사유가 자리잡고 있다. 근대화와 산업

10 에머슨C. Emerson은 〈보리스 고두노프〉에서 그리고리가 피멘이 들려 주는 이야기에 영감을 얻어 자신의 미래를 창조하는 것으로 설정하고 그러한 개척 정신을 지닌 그리고리를 호의적으로 형상화했다고 설득력 있게 주장한다(Emerson 1986). 푸쉬킨이 〈대위의 딸Капитанская дочка〉에서 푸가초프를 매력적으로 그린 것도 그가 자신에게 주어진 운명의 한계를 뛰어넘으려는 모험을 감행하는 데 일정 부분 기인하고 있다고 보인다.

화의 기치 아래 벌어진 인간 문명의 병폐가 20세기 후반에 이르자 더 이상 간과할 수 없는 지경에 이르러 인류는 물론이고 지구의 생존 자체가 위험에 처했다는 공감대가 범세계적으로 확산되고 있다. 김욱동이 지적한 바와 같이 공해 문제에서 촉발된 환경 문제는 모더니티의 한계에 다름 아니다(김욱동 1994, 688). 21세기의 관점에서 고골을 바라보았을 때 고골의 작품은 자연환경을 어떻게 담아내고 있을까? 과연 친환경적일까?

물론 19세기를 산 고골은 우리와 같은 문제의식을 가지고 자연을 바라보지 않았다. 공해나 환경 문제는 19세기 전반 러시아 사회의 고민거리가 아니었다. 당시 사회와 문화의 맥락을 고려한다면 도리어 낭만주의와 사실주의의 틀로 그가 묘사한 자연을 고찰하는 것이 고골을 이해하는 데 더 정확할 것이다. 그러나 다시 한 번 강조하지만 이 글의 목적은 21세기 초엽 우리의 관심사(더 정확히는 필자의 주요 관심사)를 투영해 고골을 돌아보며 그가 우리 시대의 관심사에 비추어 어떤 의미를 갖는가를 짚어 보려는 것이다. 따라서 고골이 19세기 전반기에 별다른 의식을 하지 않았던 측면을 여기서 살펴보면서 시대착오적이라는 느낌이 들 수도 있지만 나중에 논하게 될 민족 정체성 등의 문제도 고골 생전에는 논의나 연구 대상이 아니었다는 사실을 상기할 필요가 있다.

환경이란 주제를 놓고 관심선상에 오르는 고골의 작품들은 단연 우크라이나를 무대로 한 소설 연작일 터이다. 고골의 소설 작품들은 크게 두 부류로 나뉜다. 시골을 배경으로 한 소설이 한 그룹이고 도시를 배경으로 한 소설이 다른 쪽 그룹에 속한다. 그리고 이 구분은 자연스레 '우크라이나 이야기'로 불리는 《디칸카 근교의 야화》 및 《미르고로드》를 한편으로 하고 그 반대쪽에는 '페테르부르크 이야기'로 해서 나뉜다. 그리고 당연히 도시보다는 시골이 자연에 대한 풍부한 고찰거리를 제공하는 법이다. 따라서 '우크라이나 이야기' 그리고 그중에서도 자연이 의미심장하게 다루어지는 〈옛 기질의 지주〉를 우선 살펴보도록 하겠다.

포지올리R. Poggioli를 위시해 많은 연구자들이 논했듯이 〈옛 기질의 지주〉는 오비드의 〈변신 이야기〉 신화에 나오는 '바우시스와 필레몬Baucis and Philemon'의 패러디, 즉 '전복된 목가적 세계'이다. 늘 한결같이 손님을 환대하는 사이좋은 노부부 바우시스와 필레몬은 어느 날 추레한 몰골로 변장해 찾아든 제우스도 다른 객과 마찬가지로 극진한 정성으로 대접하고 이에 감동한 신은 노부부가 한 날 한 시에 죽고 그들이 묻힌 곳에서 나무가 자라나도록 한다. 이 신화 이야기는 인간의 이상향, 특히 완벽한 목가pastoral의 구현이라고 일컬어진다. 노부부가 사는 목가적 자연도 더할 나위 없이 아름답고 풍요로운, 이른바 젖과 꿀이 흐르는 낙원으로 그려진다. 하지만 구리아노바N. Gourianova가 〈옛 기질의 지주〉를 '실패한 목가시failed pastoral'(Gourianova 2004, 39)라고 규정한 것처럼 고골은 일견 평온하고 풍족하기 이를 데 없는 노부부의 삶을 그로테스크하게 비틀어 목가적인 겉모습 뒤에 일렁이는 불길함의 그림자를 포착해 냈다.

더불어 〈옛 기질의 지주〉에서 작가는 생태계의 파괴를 섬뜩하게 그려 낸다. 고골이 사랑해 마지않았던 아름답고 풍요로운 우크라이나의 자연[11]을 그대로 본뜬 듯한 노부부의 영지는 부족함 하나 없이 풍족한 곳으로 묘사되지만 배가 아플 때까지 먹고 또 먹는 일상의 생활에 함몰되어 사는 노부부의 무관심 속에 자연은 파렴치한 하인들에 의해 벌목되고 피폐해져 간다. 다시 말해, 천혜의 자연이었으나 인간이 자연의 소중함을 경시하고 자원을 헤프게 써 대는 사이 제대로 보존되지 못하고 마는 것이다. 더구나 이 소설은 '옛 세계'의 대표자 격인 노부부가 후사도 남기지 않고 죽음으로써 상징적으로 구시대의 종말을 암시한다.[12] 그리고

---

11 고골이 1832년 고향을 방문했을 때 쓴 편지에는 다음과 같은 내용이 있다. "이 곳에 부족한 것이 대체 무엇이랍니까? 풍성하고 멋진 여름입니다! 곡식이든 과일이든 모든 식물이 지천에 깔렸습니다!"(Gogol 1948: 8, 52)

12 신화적인 원형 시간이 역사적 선형 시간으로 풀림으로써 노부부가 필연적으로 죽음을 향해 치닫게 되고 그 과정에 공간은 물론 인간, 즉 흐로노토프의 삼박자가 함께 어우러

한 시대의 종말에 자연의 몰락도 한몫 거든다. 인간이 죽고, 인간이 경시하며 돌보지 않던 자연도 원래 모습을 잃고 폐허가 되어 한 세계의 종말은 완결되는 것이다. 작금의 환경 문제 의식과 동일하지는 않다고 하더라도 〈옛 기질의 지주〉에서 고골은 풍요로움과 파괴의 양극단을 가로지르는 자연환경을 구현했다는 점에서 생태학적 상상력의 어두운 측면을 드러냈다고 하겠다.

한편 《미르고로드》에서 〈옛 기질의 지주〉 뒤를 잇는 소설 〈타라스 불바〉는 자연 문제를 다른 관점에서 바라보는 시각을 제공한다. 〈타라스 불바〉는 카자크 군대와 폴란드 군대 간의 충돌을 다루는데 이들 간의 갈등은 민족적, 군사적, 지리적, 종교적, 문화적 측면 등에서 다양하게 변주되며 확장된다. 그리고 그 구도에는 도시와 자연 간의 대립도 들어 있다. 〈타라스 불바〉에서 묘사되는 자연은 고골 작품에서는 보기 드물게 광활하며 원대하다.[13] 이는 그 자체로서 사실적이라기보다[14] 자연과 한 쌍을 이루는 카자크의 성격을 보충하여 부각시키기 위한 의도가 내재되어 있다고 보인다. 카자크의 호연지기와 남자다운 배포, 투지에 상응하는 차원에서 넓디넓은 우크라이나의 평원과 가식 없는 자연이 강조되고 그에 반해 폴란드 군대는 성벽에 둘러싸여 도시에 갇힌 족속으로 묘사된다. 카자크가 자연과 하나인 듯 조화를 이루는 데 반해 폴란드인들은 도시로 상징되는 인간 문명에만 집착하는 것으로 그려진다. 가령 도시 성벽 위에서 카자크와 대치하는 폴란드 병사들이 금은보화로 장식된 갑옷을 뽐내는 등 물질적 화려함을 추구할 때 카자크는 정반대로 장식도,

져 구시대의 종말을 그려 낸다는 견해에 대해서는 필자의 2007년 졸고를 참고하시오.

13 이와 같은 예외로는 하나가 더 있다. 〈무서운 복수〉에서 우크라이나의 수려한 자연은 매우 서정적으로 묘사된다.

14 〈타라스 불바〉는 역사 소설이냐 아니냐를 두고 논쟁이 있을 정도로 일정 부분 역사소설의 면모를 띠고 있다. 시대 배경은 16세기나 17세기로 확실치 않은데 분명한 사실은 우크라이나에서 카자크가 세력을 과시하던 과거를 무대로 한다는 점이다.

가식도 없는 모습으로 평원 위에 서 있다. 카자크 군대가 폴란드 도시를 봉쇄하는 작전을 펼치는 것은 곧 광활한 평원과 폐쇄된 도시 간의 대치로 치환된다. 즉 자연과 인간 문명 간의 대치인 셈이다. 이때 작가가 어느 쪽을 더 우월하다고 보느냐는 별다른 설명이 필요하지 않을 것이다. 고골에게 카자크는 '우리свой'인 데 반해 폴란드는 배척해야 마땅한 '타자чужой'이기 때문이다. 따라서 이 구도는 민족 간의 충돌에 위계질서를 설정할 뿐만 아니라 자연에서 멀리 떨어져 나간 인간 문명에 대한 비판 의식도 담고 있는 것이다.

하지만 얼핏 비슷해 보이는 자연 대 도시의 대립 장치를 사용해 공간의 대립을 도덕적 경지로까지 확장시킨 레프 톨스토이와 달리 고골은 공간과 자연환경을 동일한 의미론에 입각해 변주한다는 사실도 짚고 넘어가야 할 것이다. 〈타라스 불바〉와 같은 예가 있기는 하나 대체적으로 고골의 자연, 즉 도시의 반대편에 선 시골이 결코 도시보다 도덕적으로 우위에 있다고 볼 수 없기 때문이다. 그에 착안해 앤 런스베리A. Lounsbery는 고골의 세계에서 시골과 도시는 결국 본질적으로 같다고까지 주장한다. 그런 점에서 특히 고골의 후기작이자 최고 걸작인 〈죽은 혼〉이 돋보인다. 〈죽은 혼〉은 러시아 지방을 무대로 하면서 인간 사회에 편재한 악의 문제를 뛰어나게 그려 낸 작품이다. 〈죽은 혼〉에서 형상화되는 자연환경은 사실 〈옛 기질의 지주〉에서 진화했다고 보아도 무방할 정도로 두 작품은 자연 묘사 및 자연에 대한 이해도 면에서 닮은꼴이다. 아닌 게 아니라 두 작품 모두 지주를 주요 등장인물로 삼고 있으며 지주의 풍속상을 담아 낸다. 이때 〈옛 기질의 지주〉는 소러시아를 무대로 하고 〈죽은 혼〉은 러시아를 배경으로 한다는 차이점은 무의미하다. 주지하다시피 〈죽은 혼〉이 나왔을 때부터 〈죽은 혼〉의 무대가 과연 러시아냐, 즉 〈죽은 혼〉의 지방 묘사가 사실적이냐를 두고 논쟁이 오갔으며 〈죽은 혼〉을 서유럽에서 집필한 고골이 이 사안에 대해 입장을 밝히기를 자신은 러시아에서 멀리 떨어져 있기 때문에 역설적으로 러시아를 더 잘 그릴 수 있다고 말한 바 있다. 다르게 표현하자면 고골이 〈죽은 혼〉에서 그려 낸 러시아의 시골은 〈옛 기질의 지주〉를 서술하는 화자가 노부부와 그들의 영지를 시공간을 건너 뛰어 마음의 눈으로 보는 것과 같은 과정을 거쳐 탄생한 것이다. 〈죽은 혼〉에서 재현된 자연환경은 〈옛 기질의 지주〉가 보여 주었던 것처럼 무능력하거나 탐욕스러운 한 지주들 아래 방치되거나 착취당하고 있다. 몽상가인 마닐로프에게 그의 영지는 백일몽의 무대에 불과하고 정작 농노들이 사는 곳에는 나무 한 그루, 풀 한 포기 보이지 않는다. 불한당 노즈드료프의 영지는 개간한 땅과 그렇지 않은 땅이 엉망진창 뒤섞여 있다. 플류쉬킨은 또 어떤가? 러시아 문학사상 톨스토이나 투르게네프처럼 러시아 자연의 아름다움을 사실적으로 묘사하면서 그 안에서 건강한 생명력은 물론 인간과 자연의 합일을 추구했던 작가가 있는가 하면 기이하게 비틀린 그로테스크와 풍자의 자장 속에서 자연환경마저도 휘어 버린 고골 같은 작품 세계도 있는 것이다.

고골의 작품에서 재현된 자연환경은 인간에 대해 '타자the Other'가 아니다. 그렇다고 인간과 유기적인 관계를 맺으며 상응하는가 하면 그렇지도 않다. 머과이어R. Maguire가 지적하는 바와 같이 고골의 작품 속에서 자연과 인간은 유리되어 있다(Maguire 1994, 67-81). 고골에게 자연은 낭만주의자들에게 그러했던 것 같은 숭고의 대상도 아니고 사실주의 작품에서 형상화되는 것처럼 사실적으로 묘사된 자연도 아니다. 고골의 자연은 '고골적인' 자연이다. 다시 말해 작품과 보조를 맞추어 기이하고 그로테스크하게 굴절된 자연으로 재탄생한다. 고골의 자연은 작가의 프리즘을 통과하며 굴절되어 작가의 미학을 형상화하는 데 포섭되는 것이다.

고골의 노마드적 정체성—소러시아에서 러시아로, 러시아에서 유럽으로

이제까지 인류가 현재 당면한 몇 가지 화두를 길라잡이로 삼아 고골의 비非현대성을 살펴보았다. 하지만 고골에게 현대적인 면모가 없는 것은 아니다. 도리어 고골은 최근 들어서도 변함없이 연구자들에게 각광받는 작가다. 다만 연구 경향이 달라졌을 따름이다. 한 예로 포스트모더니즘 시대가 열리면서 새롭게 부상한 연구 분야 중에는 에드워드 사이드E. W. Said로부터 비롯된 포스트 콜로니얼리즘이 있고 이는 기존의 제국주의 담론을 무력화시키고 제3세계의 시각이 주변부에서 중심부로 진입하는 길을 터 주었다. 더불어 전쟁이나 박해를 피해 민족, 혹은 개인이 조국을 버리고 딴 나라나 다른 대륙으로 이주하는 경우도 디아스포라 연구로 활발히 진행되고 있다. 그뿐만이 아니다. 세계화가 급속히 진행되고 그 와중에 다문화 시대가 도래하면서 개인의 정체성 문제 역시 커다란 반향을 불러일으키는 연구 주제가 되었다. 이런 작금의 지적 흐름을 고려하면 고골의 민족 정체성이 뜨거운 관심의 대상이 된 사실은 하등 놀랍지 않다. 고골 자신의 개인적 측면에만 국한되는 것이 아니라 그를 둘러싼 과거와 현재, 또 우크라이나와 러시아 간의 복잡다단한 사회, 문화, 역사, 정치적 상황들이 맞물리면서 매우 흥미로운 연구의 장을 형성하는 실정이다.

그런데 우선 짚고 넘어가야 할 사실은 고골이 태어나서 활동하던 19세기 전반기는 지금과 상황이 비슷한 것 같으면서도 사뭇 달랐다는 점이다. 18세기 말부터 낭만주의가 유럽을 휩쓸면서 유럽에 민족주의가 싹텄다는 것이 학계의 정설이다. 그런 분위기 덕분에 낭만주의 문인들이 민족과 지방의 고유한 특성에 관심을 갖게 되었음도 주지의 사실이다. 고골만 하더라도 당시 사회 문화에 불었던 유행의 풍향을 잘 꿰뚫어 보고 우크라이나의 토속성을 내세운 《디칸카 근교의 야화》로 문단의 신성으로 등장했다. 하지만 고골이 자기 자신을 우크라이나인으로 자각했는지, 다시 말해 러시아 제국과 우크라이나의 관계를 어떻게 설정하고 이해했는지는 별개의 문제다. 고골이 우크라이나의 민속을 십분 활용하기는 했지만 그렇다고 해서 그가 요즘 우리가 이해하는 민족적 정체성을 가지고 있었다는 반증은 아니기 때문이다. 더구나 고골이 나고 자란 동부 우크라이나는 당시 러시아 제국에 흡수된 지 오랜 시간이 지난 후라 러시아어와 사뭇 다른 우크라이나어를 쓴다든지 하는 중요한 민족적 차이점이 있음에도 불구하고 민족주의 발흥이 더뎠다.[15] 실제로 동부 우크라이나인들 대다수는 20세기에 들어서까지도 스스로가 우크라이나인이라고 간주하기보다는 자신이 사는 지방에 대한 소속감이 민족 정체성을 대신했다고 보는 것이 일반적인 시각이다. 실제로 지금까지도 우크라이나의 동서 갈등은 우리나라의 영호남 갈등 못지않다. 또한 지금이야 우크라이나라는 이름이 확고히 자리를 잡았지만 제정 러시아 시대에만 해도 '소러시아Малороссия'라는 호칭이 널리 쓰였던 사실은 당시 우크라이나와 러시아 간의 관계를 상징적으로 보여 준다. 이런 맥락에서 보면 고골과 동시대인이었던 타라스 쉡첸코가 우크라이나어를 고집하며 탄압받는 것까지 불사했던 것은 보기 드문 예외라고 할 수 있다.

이와 관련해 두 가지 추측이 가능하다. 하나는 그가 우크라이나를 러시아와는 별개로 간주하면서도 당시 정치, 사회적으로 우크라이나가 러시아에 복속된 현실을 받아들이고 러시아어를 자신의 이익에 부합해 이용했다고 보는 추측이다. 이런 관점에서 고골은 같은 시대를 산 동향인 타라스 쉡첸코와 비교된다.[16] 쉡첸코는 현재 우크라이나의 민족 시인으로 절대적인 추앙을 받고 있지만 세계 문학에서 차지하는 위상은 보잘것없다. 세계 문학에서 우크라이나어가 문학어로 입지를 굳히지 못한

15 *Ukraine: A History*를 참고하시오.

16 이 주제에 관해서는 Luckyj 1971을 보라.

탓이다. 그에 비하면 고골은 고향에서의 대접은 셰첸코에 못 미치지만 러시아 문학과 세계 문학에서 뚜렷한 족적을 남긴 작가로 인정받는다. 그가 어렸을 때부터 인류에 공헌하는 유명한 인물이 되겠다는 야심을 가졌던 사실을 상기하면 그가 우크라이나어가 아닌 러시아어로 예술을 한 것은 확실히 현명한 선택이었던 셈이다.

또 다른 한편으로는 고골에게 우크라이나의 민족정체성에 대한 뚜렷한 인식이 없었다고도 추측해 볼 수 있다. 위에서 이미 언급했듯이 제정 러시아 시대 우크라이나는 '소러시아'에 불과했으며 민족 운동도 미미했다. 특히나 러시아로의 동화가 철저히 일어났던 동부 우크라이나 출신 고골에게[17] 꿈을 이루기 위해 떠나 온 소러시아는 러시아의 낙후된 한 시골 지방에 불과했을 수 있다. 고골이 상트페테르부르크에 상경한 후 1830년대 초반에 쓴 편지를 쭉 읽어 보면 그가 러시아 수도에서 문화적 충격을 경험했음이 바로 드러난다. 그 경험은 양가적이다. 밝고 따뜻한 남쪽 고향과 비교해 북구의 수도 상트페테르부르크는 회색빛이고 추웠으며 물가는 살인적이었다.[18] 하지만 다른 측면으로는 고향의 낙후됨, 가난함이 상트페테르부르크의 융성함을 배경으로 더욱 강렬하게 부각되었다. 이처럼 고골이 상트페테르부르크에 상경해 문화적 충격을 겪으며 러시아와 소러시아 간의 차이를 피부로 느꼈음은 의심의 여지가 없다. 그러나 그런 일차적이고 생생한 경험이 과연 소러시아를 러시아와

---

17 폴란드와 합스부르크 왕가의 지배하에 있던 서부 우크라이나는 사정이 달랐다. 명실상부한 유럽의 일원으로 동부 유럽을 호령하던 합스부르크 왕가는 많은 민족을 거느리고 있었는데 러시아에 비해 훨씬 민족 자율을 존중해 주는 정책을 폈고 유럽의 민족주의 사상도 합스부르크 제국에 편입되어 있던 민족들에게 더 큰 영향을 미쳤다. 덧붙여, 서부 우크라이나는 19세기 '소러시아'가 아니었다. 아예 이름이 달랐다. 갈리치아였으며 갈리치아 지방 사람들은 폴란드나 헝가리와 자신들을 구별해서 인식했다. 이런 전통이 지금까지도 서부 우크라이나의 민족 정체성과 자존심의 바탕이다.

18 고골이 상경한 지 얼마 되지 않은 1829년 고향에 있는 어머니에게 쓴 편지들을 보면 문화적 충격은 물론 생활고에 시달렸음을 알 수 있다.

별개의 공동체로 인식하는 추상적이고 논리적인 차원까지 발전했느냐는 결코 간단하지 않은 논쟁거리다. 고골 스스로가 그에 대한 명확한 입장을 표명한 적이 없기 때문이다. 그러나 일단 고골이 쓴 텍스트만을 가지고 판단하자면 그의 민족적 정체성은 우크라이나보다는 러시아로 향한다고 보인다. 특히 1830년대 후반으로 가면서 그 경향은 뚜렷해진다.[19]

고골의 민족 정체성이 러시아 쪽으로 쏠리는 현상은 다양한 측면에서 해석이 가능하다. 거시적으로 보아 1830년대 러시아 사회에 불던 관제 민족주의 바람은 민족, 차르, 정교의 삼위일체를 근간으로 제국을 결속시키려는 강력한 정책으로 공식화되어 전방위적으로 시행되었고[20] 고골 역시 자의든 타의든 러시아적 정체성을 내재화하는 데 동참했다고 볼 수 있다.

덧붙여 또 한편으로 고골의 민족 정체성을 고찰할 때 절대 무시해서는 안 될 요소가 그의 노마드적 편력이다. 1852년, 42세 나이로 세상을 뜬 고골은 생애 고비고비마다 생활의 공간을 옮기면서 삶의 돌파구를 찾았다. 크게 보아 그의 삶의 무대는 세 곳으로 집약된다. 소러시아에서 나고 자라다가 네쥔에 있는 김나지움을 졸업한 1828년, 19세의 나이에 청운의 꿈을 품고 제국의 심장 상트페테르부르크로 향했다. 러시아 상트페테르부르크에서 여러 직장을 전전하다가 결국 글로써 입신양명을 성취한 고골은, 그러나 1836년 〈검찰관〉 공연 후 도망치듯 유럽으로 떠난다. 높은 문학적 완성도에도 불구하고 관료제를 풍자했다는 이유로 사회 일각에서 비난이 일자 크게 낙담한 고골이 자의적으로 선택한 망

19 이에 대해서는 연구자들의 견해가 대체로 일치한다. 일례로 본인의 논문을 비롯해 보야놉스카E. Bojanowska도 우크라이나적 정체성보다 러시아적 정체성이 우세해진다고 본다. 또한 '소외'와 '부정'을 핵심어로 선택해 고골의 우크라이나관을 고찰한 보리스 가스파로프B. Gasparov도 고골이 우크라이나 정체성을 억압하는 쪽을 선택했다고 주장한다.

20 당시 러시아 정부의 관제 민족주의 운동에 대해서는 Seton-Watson 1988과 Hastings 1997을 참고하시오.

명길이었다. 독일, 스위스, 프랑스 등 서유럽의 여러 나라를 거쳐 정착한 곳은 이탈리아의 로마였고 1848년 러시아로 영구 귀국하기까지 고골은 12년여에 걸쳐 유럽에서 살았다. 따라서 산술적으로 계산해 보면[21] 고골은 우크라이나에서 19년, 유럽에서 12년, 러시아에서 11년여를 살았다. 이 계산 결과를 놓고 보면 우크라이나와 러시아, 유럽 중에서 러시아에서 산 기간이 상대적으로 가장 짧음에도 불구하고 고골이 러시아를 대표하는 문호가 되었다는 사실은 아이러니로 느껴지기도 한다.

러시아에서는 중세 때 외국 여행이 금지되었던 것과는 달리 표트르 대제의 개혁 이후 조금씩 외국 경험을 할 기회가 확대되다가 급기야 19세기 중반을 지나면서는 러시아 귀족들의 유럽 나들이가 흔한 현상이 되었다. 멀리 갈 것도 없이 이반 투르게네프는 생애의 상당 기간을 유럽에서 보냈고 도스토엡스키도 이런저런 이유로 유럽을 수차례 방문했다. 러시아 작가들이 유럽 체험을 바탕으로 조국에 대한 이해를 새롭게 하는 것은 놀라운 일이 아니다. 하지만 고골의 경우가 특별한 이유는 바로 그가 순수 러시아인이 아니기 때문이다. 여타 러시아 작가들과 비교해 고골에게는 우크라이나라는 배경이 한 겹 더 있는 것이다.

그리고 고골의 인생 여정은 우리가 주목하는 노마드와 겹치는 부분이 있다. '노마드'는 요즘 들어서 각광받는 키워드다.[22] 세계화의 흐름 속에 자의 반 타의 반 개인의 이동이 활발해졌고 이는 21세기 포스트모더니즘 시대 문화의 섞임과 융합을 대변한다. 고골의 노마드적 인생 여정은

---

21 우크라이나 어머니 집에서 여름을 보냈다든지 유럽에서 러시아를 잠깐 방문한 기간은 제외했다.

22 한 예로 자크 아탈리의 저서 《호모 노마드 유목하는 인간》을 보라. 아탈리는 노마드가 단지 최근에 생겨난 현상이 아니라 인류 역사를 통틀어 면면히 이어져 온 흐름으로 본다. 더 나가 아탈리는 인류 역사의 근간이 노마디즘이고 "정주성은 아주 잠깐 인류 역사에 끼어들었을 뿐"이라고 주장한다(아탈리 2005, 18). 즉 여행자의 삶인 노마디즘은 인간의 종의 기원에서부터 찾아볼 수 있으며 인류 역사는 정주기와 노마드 기간을 번갈아 거치며 발전한다. 다만 노마드에 대한 진지한 관심이 최근 들어 생겨난 것일 뿐이다.

소러시아에서 러시아로, 그리고 러시아에서 유럽으로 이어지고 물리적 이동은 정신적 이동과 변화를 수반한다. 러시아 제국의 화려한 수도에서 그가 소러시아 출신 촌뜨기로 느꼈을 심적 열등감은 시공간을 옮겨 그가 서유럽의 여러 도시를 거쳐 마침내 로마, 다름 아닌 서유럽 문명의 본산에 다다랐을 때 다시 한 번 굴절되어 발현되었을 것이다. 굴절되었다 함은 고골이 1830년대 초반 고향 소러시아와 대러시아 사이의 간극을 소화해야 했듯이 로마에서 다시금 비슷한 내적 갈등, 즉 두고 온 상트페테르부르크와 새로운 공간인 로마의 충돌을 내면적으로 정리하게 되면서 이제 그가 자신을 러시아인으로 확실히 인식하게 되었으리라는 의미이다. 상술하자면 고골이 소러시아에서 러시아로 옮겨 갔을 때에는 비교 대상이 소러시아와 러시아 둘뿐이고 상트페테르부르크에서 문화 충격을 겪으며 자신이 소러시아 출신임을 절실히 느꼈지만 나중에 서유럽에서 체류하면서 통과하게 된 문화 충격은 그의 관점을 이동시켰다고 보인다. 소러시아에서 러시아로, 또 러시아에서 유럽으로의 이동은 고골이 우크라이나로부터 두 걸음 물러섰다는 것을 의미하며, 유럽에서 그렇게 두 겹 떨어져서 본 우크라이나는 러시아의 변방으로, 다시 말해 러시아와 겹쳐져 보였을 것이다. 다시 말해, 유럽을 대면해 우크라이나와 러시아 간의 차이는 흐려지고, 크게 보아 슬라브라는 테두리 안에서 용해되면서 우크라이나와 러시아가 하나로 묶이게 되는 것이다. 실제로 당시 러시아에서는 슬라브주의가 힘을 키워 가고 있었고 그 맥락 속에서 러시아는 동유럽에 자리 잡은 슬라브 민족들의 형 노릇을 하려고 들었다. 그 같은 정치, 문화적 맥락 속에서 유럽에 사는 고골은 자신의 정체성을 유럽 대 슬라브 문화의 대립 속에서 찾았다고 보인다. 한 예로 고골은 1835년 《미르고로드》에 실었던 〈타라스 불바〉를 개작해 1842년 다시 선보였는데 그 개작의 핵심에는 고골이 자각하게 된 러시아적 정체성이 자리 잡고 있다. 그래서 1835년 《미르고로드》판 타라스 불바가 우크라이나 카자크로 그려진 데 반해 유럽에서 집필한 개정판에서 타라스 불바는 러시아의 민족주의 가치를 표방하게 되는 것이다.[23] 이런 사항을 종합해 보면 고골은 우크라이나 정체성과 러시아 정체성이 비대칭적으로 혼재하는 가운데 노마드 편력을 거치며 우크라이나 출신 러시아인으로서의 정체성을 확고히 구축하게 된 것으로 볼 수 있다.

그러나 고골은 그가 창작한 작품 못지않게 그 스스로가 수수께끼이고[24] 기이한 면모를 지닌 인물인 만큼 그의 민족 정체성에 대한 최후의 말은 아직까지 나오지 않았고 따라서 고골과 우크라이나인으로서의 정체성 문제는 뜨거운 논쟁거리로 현재 고골 연구의 최전방에서 유행을 선도하고 있다.[25] 더구나 고골의 오랜 유럽 체류와 그에 따른 유럽 문화 경험은 그의 정체성에 매력적인 중층 구조를 한 겹 더 선사한다.[26]

이에 덧붙여 고골의 정체성을 논할 때 최근 지식 담론 유행에 비추어 간과할 수 없는 측면이 있다. 바로 그의 성性 정체성이다. 잘 알려져 있다시피 고골은 평생을 독신으로 지냈고 그의 작품에 흐르는 지극한 여성 혐오증과 전기적 사실에서 추론하는 바를 들어 그가 동성연애자였다는 추측도 심심치 않게 제기된다.[27] 실제로 고골의 작품 세계를 주도하는 여성 인물 형상은 마녀이거나 아니면 남자를 파멸시키는 '팜 파탈'인 경

---

23 이에 대해서는 필자의 2005년 논문을 참고하시오.

24 고골과 오랜 친분을 나눈 세르게이 악사코프조차도 그를 수수께끼로 여겼을 정도로 고골은 최측근들에게도 불가사의하게 여겨지는 면이 농후했다.

25 해외에서는 물론이고 국내에서도 이 문제에 대한 관심이 높아지고 있다. 이 책에 실린 이경완의 논문도 한 예이다.

26 덧붙이자면 고골의 노마드적 편력은 유럽에서 끝나지 않는다. 그는 1848년 팔레스타인으로 성지순례도 다녀왔다. 고골이 1840년 12월 악사코프에게 쓴 편지에서 "여행Дорога은 놀라운 치유 능력이 있습니다"라고 언급한 데서 미루어 짐작할 수 있듯이 고골은 노마드의 삶을 긍정적으로 받아들여 체화했다.

27 고골은 전 생애를 통틀어 몇 번 청혼을 한 것으로 알려져 있는데 운이 없었는지 결혼에 이르지 못했다. 그러나 만일 그가 실제로 성적 소수자였다면 차이콥스키처럼 자신의 성 정체성을 숨기기 위해 가망 없는 상대에게 청혼을 하지는 않았을까?

우가 많다. 가령 〈죽은 혼〉에서 시가 10만 루블에 달하는 (죽은) 농노를 헐값에 손에 넣은 치치코프의 성공이 아수라장 속에 처박히게 되는 시발점으로 작용하는 지사의 아리따운 딸이 어떻게 묘사되는지 상기해 보라. 치치코프는 우연히 그녀를 본 순간 그야말로 전기에 감전된 듯 정신을 차리지 못하는데 그가 그녀에 매혹된 이유로 드는 것이 바로 그 소녀가 "가장 불쾌한 여성 냄새를 풍기지 않기" 때문이라는 점은 고골 작품 전반에 흐르는 여성 혐오증의 한 예에 불과하다. 그런가 하면 이도 저도 아닌 〈죽은 혼〉의 코로보치카는 노파로서 여성성을 완전히 잃어버린 채 중성화되어 다른 지주들과 다를 바 없는 일그러진 캐리커처 중 하나로 등장한다. 초기작인 《디칸카 근교의 야화》에 나오는 여자 주인공 몇을 제외하고는 고골 작품에서 긍정적인 여성을 찾기란 쉽지 않다. 이처럼 확연히 눈에 두드러지는 고골의 여성관에 대해서는 이제까지 제법 연구되어 왔다. 하지만 정작 고골 자신의 성적 정체성은 충분히 논의되지 않은 것이 사실이다.[28] 그 배경에는 우리나라나 러시아가 보수적인 탓에 성 담론이 활발히 이루어지지 않은 문화적 환경이 작용하는 듯하다. 이런 상황을 고려하면 포스트모더니즘 시대에 들어 새로운 경지를 개척한 젠더 연구의 성과를 바탕으로 고골의 성 정체성을 새롭게 조명하는 작업도 고골 연구의 지평을 확장시키는 데 일조하리라 기대한다.

다시 원점으로 돌아가, 고전이란 시대의 부침에 연연하지 않고 새로운 시대에 새로운 해석을 통해, 다시 말해 새로운 독자와 만나 새로운 해석의 여지를 열어 보이며 새 생명을 얻어가는 것이다. 그리고 그럼으로써 정전으로서 고골의 위치도 정당성을 확보한다. 위에서 살펴본 점들을 정리하면 고골은 21세기 초반 우리의 시각에서 볼 때 현대적인 면, 즉 21세기를 사는 우리에게도 시사성이 있는 측면과 그렇지 않은 면을

---

28 서구에서는 사이먼 칼린스키S. Karlinsky가 고골을 동성애의 관점에서 고찰한 책을 1992년 냈지만 반응은 차가웠다.

두루 갖추고 있다. 그의 세계관이나 정치관은 반동적이기까지 하고 친환경에 대한 의식도 결여되어 있지만 다른 한편, 포스트모더니즘 시대에 우리가 관심을 갖는 정체성의 문제에서는 대단히 매력적으로 다가온다. 따라서 고골은 우리 시대, 우리 관점에서 볼 때 현대성과 비현대성을 고루 혼종적으로 간직한 채 아직도 우리를 매혹시키는 흥미로운 작가라고 하겠다. 고골 탄생 2백 주년, 고골은 아직도 우리 곁에 있다. 지극히 비현대적이면서도 동시에 지극히 현대적인 모습으로. ■ **윤새라**

참고문헌

고골, 니콜라이

2007《친구와의 서신 교환선》. 석영중 옮김. 서울: 나남.

고일 · 석영중

1993〈고골의 세계—코와 외투를 중심으로〉.《러시아 문학의 이해—푸시킨과 고골》. 서울: 민음사, 171-188.

권정임

2009〈포스트모더니즘 시대의 푸슈킨〉.《슬라브학보》, 24-1 : 25-50.

김욱동

1994〈포스트모더니즘〉.《서양의 지적 운동 I》. 서울: 지식산업사.

2008《포스트모더니즘》. 서울: 연세대학교 출판부.

아탈리, 자크

2005《호모 노마드 유목하는 인간》. 이효숙 옮김. 서울: 웅진 지식하우스.

윤새라

2007〈닫힘과 열림의 미학—골의 옛 기질의 지주〉.《노어노문학》, 19-3 : 255-274.

Гоголь Н. В.

1984 Собрание сочинений в 8-и томах. Москва:Правда.

Гуковский Г. А.

1959 Реализм Гоголя. Москва: Государственное издательство художественной литературы.

Bojanowska, Edyta M.

2007 *Nikolai Gogol: Between Ukrainian and Russian Nationalism.* Cambridge: Harvard University Press.

Emerson, Caryl

1986 *Boris Godunov.* Bloomington: Indiana University Press.

Gasparov, Boris

1999 "Alienation and Negation: Gogol's View of Ukraine." *Gogol:ExploringAbsence.* Bloomington: Slavica.

Gourianova, Nina

2004 "Landscape of Transformation: Metamorphosis in Gogol's 'Old-World Landowners'". *Essays in Poetics*, 29: 31-46.

Hastings, Adrian

1997 *The Construction of Nationhood: Ethnicity, Religion and Nationalism.* Cambridge: Cambridge University Press.

Karlinsky, Simon

1992 *Sexual Labyrinth of Nikolai Gogol.* Chicago: University of Chicago Press.

Lahti, Katherine

1994 "Artificiality and Nature in Gogol's Dead Souls." *Essays on Gogol.* Evanston: Northwestern University Press. 143-157.

Lounsbery, Anne

2005 "'No, this is not the provinces!' Provincialism, Authenticity, and Russianness in Gogol's Day." *The Russian Review*, 64: 259-80.

Luckyj, George Stephen Nestor

1971 *Between Gogol and Shevchenko: Polarity in the Literary Ukraine 1798-1847.* Cambridge: Harvard University Press.

Maguire, Robert A. (ed.)

1974 *Gogol from the Twentieth Century: Eleven Essays.* Princeton: Princeton University Press.

1994 *Exploring Gogol.* Stanford: Stanford University Press.

Poggioli, Renato

1963 "Gogol's 'Old-Fashioned Landowners': And Inverted Eclogue." *Indiana Slavic*

Studies, 3: 54-72.

Richter, David H.

1994 *Falling into Theory: Conflicting Views on Reading Literature*. Boston: Bedford Books.

Seton-Watson, Hugh

1988 *The Russian Empire: 1801-1917*. Oxford: Oxford University Press.

Subtelny, Orest

2000 *Ukraine: A History*. Toronto: University of Toronto Press.

Yoon, Saera

2005 "Transformation of a Ukrainian Cossack into a Russian Warrior: Gogol's 1842 Taras Bulba." *Slavic and East European Journal*, 49-3: 430-444.

'호모 비올랑스'와 '가족로망스' —고골과 만델쉬탐 산문에 나타난 윤리성

0

본래 '가족로망스Family romance'는 여러 가지 이유로 부모로부터 애정의 단절을 경험한 아이가 그들과 거리를 두고 자신의 이상적 부모(지금은 같이 살고 있지 않지만 언젠가는 재결합할)를 마음에 그리는 환상을 뜻한다. 다른 한편으로, 가족로망스는 현실적인 충동(명예, 권력, 부, 명성, 사랑)이 좌절되면서 대상을 잃은 리비도가 과잉 축적되고 적절한 대체표상을 발견하지 못한 채 내향화하고 퇴행함으로 생겨나는 결과물이다. 즉, 가족로망스는 '사라져 간 행복한 시절에 대한 갈망의 표현'인 것이다(프로이트 1996, 54-61). 그런 기억이 꾸며진 것이든 거짓이든 실제로는 존재하지 않았던 것이든 중요한 것은 그런 환상이 주인공의 심리에서 물리적 현실만큼이나 강한 현실성을 띠게 된다는 것이다.

마르트 로베르는 소위 '업둥이'의 성향이 강한 작가와 '사생아'의 성향이 강한 작가로 문학사를 구분하면서, 전자는 세상에 대한 환멸과 도피를 보여 주는 낭만주의 예술로 귀결되고, 후자는 세상에 기투하여 적극적인 개혁을 갈망하는 리얼리즘 예술로 귀착된다고 주장한다(로베르

1999, 70). '업둥이'와 '사생아' 두 유형은 억압하는 사회현실로부터 타자의 탈주 과정이 예술적으로 표현된 것이라는 공통점을 지니지만, '업둥이'가 현실과 맞서려는 의지의 결핍을 보이는 데 반해, '사생아'는 오이디푸스 아버지가 지배하는 억압구조로부터 벗어나려는 오이디푸스 아들의 현실적인 실천의지(부친의 살해, 모성/욕망의 성취, 현실적 지식 습득, 현실원칙에 따른 자아 수정, 새 아버지와의 동일화)를 반영한다. 어쨌든, 도피든 현실개혁이든 그 토대가 되는 가족로망스는 현재의 부모에 대한 거부일 뿐 아니라 또한 자신과 완전한 유대감을 형성했던 원래의 이상적인 상태로 그들을 되돌리려는 바람의 표현이며, 나아가서는 외부의 도움과 자기구원에 대한 환상이기도 하다.

니콜라이 바실리예비치 고골의 페테르부르크 소설 중 〈외투〉와 〈초상화〉는 작은 성장소설이라고 할 만큼 미숙한 주인공의 성장의 과정을 묘사하는 기본 플롯으로 지어져 있다. 다만 플롯은 보통의 성장소설처럼 처음과 끝이 이분적으로 대립되는 것이 아니라 벨르이A. Белый가 지적한 것처럼 하나의 '원круг'을 이루며, 이에 따라 처음의 결핍과 불완전이 중간 과정에서 충족과 완전함으로 이어지다가 결말에서는 다시 결핍과 불완전의 상태로 회귀하는 구조를 나타낸다. 아울러, 최초의 미숙이 중간 단계에서 성숙으로 바뀌고 끝내는 파국으로 귀결되기 때문에 처음과 끝이 완전히 포개지지는 않는다. 주인공의 탐색 대상으로 자기정체성의 추구가 설정되지만 그 과정은 추상적이지 않고 즉물적이라 할 만큼 구체적이다. 주인공의 삶에서는 그가 고립된 개체의 상태로부터 사회적인 개방된 상태로 나아가고 새로운 세계(성에 대한 눈뜸, 악과의 대면)로 편입되는 '성장'의 단계가 나타난다. 그러나 일탈된 사회 가치규범과 사회의 구조적인 악에 환멸을 느낀 뒤에는 결핍된 현실과의 투쟁을 피해서, 마치 성인이 유토피아적 유년기로 퇴행하듯이 '다른 세계'로 도피한다. 그것은 가족로망스처럼 고골적인 원초적 환상의 공간이다.

프로이트에 의하면 모든 예술작품은 작가의 '무의식적 상상의 표현'(프로이트 1996, 534)으로, 그것은 작가로 하여금 현실에서 철회됐던 리비도를 재집중하고 승화를 경험한 후 현실로 되돌아오게 하는 대체표상이다. 이런 측면에서 고골과 시인 오시프 에밀리예비치 만델쉬탐의 산문은 작가 개인의 환멸과 그것의 극복을 표현한 것에 다름 아니라고 말할 수 있겠으나, 고골의 경우에는 주인공과 작가가 이접되어 있고, 작가의 개인적 환상이 보편화되고 탈성화脫聖化된 채 보다 은밀하게 감추어져 있는 반면에, 만델쉬탐의 산문은 자주 주인공과 작가가 중첩되면서(때로는 의도적으로 결합과 이접을 반복하면서) 작가가 동일한 성장 과정을 주인공을 통해 추체험함으로써 그의 이상과 열망을 보다 명시적으로 드러내고 있다는 점이다. 특히 흥미로운 점은 만델쉬탐이 고골의 이야기를 연상시키는 드라마를 통해 자신의 상황을 각색함으로써 자신의 체험을 보편적인 것으로 승화시키고 독자로부터 자기 행위의 정당성을 이끌어내려 한다는 점이 특징적이다. 고골에 대한 명시적인 언급은 만델쉬탐의 글 곳곳에 산재해 있지만, 고골의 문학적 상징성은 특히 글쓴이의 특정한 목적이 담긴 산문의 경우에, 그 외형이 표면적으로 가시화되지 않는 것에 비례하여, 그 무게감이 더해진다.

1

법, 교육, 언론 등 사회 구조 전반의 어용화가 절정에 달했던 1930년대 전후 소비에트 사회에서 러시아 문학장이 '권력의 유출'의 형태로 구조화됐었음은 주지의 사실이다. 소비에트 문학은 문학이 교회의 권력을 대리했던 19세기 러시아 문학의 문학 중심주의literaturocentrism(또는 유토피아적 계몽주의)를 계승했다는 점에서는 달라진 것이 없었지만(Берг 2000,

183-200), 글쓰기의 주체가 문학적 과정literary process에 참여하는 대가로 집단적 발화 속에서 자신의 목소리를 상실하는 비운을 겪었고, 만일 이런 자기정체성 추구에 대한 포기에서 벗어나는 글이 있다면 출판이 봉쇄되거나 책상 서랍 속에 밀폐되는 신세를 각오할 수밖에 없었다는 점에서 종래의 문학과는 차별된다. 또한 작가들은 새로운 체제에 대한 개인적인 충성심을 문학작품 밖(논설, 강연 등)에서뿐 아니라 문학작품 내에서도 선명하게 보여 주어야 한다는 중압감에 시달렸다(Чудакова 2001, 394).

만델쉬탐의 산문은, 소비에트 문학장의 풍경을 예증하는 동시에, 시대를 초월하여 변함없이 요구되는 지식인의 역할과 휴머니즘을 강조한다는 점에서 흥미로운데, 그런 기획은 구체적으로는 고골과 관련하여 직접적으로 연상되는 이미지인 '폭력적 인간', 즉 '호모 비올랑스Homo Violence' 개념의 분석을 통해서 이루어진다. '호모 비올랑스'는 폭력에 의해서 정의되고 폭력으로 구조화된 인간의 보편적 본성을 일컫는 개념이다(다둔 1993, 10). 이것은 폭력이 인간 의지 밖에 있는, 인간의 힘으로 다스릴 수 없는 무엇이라는 형이상학적 의미와 함께 폭력의 맹목성과 무근거성을 함의한다. 그의 창작세계 중에서도, 형식과 내용의 양 측면에서 전통적인 소설문법에서 일탈하는 반反소설антироман의 구조를 지니는 〈이집트 우표Эгипетская марка〉(1928)와 〈제4의 산문Четвертая проза〉(1930)은 이런 특징이 두드러지는 산문 작품으로, 여기서 만델쉬탐은 개인폭력이든 집단폭력이든 시대를 뛰어넘어 반복되고 강도를 더해 가는 폭력의 메커니즘을 해부하고, 이에 대한 전거典據로서 고골의 문학적 상징(특별히 '외투'와 '예술'의 모티프)을 빌려 온다. 이런 점에서 만델쉬탐은 소비에트 시대의 고골 독해에 대한 한 사례를 제시하고 있다고 하겠다. 고골의 〈외투〉에서 폭력이 묘사된 유명한 대목을 보자.

> 그가 광장 끝에 다 왔는지 어떤지 알기 위해 눈을 떴을 때, 그의 앞에, 그것도 바로 코앞에 콧수염이 난 사람들이 불쑥 나타났다. 이들이 어떤 인물들인지 전혀 구분이 되지 않았다. 눈앞이 캄캄해지고 가슴이 뛰었다. "외투는 내 거야!" 그중 한 사람이 아카키 아카키예비치의 덜미를 잡으며 위협하는 소리로 말했다. 아카키 아카키예비치가 "사람 살려"라고 외치려고 할 때, 이번에는 다른 사람이 그의 머리통만 한 주먹을 들이대며 "소리만 질러 봐라!"라고 위협했다. 아카키 아카키예비치는 외투가 벗겨지고 무릎에 발길질을 당해 그만 눈 위에 벌렁 나자빠져 정신을 잃고 말았다. (고골 2002, 81)

> 이 고위층 인사는 아카키 아카키예비치가 이미 오십 줄에 들어섰다는 사실을 눈치 채지 못한 것 같았다. [···] "지금 얘기하는 사람이 누구인지 아나? 누구 앞인지 아느냐고? 도대체 알기나 해, 알기나 하냔 말일세? 대답해 봐." 이 순간 그는 발을 구르며 아카키 아카키예비치가 아닌 다른 사람이라도 무서워할 정도로 언성을 높였다. 아카키 아카키예비치는 넋이 나간 사람처럼 비틀거렸고 몸이 떨려 제대로 서 있을 수조차 없었다. (고골 2002, 87)

> 갑자기 그 고위층 인사는 누군가 자신의 옷깃을 엄청난 힘으로 잡아채는 것을 느꼈다. 고개를 돌리니 작은 키에 낡아 빠진 제복을 입은 사람이 보였다. 그가 아카키 아카키예비치임을 알아챈 고위층 관리는 기겁을 하였다. [···] "아! 바로 네 놈이로구나! 이제야 네 놈을, 그러니까 저, 옷깃을 잡았구나! 난 네놈의 외투가 필요해! 내 사정을 좀 봐주지는 못할망정 그렇게 야단을 치다니, 자, 이젠 옷을 내놔!" (고골 2002, 94)

위에서 보듯이 거대한 외부의 힘에 압도당한 불행한 '작은 인간

маленький человек'의 이미지는 표트르 개혁의 이면에 있는 비인간적인 사회구조를 상징한다. 아이러니한 목소리로 연약한 주인공의 고립무원의 상황과 그를 억압하는 물리적 현실을 분석하는 냉철한 고골의 전지적 화사의 형상은 〈이집트 우표〉에서도 반복된다.[1] 주지하다시피, 중심 모티프인 '외투'(шинель과 визитка)로부터 주인공의 세부 묘사, 인물 관계, 상황 설정, 플롯에 이르기까지 만델쉬탐의 작품에는 고골의 흔적이 깊이 배어 있다. 먼저, 상관을 두려워하고 동료들로부터 조롱을 당하며 가난에 찌들려 있는 아카키 아카키예비치와 비슷한 모습이 파르노크에게서 발견된다. 또한 파르노크의 발화 방식은 "말할 때마다 전치사, 부사에 아무 의미 없는 말들인 소사나 조사를 너무 많이 사용하는"(고골 2002, 66) 아카키 아카키예비치를 연상시키며, 파르노크에게 외투를 만들어 주며 그를 제멋대로 조종하려 하는 재봉사 메르비스에게서도 역시 재봉사 페트로비치와의 유사성이 발견된다. 무엇보다, 고골과 만델쉬탐의 주인공에게서 공히 '외투'는 그 소지인의 처지에 어울리지 않는, 화려하고 숭고한, 물건 이상의 가치로 평가된다. 여기서 잃어버린 외투는 자기 정체성의 일부일 수도 있고 또 10월 혁명에 동조했으나 그 결과에 좌절한 지식인의 기대감(Brown 2002, 50-51)을 상징할 수도 있으나, 중요한 점은 빼앗긴 외투의 회수를 원천적으로 불가능하게 만드는, 개인에 대한 사회의 구조적 폭력과 그 윤리적 부정성이 강조되고 있다는 점이다. 아

1 러시아 문학의 전통에서 〈이집트 우표〉의 문학적 영향을 찾으려는 시도는 계속 있어왔으나 매번 개별 주인공들이나 작품의 일부 측면을 설명하는 데 그칠 뿐 작품의 총체적인 얼개를 설명하는 데 이르지는 못했던 것이 사실이다. 이를테면 베르콥스키, 쉬클롭스키, 미르스키 등은 이 작품이 푸쉬킨의 〈청동 기마상Медный всадник〉, 고골의 〈광인 일기〉, 톨스토이의 〈안나 카레니나Анна Каренина〉, 도스토엡스키의 〈백치Идиот〉에서 영향을 받았다고 보면서 '작은 인간'의 전통에서 소심하고 연약한 주인공 파르노크의 기원을 찾았다. 한편 브라운은 작품의 두 축을 이루는 파르노크와 크르이좌놉스키의 분신 관계가 고골의 〈코〉와 그 후신인 도스토엡스키의 〈분신〉에서 영향을 받은 것이라고 보면서 분열된 두 주체의 불평등한 관계를 설명한다(8등관 코발료프=파르노크, 5등관 코=크르이좌놉스키)(Brown 2002, 41-45).

카키 아카키예비치처럼 파르노크는 외투를 찾아 상트페테르부르크의 면면을 이리저리 살피면서 여러 도움의 손길에 의지해 보지만 끊임없는 좌절만을 경험할 뿐이다. 이 과정에서 불행에 빠진 타인을 변호하고 그를 구제하는 구체적인 실천에 나서지 않으려는 지식인 특유의 부정적 속성이 폭로되며, 이런 측면에서 고골의 서장, '거물значительное лицо'은 만델쉬탐의 브루니 신부, 크르이좌놉스키 대위와 동일한 계열체로 분류될 수 있다. 위 두 번째와 마지막 인용문에서는 아카키 아카키예비치와 힘(지위와 폭력)의 우열에서 차별되는 '거물'이 실은 그와 분신의 관계를 이루는 동시에,[2] 힘에 의해서 언제나 그 위계가 뒤바뀔 수 있는 것임이 암시되고 있다. 파르노크와 크르이좌놉스키의 관계 역시 힘의 우열에 의해서 차별되는 분신 관계를 이루고 있는데, 분신적 인물이 주인공의 도움 요청에 대해 경멸적인 태도로 거절한다는 점에서도 두 작품의 유사성이 발견된다.[3] 파르노크의 비극은 아카키 아카키예비치의 경우보다 윤리적 차원에서 더욱 심화된 양상을 보이는데, 이는 그의 물건을 강탈한 자가 불특정인이 아니라 다름 아닌 그의 주변인이라는 점이다. 그의 루바쉬카와 외투를 빼앗아 간 자는 각각, 그의 분신인 크르이좌놉스키와 외투를 만들어 준 당사자인 재봉사 메르비스이며, 파르노크가 물품 보관증을 분실하거나 삯을 치르지 못했다는 것이 그들이 자신의 갈취를 정당화하는 사유로서 제시된다. '거물'을 찾아가는 고골의 주인공

2 아카키 아카키예비치와 마찬가지로 '거물'에게도 외투는 성적 욕구라는 진짜 욕망의 매개 역할을 한다. 외투를 걸친 채 쇼윈도의 여자 그림을 기웃거리거나 선술집에서 나와 낯선 여자의 뒤를 쫓는 아카키 아카키예비치의 모습이나, 외투 값을 지불하지 않았다고 메르비스가 파르노크의 외투를 도로 찾아가는 장면에서 '외투'가 렘브란트의 그림에 나오는 로마에 납치돼 간 '사비니의 처녀сабинянка'에 비유되는 것은 성적 욕망으로서의 외투의 기호적 성격을 나타낸다.

3 '거물'은 아카키 아카키예비치의 사망 소식을 듣고 양심의 가책을 느끼게 되자, 음주와 여자친구 카롤리나 이바노브나와의 밀회를 통해 이런 심리적 중압감을 해소하고자 하는데, 집단 린치의 희생양이 될 사내를 구하기 위해 도움을 요청하는 파르노크에게 동행하는 숙녀와의 밀회를 구실로 삼는 크르이좌놉스키의 모습은 그와 무척 유사하다.

처럼 파르노크는 브루니 신부를 찾아가서 그가 자신의 보증이 되어 주기를 호소하지만, 종교적 권위가 이미 아무 효력도 발휘하지 못하는 시대적 상황에서(Токер 2008, 338) 브루니 신부는 아무 도움이 되지 못한다. 오히려 '구원자'의 위치에 있는 인물은 탄원자에 대한 구원의 의무에서 스스로 면제되기만을 희구할 뿐이다.

앞서 제시된 첫 번째 인용문에서 외투의 강탈자로 묘사된 '콧수염이 난', 얼굴이 '전혀 구분되지 않는' 강도들은 〈이집트 우표〉에서 시계를 훔친 한 소매치기 사내를 폰탄카에서 익사시키려고 끌고 가는 얼굴 없는 군중의 모습으로 변용된다. 외투에 대한 에피소드와 혁명 직후 러시아 사회를 지배하는 집단 폭력의 병치는 외투를 고골적 의미인 '생명'과 '인간적 존엄'의 기호적 차원으로 승화시킨다.[4] 나아가 이 군중은 '솜을 넣어 한껏 부풀린 어깨-옷걸이', '비듬이 수북이 쌓인 아프락시야 신사복과 초조한 목덜미, 개의 귀'(4)[5]라는 고골식 환유처럼 비인간화되어 있다. 어째서 작자는 재봉사와 세탁부를 묘사하면서 "그때는 무서운 시대였다"라고 말하는가? 이것은 외투의 분실처럼 개인 간의 신뢰가 실종되고 가해자와 피해자가 카니발처럼 뒤섞이며 폭력이 사회 전 계층에게 내면화되어 버린 혁명 직후의 사회상, 다시 말해 '현재의' 소비에트 사회 풍경을 암시한다. 1925년 네프 시대에 쓰이고 1928년에 발표된 〈이집트 우표〉의 작중 시간은 1917년의 '케렌스키 여름'으로 설정되어 있지만, 작중 묘사된 집단 린치 사건이 몇몇 일간지에 게재된 것을 기준점으로 삼아 추측해 본다면 그 진짜 서술 시간은 이미 '자유의 황혼'기에

---

4 아카키 아카키예비치와 파르노크 모두에게 외투는 그 주인공들과 어울리지 않을 만큼 사치스럽고 화려한 무엇이다. 하지만 박정자가 말했듯이 '사치'라는 특성이야 말로 인간과 동물을 구별시켜 주고, 인간을 존엄한 존재로 만드는 무엇이 아닌가(박정자 2006).

5 본문에서 인용되는 만델쉬탐의 텍스트는 모두 Мандельштам О.Э. Собрание сочинений в 4-ёх томах. Т.3. М.:Арт-Бизнес-Центр, 1994에서 가져온 것이며, 이후 본문에 괄호와 함께 장수를 표시한다.

접어든 1917년 12월이 되며, 아울러 이런 집단 폭력을 1934년 12월에 공개적으로 합법화된 대테러의 출발점으로 간주한다면(Токер 2008, 340), 현재 진행형인 소비에트 사회 현실이 서술의 직접적인 지시 대상이 된다. 토케르는 이런 의미에서 파르노크가 미래의 신문을 이미 본 셈이 되며, 또한 파르노크와 같은 희생자가 한 명이 아니라 여러 명의 희생자가 있었음을 의미한다고 지적한다(Токер 2008, 340). 한편 만델쉬탐이 실제 작중 시간인 소비에트 사회를 혁명 전의 사회로 이동시키고 위장한 것의 또 다른 증거를 세갈은 인부들이 검게 래커칠 한 운석 같은 그랜드 피아노(미뇽)와 경대를 들어내는 장면에서도 발견한다. 그는 이 대목을 고급 문화재에 대한 사적인 소유를 금지했던 볼셰비키 정부의 태도로 해석한다(Сегал 2006, 497). 거울과 미뇽 피아노는 메르비스에게 진 빚 때문에 '강탈'당한다는 점에서 외투와 같은 위상에 놓일뿐더러, 그 속성이 '부르주아적 사치 품목'에 해당하며 그 강탈의 주체가 텍스트 외적으로는 볼셰비키 정부를 지시하기 때문에, 이 작품은 작중 서술 시간대와 가까운 만델쉬탐의 시 〈자유의 황혼Сумерки свободы〉(1918)—문화와 개인적 존엄의 상실—의 테마를 떠올리게 한다. 서술 시간대에 대한 만델쉬탐의 '문학적 위조'는 여러 가지 정황으로 설명해 볼 수 있겠으나, 작품이 발표될 당시의 소비에트 문학장의 묵계인 '1인칭과 현재 시제의 사용 금지'가 그 주된 원인으로 작용했을 것이라고 추측해 볼 수 있다.[6] 이런 기법적인 특성에서 본다면 〈이집트 우표〉는 1929년 '오일렌슈피겔' 필화 사건과 1930년 시인의 아르메니아 여행 사이에 쓰인 만델쉬탐의 또 다

6 추다코바에 의하면, 이 시기에 작가들이 선택할 수 있는 질료와 형식적 방법은 매우 제한되어 있었는데, 1인칭과 과거 시제는 작가 자신의 혁명 이전의 부르주아적 계급 성분을 노출시킬 염려가 있었고, 다른 한편으로, 현재 시제는 소비에트 사회에 대한 평가를 은연중에 드러내기 때문에 금지될 수밖에 없었다(Чудакова 2001, 400). 혁명 이전의 삶으로 시간대를 과거로 돌리거나 작중 화자를 작자와 분리시켜 놓아야만 출판이 가능했던 것이다.

른 산문 〈제4의 산문〉과 짝패를 이룬다고 볼 수 있다. 실제로 후자에서는 '외투' 모티프를 비롯하여 〈이집트 우표〉의 모티프들이 반복 사용되면서, 고골의 윤리적 메시지—'나도 당신들의 형제요'—가 더 분명하고 깊게 울리기 때문이다.

2

〈제4의 산문〉의 배경이 되는 사건은 1928-1929년 '토지와 공장ЗИФ' 출판사가 샤를 드 코스테르의 〈틸 오일렌슈피겔의 전설La légende de Thyl Ulenspiegel〉에 대한 번역 개정 작업을 만델쉬탐에게 위임했던 것에서 발단이 되었다. 이 작품에는 기존의 두 개의 번역본(고른펠트와 카랴킨의 번역본)이 있었는데, 1928년 새 판본이 출간되었을 때, 만델쉬탐과 기존 번역자들이 알지 못하는 상황에서 만델쉬탐 혼자만이 표지에 번역자로 기재된 것이 불씨가 됐다. 삽시간에 만델쉬탐은 표절의 비난을 받게 되었고, 이 사건 전체는 스캔들로 비화했다. 같은 해 만델쉬탐은《베체르냐야 모스크바Вечерняя Москва》지에 보낸 공개 서한을 통해 자신의 도덕적 책임을 시인하고 원고료 전체에 대해 배상할 각오가 되어 있다고 용서를 구했지만, 고른펠트는《베체르냐야 크라스나야 가제타Вечерняя красная газета》지에 만델쉬탐을 공개적으로 비난하는 일을 멈추지 않았다. 1929년 5월, 만델쉬탐은 소비에트 문단에서 번역자들이 겪는 비참한 생계에 대한 울분의 글을《리테라투르나야 가제타Литературная газета》에 게재했고, 이에 같은 유대인 출신으로 독설가인 다비트 자슬랍스키가 만델쉬탐에게 혹독한 공격으로 응수했다. 이 사건은 결국 '포스프ФОСП'(소비에트 작가 단체 연합)의 모호한 판결로 종결되었다. 일반적으로 이 사건은 소비에트 정부가 만델쉬탐에게 일부러 덫을 놓아 그를 길들이기 위해 벌인

계획적인 음모였다는 평가가 지배적이다.[7]

이 작품은 〈이집트 우표〉의 절반 정도밖에는 되지 않지만, 장章의 수는 두 배에 이르며(8장에서 16장으로), 그런 까닭에 텍스트의 파편성은 더욱 두드러지고, 보다 큰 현실의 콘텍스트로부터 떼 내어진 파편들을 내적으로 연결시키는 의미적 사슬은 느슨해져 보인다. 그러나 〈제4의 산문〉은 소비에트 신화의 비인간적 세계로부터의 자기 해방인 동시에 시인 자신의 고유한 신화적 세계의 구축을 표상한다는 점에서 '반소설'로서의 그 형식적 의의를 인정받을 수 있다. 여기서 시인은 자기구원적 글쓰기를 통해 희석되어 가는 자신의 정체성을 재정립하며, 불의한 사회가 부여한 작가의 지위를 당당히 거부하고 후대의 독자들에게서 진정한 작가의 지위, 나아가 정당한 '문학적 전기'를 획득한다. 나데쥐다 만델쉬탐 여사가 이 작품을 시인의 몸속에 스며든 악한 기운의 방전과 정화, 즉 '시적 엑소시즘'의 예식으로 평가했듯이(Harris 2003, 662) 시인은 글쓰기를 통해 자신을 심리적으로 구속했던 굴레로부터 스스로를 해방시키고, 나아가 진정한 '작가'로서의 개인적인 확신을 성취한다. 특히 텍스트 안에 뿔뿔이 흩어진 비유, 인용, 이미지 등의 조각들은 특정한 의미론적 연관을 이루면서 전체주의 사회의 폭력적 구조, 문학과 권력의 유착, 형제애의 중요성에 관한 고통에 찬 호소로 구체화되면서 〈이집트 우표〉의 고골의 메시지를 더욱 심화시킨다.

작품의 1장에서는 국가에 의해 조직적으로 이루어지는 집단 폭력(사형제도)이 주제로 부각되고 있고, 이에 대한 시인의 경고가 훌리건과 동일시되는 경기병대에 대한 묘사(3)뿐 아니라 〈이집트 우표〉를 연상시키는 집단 린치의 장면(2)에서도 구체화된다. 그가 목격한 그 추한 '풍속화'는 혁명 후에도 협박과 계급적 억압이 다른 형태이지만 엄연히 존

---

7 이 작품의 배경에 대한 보다 자세한 사항은 Harris 2003, 660-662, Brown 2002, 165-169, Котова, Сергеева-Клятис, Лекманов 2008, 347을 참조할 것.

재할 뿐 아니라, 오히려 그것이 사회주의 체제에 의해 조직적으로 양육되고 있음을 암시한다. 시인은 자신의 눈에 비친 광경이, 귀족의 자녀가 머슴의 아이를 때리는 혁명 전의 풍경인 줄로 여기다가 그것이 실제로는 소비에트 사회의 현재 모습임을 알고는 놀라움을 감추지 못한다(2). "작은 양 발굽에 래커칠을 한 구두를 신은 파르노크"와는 정반대되는 이미지의, 입술에 연지를 바른 채 염소가죽 장화와 벨벳 외투를 입고 있는 바센카라는 이름의 소년은 콤소몰 단원이며, 그를 둘러싸고 있는 엄마들, 할머니들, 유모들은 그와 마주 서 있는 연약하고 초라한 행색의 또 다른 소년을 붙든 채 마음 놓고 구타하도록 그를 부추기는데, 아이러니한 것은 그들이 아이의 유년의 인성을 형성하는 데 중요한 가정 내의 교육자들이면서도 지금 그들이 가르치는 것이 폭력이라는 점이다. 이 장면은 화자가 당시 소비에트 사회의 교육의 상태를 각각 악마성의 환유인 '발굽'에 비유하면서 그 그릇됨을 지적하고 있는 단락과 함께 교육이 폭력의 재생산에 기여하고 있음을 고발하고 있다. '공부하지 않는 학생들', '콤소몰의 해적들', '어른들의 허락을 받은 훼방꾼'(3)이라는 표현은 오이디푸스 아버지와 동일화해 버린 청소년 세대의 정신적 세계를 예증한다.

나아가 바센카가 아이를 때리는 동안 그 주위에서 춤을 추는 성인 여성들의 모습은 소비에트 체제를 일종의 종교 집단으로, 또 그들의 집단적 구타 행위를 하나의 제의의 수준으로 승화시킨다. 폰탄카에서 시계 절도범을 익사시키려고 끌고 가는 폭력적인 군중들의 모습은 이 작품에서 재등장한다. 시인이 학교의 휴식 시간에 학생들이 유지를 짜는 광경 속에서, 구경꾼들이 보는 앞에서 모스크바 강에 고양이를 빠뜨려 죽이는 장면을 연상하면서(3), 성스러운 제의로 변한 집단 폭력을 소년들의 장난기 어린 일상적 행위에서도 다시 발견하며, 그런 폭력이 아이들에게 이미 제도적으로 내면화되어 있다는 것을 직감하면서 오싹한 기분을 떨쳐내지 못한다.

그러나 이런 집단 폭력은 그 자체로도 위험하지만, 그것이 인간에게 내면화된다는 점에서 더욱 심각하다. 집단 폭력이 가하는 비루한 '동물적 공포'에 내몰린 채 시민들은 서로를 통제하고, 타인들의 실수를 참지 못해 서둘러 고소장들을 쓰고, 넘어진 자들을 구타하고, 장터에서 저울을 잘못 단 것, 잘못 서명한 것, 곳간에 귀리를 숨겨둔 것 등 사형을 당할 만큼 그리 크지 않은 '죄과'에 대해서도 사형을 집행할 것을 요구하기 때문이다(3).

작품의 초반부에 등장하는 '경기병대', '절름발이 소녀', 바센카—이 세 형상은 사회적 특권을 누리면서 공식적인 지지를 받는 폭력의 가해자라는 점에서 공통점을 가지며, 또한 동물의 '발굽'이라는 환유(소녀의 목발 위에 씌워진 염소가죽, 소년이 신은 염소가죽 장화)에 의해 모두 악마성이라는 의미 계열체로 연결되어 사실적인 디테일로서 멈추지 않고 묵시적 의미를 획득하게 된다. 그렇듯 시인은 폭력과 악마성을 연상적 개념으로서 결속하고 있는데, 이후 문학에 관한 묘사에서 드러나는 악마성은 문학을 폭력과 연결시키는 매개체가 된다. 악마성의 동일한 환유는 앞서 살펴본 악마적 존재들과, 오일렌슈피겔 사건에서 시인에게 불리한 결정을 내린 '포스프'의 비유적 이미지인 판사(염소-합창단 지휘자)(11), '작가 부족писательское племя'(양파 냄새, 소설 냄새, 염소고기 냄새를 풍기는 사내들)(13)을 의미론적으로 결속시키며, 이들이 지닌 폭력적 면모에 독자의 관심을 고정시킨다. '염소-합창단 지휘자'는 '진혼곡'을 부르면서 학생과 경찰을 움직여서 '오일렌슈피겔 사건'에서 패배한 시인의 관을 운반하며, '작가 부족'은 추하고 음란한 희생 제의인 '문학적 할례'(문학적 비방)를 시인을 향해 펼친다(12). 나아가 '양파 냄새, 소설 냄새, 염소고기 냄새'에 의해 이런 '작가 부족'은, 작가를 거세하려고 칼을 휘두르는 강도(덥수룩한 수염에 뾰족한 모자를 쓴 사내)의 이미지와 겹쳐지고, 다시 그것은 고골의 주인공 쉬폰카의 악몽에 등장하는 거위 같은 머리에 힘줄이 불거져 나온 목을 가진 수도사들의 이미지로 변형된다.

〈이집트 우표〉에서 작자는 폭력에 침묵하고 불의에 대한 항거를 구체적인 실천으로 옮기지 않는 지식인 특유의 좀스러운 행동 규범을 신랄하게 비판했다. 파르노크는 군중들의 폭력의 희생물이 되기 직전의 사내의 모습을 보면서 경찰서에 전화를 걸기 위해 여기저기를 돌아다니고, 크르이좌놉스키에게 '무기를 꺼내라고' 호소하지만, 아무 해결책도 찾지 못하자, "분노한 군중의 이목을 끌지 않을까 노심초사"하면서 "도로 위를 사뿐사뿐 소리 내며" 도망친다. 결국 파르노크 역시 결과적인 면에서 본다면 집단 폭력의 다음 희생자가 될 수 있다는 두려움 때문에 희생자의 변호인이 되기를 두려워하는 지식인들의 무리와 동일화 된다. 이런 이유 때문에 작자는 "주님! 제발 저 파르노크와 저를 닮게 하지 마소서! 그에게서 제가 분리될 수 있는 힘을 제게 주소서!"(5)라고 두려움 어린 목소리로 외치며, 그를 서술에서 배제시키는데, 그가 비인격적인 얼굴 없는 얼룩진 이집트 우표로 묘사되는 것도 이런 까닭이다(Токер 2008, 339).

〈제4의 산문〉에서 트베르스코이 불바르 위 '황색의 사회주의 아케이드'에 자리한《모스콥스키 콤소몰레츠Московский комсомолец》신문사로 대표되는 언론은 이제는 침묵하지만 않고 체제의 윤리적 대변자(사형에 대한 지지)로 행세함으로써 간접적인 살인을 자행하기에 이른다. 그 편집인은 '악마의 분신', 매일 '종이 수의'(신문)를 찍어 내서 온갖 파멸적 스캔들과 죽음을 만들어 내는 소름끼치는 '무식한 장의사', 분수처럼 튀기는 피를 기뻐하며 시대의 검은 말을 치료하는 '수의사'로, 또 그 신문사의 직원들 모두는 '발굽을 가진 친구들'로 묘사되고 있다(3). 권력에 기대는 언론, 문학의 모습은 매춘에 비유되는데 시인이 그 수단으로서 사용하는 것이 '황색'의 이미지다.《모스콥스키 콤소몰레츠》가 자리한 아케이드의 '황색'은 '작가 부족'의 본부인 '게르첸의 집Дом Герцена'을 표시하는 색깔이기도 하며 궁극적으로는 정부가 할당해 준 매춘 지역과 같은 의미를 갖는다(14). 또한 위 신문사와 문인단체 건물은 공히 트베르스코이 불바르에 소재함으로써 악마적 속성을 공유한다. '게르첸의 집'에 불 밝혀진 창문(12개의 유다의 창문)의 모습과 거기서 들려 오는 동전(믿음을 판 대가로 얻은 은화)과 인쇄 용지 소리는 권력의 티끌에 물든 '문학Литература'의 이미지를 결정지으며(14), 이 때문에 시인은 국립출판사ГИЗ와의 계약, 공식 문학과의 거래를, '바알세불', 즉 악마와의 계약에 비유하기에 이른다(15). 시인은 유럽, 특히 러시아에서 형성된 직업작가의 신분писательство을 '휘파람소리를 내는 불결한 집시들의 무리'로, 또 그들의 주된 속성을 '교활한 집시 기질вороватая циганщина'로 규정하는데, 이런 직업 작가는 작품에서 시인이 자신의 이상으로 바라는 '잡계급' 유형의 구도자적 작가와 극명한 대조를 이루게 된다. 시인은, 자신의 논쟁상대인 고른펠트를 '페테르부르크의 악한'이라고 부르며[8] 러시아 시인들의 예비 살인자들의 일원으로 지목하면서(9) 그가 시인 자신에게 혐의를 씌웠던 그 '절도'의 죄과에 대해 오히려 그것이 직업 작가들의 본성이라고 거꾸로 그들에게 혐의를 돌린다.

권력은 문학과 언어의 위력을 익히 알고 있기에[9] 문인을 길들여 '앵무새와 사제의 잡종'(12)으로 만들려고 애쓴다. 무엇보다 시인은 타율적으로 초래되는 이런 '문학의 밤', 즉 권력에 의한 작가 길들이기가 '어머니-필롤로지'의 유린(8), 즉 러시아 문학의 황폐화를 초래한다는 점을 염려한다.

시인은 《모스콥스키 콤소몰레츠》에서의 근무와, '콤소몰 아케이드의

---

8 만델쉬탐이 고른펠트에 대해 사용하는 이런 별명 역시 아카키 아카키예비치의 콘텍스트를 가리키는 듯 보인다. 고골 주인공 역시 외투를 상트페테르부르크에서 강탈당하기 때문이다.

9 "앵무새에 불과한 존재도 '문학적 살인자литературный убийца'로 변할 수 있다"(9).

노란 병원'에 비유되는 '체쿠부ЦЕКУБУ'[10]에서 생활했던 것 등 자신이 한때 직업작가에 가까이 다가갔던 경력을 수치스럽게 여긴다. 시인이 교수가 아니라는 이유로 멸시당하는 일화에서처럼 '체쿠부'는 엄격하게 구조화되지 않은 사회적 존재를 혐오하지만, 얼마 되지 않는 이어폰은 그나마 부서져 있고 예배당을 개조해서 만든 독서실은 책 대신 소파 위에서 달팽이처럼 쪼그려 자고 있는 사람들로 가득 차 있는 등 그 내부 풍경이 말해 주듯 그 권위와 설치 명분에 비하여 사실은 문화와는 거리가 먼 열악한 곳이다.

이 작품에서 시인은 자신의 전기적 사실과 관련되어 있는 몇몇 실제 문인을 반영웅적 주인공으로 만들고 있는데, 그중 한 명이, 당의 지침에 따라 자신의 글(《18세기 러시아문학사》)을 수정했던 러시아 문학사가 드미트리 블라고이Д. Благой다. 시인은 독자적인 문체를 포기하고 무개성과 집단성으로 도피해 버린 그를 어린이('게르첸의 집'에 얹혀사는 젖먹이 채식주의자), '쓰레기 문인лицейская сволочь'(볼셰비키에게 먼저 허락을 받고 글을 쓰는 작가)으로, 또 문학과 관련 없는 소일거리(특별 박물관에서 예세닌이 자살에 사용했던 끈을 감시하는 유일한 업무)에 정력을 낭비하는 인물로, 또 연일 계속되는 스탈린 테러로 나라 전체가 피바다를 이루는 현실에 무관심한 '비굴한 중국인'으로 비난하고 있다(8).

총 16장으로 된 이 작품에서 후반부의 첫 장이자 본론이 되는, 고른펠트 사건을 다루고 있는 9장은, 1장의 사형 제도에 대한 비판과 형식적, 의미론적 대구(살인의 중지에 대한 호소)를 이룬다는 점에서 흥미롭다. 따라서 고른펠트의 이름은 1장에서 사형을 집행하는 형리와 의미적 조응을 이루게 된다(중풍에 걸린 당테스, 러시아 시인들에 대한 예비살인자)(9). 왜냐하면 시인이 느끼는 유감은, 고른펠트 사건에 연루된 자신의 개인적

10 학자들의 생활 개선을 위한 중앙위원회의 약칭.

인 비참함뿐 아니라, '소화불량'의 비유로 표현되듯이 문인과 국가와의 관계는 언제나 서로 이질적이지만, 또 다른 문인들 역시 어느 순간에는 시인 자신과 같은 운명을 공유할 수 있음에도 불구하고 일시적인 사회적 '성공' 때문에 그들이 '도덕과 국가 체제의 대변자' 역할을 해 준다는 점에 있기 때문이다.

3

〈제4의 산문〉은 시인이 예술적 자유를 위해 '문학적 외투'로부터 자신이 어떻게 '탈영토화'하였는가의 과정을 보여 주는 작품이기도 하다. '외투'의 이미지와 권력의 연관은 시인이 '체쿠부'로부터 떠남을 요새, 병원, 교도소에서 떠나는 것에 비유하면서 '체쿠부'에서 나올 때 자신의 모피 외투가 마차 앞에 놓여 있었던 장면을 회상하는 대목을 통해 뒷받침된다. 학자들에게 메시지를 전달하는 급사의 모습이 시인의 눈에는 장례 명단을 신부에게 전달하는 것처럼 비치듯이(4) '체쿠부'에 사는 모든 이들은 주거의 혜택을 누리는 대신 예외 없이 감시의 표적이 된다.

시인은 부역하는 작가를 '고급 모피 장수', '문학적 모피의 무게 아래서 질식하는 자'(14)에 비유하고, 또 문학의 권력에 대한 영합, 타인의 죽음에 대한 문학의 침묵을, 형의 죽음을 침묵으로써 방조한 프랑스 작가 셰니에의 일화를 통해 고발한다. 이 때문에 시인은 예술적 자유를 위해 '나는 문학 외투를 벗어서 그것을 발로 짓이긴다'고 외치면서, 주거 공간('체쿠부'), 문학 권력 기관(《모스콥스키 콤소몰레츠》, '게르첸의 집', '포스프'), 출판 제도(인쇄 용지), 금권(은화) 등 노골적으로 가시화된 온갖 권력의 상징, 즉 '외투'를 벗어 던진 채 치명적인 폐렴에 걸릴 위기를 무릅쓰고 겨울밤 모스크바의 차가운 공기 속으로 뛰어든다(14). 이 장면에서 각인되는 따뜻함(외투)과 차가움(공기)의 의미론적 대립은, 또한 외투의 한정사인 '빽빽한 털'이 '조밀함'의 의미를 통해 '울창한 소비에트의 숲'(시인을 과거에 공격했던 강도-판사들이 출현했던 장소)(13)과 연결됨으로써, 각각 '숨 막힐 듯함'과 '숨 트임'의 의미, 즉 예술적 속박과 예술적 자유의 주제로 확장된다. 이 주제는 '외투'를 입는 행위가 '문학적 할례'를 통한 '작가 부족'으로의 입사 의식initiation과 관련됨으로 인해 더욱 선명해진다. 나아가 창작의 억압은 금속의 이미지, 재판과 관련된 디테일들(판사, 소환장)을 통해, 또 예술적 자유는 반사회적 행위(도둑질воровататая деятельность, 제한된 황색 구역 밖으로의 이탈, 음모, 위조지폐)로써 표현되고 있다(15).

'문학적 할례' 또는 '거세 행위'는 강제적으로도 또 자발적으로도 이루어진다. '포스프'의 판결이 '작가 부족'을 진정으로 혐오하고 거기에 합류하기를 원치 않는 시인에게 가해지는 강제적인 할례라면, 체제에 대한 문학적 부역 행위는 자발적인 할례에 속한다. 그러나 어떤 경우든지 이런 할례는, 아동에서 성인으로 이동하는 하나의 성장 단계인 보통의 '입사의식'과는 달리, 문인을 복종적, 순응적이며 난쟁이 같은 존재, '나이도 없고 낮과 밤도 모르는 앵무새', '영원한 사춘기'(15)로 변형 시킨다는 점에서 특징적이다.

'포스프'의 회원 작가들은 체제를 섬기는 한 무리의 사냥개들, '트베르스코이 불바르의 집시들', '철저한 무뢰배густопсовая сволочь'에 비유되는 한편 '철저한'의 의미 외에 '목 주위에 긴 털이 짙게 나 있는'을 뜻하는 형용어구 'густопсовая'를 통해 그들은 다시 '외투'의 이미지와 결속된다. 또한 문인, 개, '외투'는 시인이 '체쿠부'에서 작가 알렉산드르 그린의 코트를 솔질해 주었다는 진술(4)과 개를 쓰다듬는 시인의 행위에서 같은 동사 'чесать'가 사용됨으로써 동일한 행위 이미지를 통하여 연결된다. '외투'와 개의 운명적 공통점은 그것이 '주인'을 섬기지만 주인

의 변덕에 따라 그 생명이 영속적이지 못하다는 점에서 드러난다.[11]

물론 시인은 윤리적 측면에서 자기 역시 콤소몰 단원들, 황색 구역의 강도들과 같은 죄과를 공유하고 있음과, 자기도 한 때 '외투'를 갈망했던 적이 있음을 정치적 비호자와 맺었던 두 번의 '연줄'에 관해 지적함으로써 참회한다. 그 하나는 아르메니아 공화국 인민위원 무라비얀과의 교제(7)이며, 다른 하나는 《프라우다Правда》지를 맡고 있었던 부하린에게 도움을 요청했던 일(10)이다. 그러나 동시에 시인은, 지금은 세상을 떠나고 없는 무라비얀에 대한 안타까움과, 부하린에게 도움을 요청하기 위해 그의 집무실을 찾아갔던 일을 회상하는 대목에서 나타나는, 자신에게 조만간 들이닥칠 위험에 대한 불안한 예감('중환자 같은 권력자', 그를 시중드는 '간호사 같은 여비서')(10)을 독자 앞에 내비침으로써 이런 연줄의 관계가 안정된 것이 아니며, 오히려 그 비호자가 실각하는 날이면 그 불행한 인간과 함께 그의 수혜자들 모두가 벼랑 아래로 떨어지게 되는 위험천만한 것임을 경고한다.

또한 시인이 〈틸 오일렌슈피겔의 전설〉의 앞선 두 번역자들에게 도의적인 책임을 지겠다고 당당하게 선언하는 것도(14)[12] '토지와 공장' 출판사가 자신에게 위임한 번역 일 역시 일종의 권력에 대한 의지, '외투 입기'였다는 것을 그 스스로 뉘우치고 있기 때문이다. 그러나 시인은, 고른펠트가 아카키 아카키예비치를 거론하며 시인이 그의 '외투'를 훔쳤고 그것을 '고물시장'에서 매매하려 했다면서 신랄하게 비난했던 것, 즉 '문학적 절도'인 '표절'을 범한 것처럼 왜곡시킨 것을 떠올리는 대목에

11 아이젠버그는 만델쉬탐이 이 비유를 1937년 자신의 보로네쥐 시에 다시 등장시킴으로써 자신의 적들 다수가 자신과 같은 운명을 걷게 될 것임을 짐작했을 것이라고 지적하고 있다(Isenberg 1987, 151).

12 시인은 본문과 고른펠트에게 보내는 별도의 편지에서, 비록 법률적으로는 '토지와 공장' 출판사가 번역가인 고른펠트와 카랴킨과 계약하지 않은 것에 대해 시인 자신이 잘못이 있는 것이 아니지만, 도덕적인 책임을 질 각오가 되어 있다고 밝힌다.

서는 조금도 물러서지 않는다. 시인이 고른펠트와 자슬랍스키에게 각각 보내는 반박문[〈《베체르냐야 모스크바》 편집진에게 보내는 서한〉(1928년 288호에 게재); 〈《리테라투르나야 가제타》 편집진에게 보내는 서한〉(1929년 5월 13일자에 게재)]에서 이런 내용을 제사題詞로 다시 표현하고 강조했을 만큼[13] 시인의 감정을 손상시켰던 원인은 복합적이다. 무엇보다 '표절'이라는 표현 자체가 문인으로서는 더할 수 없는 치욕을 안겨 주기 때문이기도 하겠지만, 그것이 공시적 차원에서 '진리', '자유'와 동의어 관계인 '절도'라는 낱말의 위상을 재조정하여,[14] 시인을 물질적 이득을 위해 형제를 강탈한 자(타인의 '외투'에 대한 강탈)와 동일화함으로써 시인이 강변해 왔던 형제애의 이상을 위선적인 구호로 격하시켰다는 점에 있다.

4

앞서 우리가 트베르스코이 불바르에 대한 그로테스크한 묘사가 모스크바를 악마로 가득 찬 공간, 끝없는 지옥의 밤과 연관시키는 것을 보았듯이, 눈부신 호텔과 식당, 경례하는 직원들, 찬란한 조명이 함께하는 트베르스코이 불바르의 아케이드에 대한 몽환적 파노라마는 그 모든 것의

13 "만일 장물시장을 배회하다가 문득 어제 내가 현관에 걸어 뒀었던 외투를 발견하게 되면, 설령 그 겉모습이 달라졌다고 해도, 나는 이렇게 말할 권리가 있지 않은가. '내 외투가 도둑맞았다'라고."—A.고른펠트; "존경하는 편집자 동지! 《리테라투르나야 가제타》의 다음 호에 아래 문구를 꼭 넣으시오. '저작권의 탈취는 표절이다.' '물질의 탈취는 절도이다.' 고의적으로 잘못되고 부정확하고 왜곡된 정보를 출판하거나 근거 없는 명예훼손의 내용을 언론에 유포하는 행위는 비방이다. 자슬랍스키 동지의 나에 대한 처사가 그렇다"(Harris 2003, 326, 329에서 재인용).

14 시인은 세계문학 전체를 '허용된 작품'과, '허락받지 않고 쓰여진 작품'으로 구분하고, 그 각각을 쓰레기와 '훔친 공기ворованный воздух'(진정한 문학)(6)에 비유한다. 성경에서 '절도'는 '위선'과 같은 공시적 의미로 해석되는데(예레미아 7:11; 마 21:13), 고른펠트는 만델쉬탐의 어휘 '절도'에 내포된 긍정적인 공시적 의미를 부정적인 공시적 의미로 교묘히 바꾸려는 전략을 드러낸다.

허상성(무모한 환상에 의해 창조된 아케이드пассаж-комбинат, созданный оголтелой фантазией)과 목을 조이는 숨 막히는 공기сухость воздуха(3)의 이미지와 연관되면서 자유로운 창작을 저해하는 이미지로서 기능한다. 시인이 '체쿠부' 건물의 밖으로 달려 나가 맞이한 차가운 공기는 다시 '도너츠의 구멍', 가운데에 구멍이 뚫려 있는 명함, 면도날의 이미지와 얽히고, 이후 이것은 그 위에 무늬를 떠받치는 공기가 담긴 브뤼셀산産 레이스 숄과 결합하면서 마지막에 가서는 조쉔코의 작품, 즉 '진정한 노동'과 관련된다(16). 예술에서 중요한 것은 비록 '어떤 이익도 가져다주지 못하고' '기록에 남지조차 않지만'(16), 무늬를 떠받치는 공기와 구멍이기에 시인은 '문인의 업ремесло словесное' 가운데서 오직 '매의 울음소리', '날고기дикое мясо', '광기 어린 무용지물сумашедий нарост'(5)만이 소중하며, 길들여지지 않음, 비실용성을 문학에서 진정으로 가치 있는 것으로 간주한다. 시인은 자신이 생각하는 진정한 예술, 또는 '진정한 노동'이 체제가 요구하는 것과는 다르다는 것을 강조한다. 예술적 자유에 대한 무한한 갈증은 시인의 자유분방한 행위에 대한 바람으로도 표출된다. 시인은 아침마다 거리에서 병째로 우유 마시기를 희망하며, 예레반의 기차역 식당에서 검은 캐비어 샌드위치를 마음껏 먹고, '백 루블을 훔친 타타르인처럼' 조바심을 내며 조쉔코의 작품을 읽으면서 기뻐하기를 꿈꾼다(7). 이런 시인의 자유에 대한 동경은 때로는 익살스럽게 표현되기도 하는데, '체쿠부'에서 당한 멸시에 대한 보복으로 모스크바 강물이 넘쳐 올라 '박식한 크로포트킨스카야 강변'을 덮쳐 '체쿠부'의 투숙객들이 서둘러 구조 요청을 하는 광경을 상상하는 장면(4)이 그 한 예이다. 아울러 시인은 현존하는 질서로부터 일탈된 행위(교수 전용 사물함에서 비누를 곧잘 훔쳐 썼지만 한 번도 들키지 않았다는 일화)를 즐기며 의도적으로 주변인으로서의 면모를 표출하고 싶어 하는데, 이런 시인의 모습은 '정해진 순서에 따라서 글을 쓰는 작가들'(5)에 대한 의도적인 반발 심리와 긴밀히 연결되어 있다. 시인은 파르노크처럼 수위와 여자들에게 멸시 당하지만 그와 달리 아웃사이더로서의 자신의 신세를 당당히 드러낸다.[15] 숨통을 조이는 체제로부터의 시인의 탈출 심리는 그가 스스로를 이방인으로 묘사하는 대목에서도 더욱 구체화된다. 그는 적대적인 사회에 대한 자신의 거리감을 표현하기 위해 스스로를 타인이 이해하지 못하는 '중국인'으로 규정한다. 그가 탈주하고자 염원하는 아르메니아〔유대 민족의 막내 여동생(7)〕, 알마아타, 아제르바이잔〔건포도와 계란프라이와 양처럼 생긴 눈을 가진 주민들이 살고 있는 땅(7)〕 등의 이국적인 땅은 그 다정다감한 형용어구로 인해 숨 막히는 모스크바와 대립적 가치를 표출한다. 또한 '모스크바에서 가장 깨끗한 거리'(7)에 있는 아르메니아의 환유인 아르메니아 대사관저는 지저분한 '황색의 구역'에 자리한 문학 권력 기관들과 대조를 이룬다. 그래서 시인은 '체쿠부'를 자신의 영원한 땅이 아니라, 임시 거처로 여기며, 또 자신을 상인들과 순례자들의 친구로 평가한다.

이렇듯 문인들에 대해 '위치 지우기disposition'와 '구별 짓기distinction'를 시도하는 소비에트 체제와 여기에서 벗어나려는 시인 간의 싸움은 정착시키기와 탈주하기의 행위로써 실체화된다.[16] 체제에 의한 시인의 '위치지우기'는 '체쿠부'처럼 특정 공간에 정주시키는 것뿐 아니라, '토지와 공장' 출판사의 번역 하청처럼 실행될 수 없는 불평등한 계약과 의무를 시인에게 일종의 덫처럼 씌워 놓으려는 행위를 통해서도 실현된다〔와트만지紙에 쓰인 채 겨자가루와 금모래가 끼얹어 있는 엄중한 내용의 계약서(15)〕. 시인의 가슴은 언제나 무거운 부담으로 짓눌려 있다. 〈제4의 산문〉의 이

15 "나는 원고도 수첩도 아카이브도 없다. 나는 '육필'도 없다. 왜냐하면 나는 결코 '쓰지 않기' 때문이다. 러시아 전체에서 나는 목소리를 가지고 작업하는 유일한 작가다. 반면 내 주변의 쓰레기들은 글을 쓴다"(6). 이 대목은 〈이집트 우표〉에서 "종이를 더럽히는 것이 글 쓰는 것보다 낫다"(5)라는 작가 서술의 한 대목과 조응한다.

16 "나는 어디에서 도망치지만, 그들은 나를 돌려보내고 찾아내고 정착시키기를 고집한다"(15).

대목은, 고골의 중편 〈초상화〉(1835, 1842)에서 표현된 예술과 악마성의 결탁이라는 주제를 환기시킨다.[17] 이 작품에서는 악마가 외재적으로 드러나지는 않으나, 자본(돈)을 통해서 내재화하는 양상을 보여 준다.[18] 두 개의 변이형으로 집필된 이 소설은 최종 판본에서 후반부의 주요인물인 고리대금업자가 화가에게 악마의 모델로 간주되면서 악마와 연관된 존재로 그려지는 한편, 이제 악마성은 '돈'이라는 현세적이고 구체적인 물질로 구현된다.[19]

시인이 '문학적 외투'로부터 벗어나 '잡계급의 외투'로의 '재영토화'를 시도하는 것은 그런 악마성을 제거하는 해법이다. 이 문맥에서 낱말 '외투'는 긍정적 의미와 부정적인 의미 모두로 사용되고 있다. 즉 앞서 살펴본 것처럼 소비에트의 외투로부터 벗어난(탈영토화된) 시인의 어깨는 19세기 러시아 문학에 대한 찬양과 나란히 언급되는 예레반 역에서의 '황금 못 위에 걸린 외투'로 덮여진다(재영토화된다)(7). 이 '외투'는 종전에 시인이 벗어 버린 '문학적 외투'가 아니다. 이것은 시인의 다른 손에 들려진, 구도자적 작가를 나타내는 환유 '유대인의 긴 지팡이'와 결

---

17 주지하다시피 '악마'를 나타내는 러시아어 'черт'는 '선線' 또는 '성격'을 뜻하는 'черта'나, '육필 원고'를 뜻하는 'черновик'와 음성적으로 유사하다. 차르트코프에게 'черновик'은 캔버스를 뜻한다. 러시아어 표현 중 '악마적 특징чертовская черта'과 '악마의 원고чертовский черновик'라는 결합어가 있듯이 '악마'와 '문학'의 결탁이라는 모티프는 낯설지 않다(Maus 2002, 93). 이에 착안하여 고골 연구가 루이스 잭슨은 화가 차르트코프의 손에서 나오는 '선'이 악마가 사는 영계와 인간의 현상계를 갈라놓는 역할을 하며, 그가 위험을 무릅쓰고 '선'을 뛰어넘어 '악마'의 영역으로 옮겨가는 것이 작품의 주제선을 이룬다고 지적한다(Jackson 1992, 108).

18 최종 판본인 1842년 판본의 작중 주인공인 '차르트코프'와 달리, 1835년 판본에서는 그의 이름이 '악마черт'에서 파생된 듯한 '체르트코프'로 표기됐었고, 후반부에 등장하는 고리대금업자의 묘사 역시 직접적인 형태('작열하는 듯한 괴력의 돈'을 가진 '악마에 사로잡힌 자')에서 간접적인 형태('돈을 꾸러 오는 자들에게 비참한 운명을 안기며 모두 비참한 최후로 인도하는' 자)로 바뀌었다(Maus 2002, 92-93).

19 물론 《디칸카 근교의 야화》 중 〈이반 쿠팔라 전야〉, 〈무서운 복수〉에서도 '돈'이 악마성과 관련된 대상으로 등장하지만 이것은 자본주의 부르주아 사회체제의 토대로서 기능하는 '돈'과는 거리가 있다.

합하는 새로운 '외투'이다.

이 작품에서 시인이 참된 작가와 거짓 작가를 구분하는 잣대로서 진짜 유대인(또는 고급 유대인)과 거짓 유대인(또는 하급 유대인)의 구분에 의지한다는 점은 매우 흥미롭다. '포스프'의 작가들은 '할례 의식의 집행자들'이라는 수식어를 통해서, 또 반유대주의자들이 유대인들에 대해 고정시키는 수식어인 탐욕스러움과 절도 기질, 배은망덕함을 가지고 있다는 점에서, 반유대주의자들이 시인과 고른펠트의 사건에서 확인하고 싶어 하는 그런 저급한 유대인들의 이미지를 공유한다. 시인은 이런 하급 유대 전통еврейство으로부터 떠나서, '목동, 족장, 왕'의 귀족적 계보인 '고급' 유대 전통Иудейство과 접속한다(16).[20]

본래 유대인을 정의할 때는 모계 중심적 사고에 따라 한 남성 또는 여성의 어머니가 유대인 여성인 경우에 유대인으로 간주되며, 아버지의 유대인 여부는 중요하게 고려되지 않는데, 유대주의 특유의 이런 모계 중심적 혈연성은 만델쉬탐이 자신의 정체성을 잃지 않으면서도 스스로를 고른펠트와 차별화distinction 하는 것을 용이하게 만든다. '가족로망스'의 차원에서 상상주체는 자신에게 위해가 되는 "형제의 특권을 박탈하기 위해 어머니가 부정한 정사情事로 경쟁자인 그들을 낳았다고 상상함"(Freud 1996, 54-61)으로써(즉, 그 형제를 서자로 만듦으로써) 그를 제거하고 그 자신은 합법성을 얻는 자기 영웅화의 과정을 추구한다. 만델쉬탐은 유대주의에 대한 새로운 정의를 통해 혐오스러운 옛 가족 구조(소비에트 전체주의 + 유대주의)를 해체하고 새로운 가족을 형성한다[반오이디푸스적 아버지(아르메니아, 반소비에트 사회) + 유대주의의 새로운 가치적 결합]. 여기서 만델쉬탐이 표방한 '유대인의 명예로운 칭위'는 〈이집트 우표〉에서

20 유대인을 뜻하는 두 개의 러시아어 'еврей'와 'иудей'에서 전자는 중립적인 의미를 지니며 후자보다 사용 빈도가 높다. 이에 반해 후자는 성서적인 배음을 지니며, 그 어원이 되는 '유다 지파'(다윗과 그리스도를 배출한 이스라엘의 왕족 혈통)를 가리킨다. 이 두 낱말의 의미에 관한 보다 자세한 내용은 Cavanagh 1994, 202, Loewen 2008, 110을 볼 것.

파르노크의 불완전한 영웅주의에 대한 완성이다.

사형에 직면한 구체제의 은행 직원들에 대한 구출 사건이 그 전기적 배경이 되는 첫 장에서 시인은 이 사건에 가담한 '오데사의 뉴턴'이라 불리는 수학자 벤냐민 표도로비치의 지혜로운 신중함과 이사이 베네딕토비치의 무의미한 서두름을 놓고 이 두 동료 유대인의 성향을 비교하면서, 공포 앞에서의 의연함과 비겁함을 자신의 평가의 잣대로 삼고 있다. 베네딕토비치는 가족(상트페테르부르크에 있는 아내)에 대해 염려하고, 마치 '사형을 전염병처럼 여기면서', 자기 역시 사형당할 수 있다는 두려움에 사로잡혀 조바심을 낸다. 때문에 그는 유력 인사의 도움을 청하는 방법을 통해 '사형이라는 질병'에 대한 '예방접종'을 스스로 주사한다(1). 이 두 인물은 좁게는 두 유형의 유대인상, 보다 넓게는 전체주의 체제 내에서 살아가는 지식인의 두 가지 행동양식을 표상하고 있다.

작품의 말미에 나타난 수수께끼 같은 표현 "두 명의 유태인이 걸어간다ходят два еврея"(16)에 등장하는, 한쪽은 계속 묻기만 하고 다른 쪽은 계속 대답을 회피하기만 하는 '떼어 놓을 수 없는 한 쌍의 유대인'은 바로 시인 자신과 고른펠트를 가리킨다. 시인은, 자기들 모두가 유대계 러시아 작가라는 점[21]에서 비유대인들에게는, 이 필화 사건이 '외투' 때문에 같은 동족이 이전투구하는 모습으로 비쳐질 수 있다는 점을 염려한다. 이 때문에 앞서 지적한 것 외에도, 시인이 이 '꿈꿀 수조차 없는 한편의 소설'(15) 같은 필화 사건을 통해 느끼는 위기는 이런 스캔들을 통해 유대인에 대한 편향적인 시각(탐욕스러움과 절도 기질)을 사회적으로 널리 확인시켜 주었다는 염려에 있는 것이다. 시인이 고른펠트에게 차라리 같은 유대인 동포〔'순수 유대인의 문학적 외투'(С. М. Проппер)〕를 찾을 것이

---

21 고른펠트 역시 만델쉬탐과 같은 유대인이라는 정보는 본문에서 암시될 뿐 아니라, 또한 실제 사료로도 확인되고 있다. 〈제4의 산문〉과 유대인의 문제에 관한 상세한 분석은 Кацис 2002, 389-560을 보라.

지, 왜 《증권거래소식》, 《베체르냐야 크라스나야 가제타》를 선택했느냐고 아쉬움을 토로하는 것(9)은 바로 그런 까닭이다.

만델쉬탐은 고른펠트 특유의 딱딱한 문어체식 번역을 비난하는가 하면[22] '도덕과 국가 체제에 대해 설교'하기를 즐기는 그의 습성을 꼬집기도 하고, 그가 하이네 전문가라는 점을 고려하여 문학작품을 통하여 고른펠트의 신체적 특징을 '형이상학적'으로 조롱하기도 한다. 그 가운데서 가장 큰 조롱은 고른펠트를 하이네의 〈회상록〉의 주인공과 같은 난쟁이의 미성숙한 외모를 지닌 존재로 풍자하는 것이다. 이런 미성숙의 이미지는 그 반사체인 고른펠트의 외모에 대한 직접적 조롱의 의미도 가지지만, 더불어 앞서 살펴본 것처럼 공식 문학에 대한 부역의 대가로 생긴 '성인다움의 거세', '영원한 사춘기'의 획득, 말하자면 거세된 오이디푸스의 아들의 이미지를 표상하기도 한다.

아울러 시인은 '포스프'의 공정하지 못한 판결 때문에 분노하는 동시에, 자신과 고른펠트의 사건이 '어떤 전형적인 러시아 유대인 농담'(16)을 실연함으로써 유대인 형제들의 미래의 운명에 그늘을 드리운 것은 아닐까 하는 염려에 시종일관 사로잡힌다. 이점은 카프카처럼 소수자의 문학에서는 개인적인 것과 정치적인 것을 직접적으로 결합시키려는 의식, 즉 개인적 사건에서 공동체 전체의 관심사를 읽어 내고 개인적인 문제를 필연적인 사건으로 확대 해석하려는 성향이 언제나 존재한다고 지적한 들뢰즈와 가타리의 주장을 상기시킨다(들뢰즈 2001, 45). 만델쉬탐은 자신의 이전의 산문들과 달리 유대주의를 자신의 정체성을 위협하는 무엇이 아니라 그에게 독자적인 판단 능력을 부여하는 도덕적인 힘으로

---

22 코토바 등이 만델쉬탐과 고른펠트 두 작가의 〈틸 오일렌슈피겔〉의 번역 문장을 대조하는 작업을 통해서 밝혔듯이 고른펠트의 번역이 축어적 번역이라면 만델쉬탐의 번역(엄밀한 의미에서는 개역)은 의역에 치중해 있다. 만델쉬탐은 원문과의 자구적 일치보다는 대중적이고 쉽고 구체적으로 러시아어 문장을 고치는 쪽에 열중했다(Котова, Сергеева-Клятис, Лекманов 2008, 347-367).

서 재인식하고(Isenberg 1987, 151), 동료 유대인들, 특히 그중에서도 '마라노Marrano'[23]의 혈통과 자신의 연대를 재확인함으로써 중세 종교재판의 현대적 복사물인 소비에트 전체주의의 조밀한 오이디푸스 구조를 해체하려 한다.

5

〈제4의 산문〉에서 고발되는 권력과 유착한 재능 없고, 반영웅적인 '작가'는 〈이집트 우표〉에 나오는 '에르미타쥐의 거세된 남자들евнухи Эрмитажа'에 다름 아니다. 이는 소비에트 사회에 살면서 시대의 도전에 응전할 만한 능력을 상실한 모든 예술가들의 집합적 이미지다. 따라서 한 생명의 죽음에 무덤덤하게 반응하는 크르이좌놉스키[24]나 폭력을 통한 자기동일화를 당연시하는 메르비스[25]의 집합체와, '주근깨투성이 악마рябой черт'에게 영혼을 팔아 치운 소비에트 시대의 문인들 사이의 거리는 멀지 않다.

작품에서 시인이 게르첸의 동상을 보면서 현대 러시아 문학의 상황에 대해 개탄하고, 소비에트 연방의 촌락들마다 조쉔코의 동상을 세울 것을 호소하며, 또 성취되지 못한 자신의 꿈(예레반의 허름한 신학대학에서 '둥근 머리에 내성적인 신학생들'에게 강의하기로 되어 있었던 일)에 대해서 회

23 '마라노'는 중세 스페인과 포르투갈 등 유럽에서 박해에 못 이겨 기독교화한 유대인을 가리킨다.

24 "그의 운명은 걱정하지 마시오. 장담하건대 그는 충치를 때우고 있을 거요. 그가 (시계를 훔쳤기 때문에) 가해자인지 아니면 그가 피해자인지는 오늘 폰탄카에서 가려질 것이오. 정말로 추악한 사건 아니겠소!"(6)

25 파르노크에게서 외투를 뺏은 것에 대해 아내가 칭찬하자, 메르비스는 이렇게 대꾸한다. "우리 할아버지 말씀에, 진정한 재봉사는 자고로 넵스키 대로에서 벌건 대낮에 미납자에게서 외투를 벗겨 내는 사람이랬어"(7).

상하면서 마음속에 새기는 '지푸라기 바구니'와 '유대인의 지팡이'를 든 구도자의 형상은 만델쉬탐의 가족로망스에 등장하는 반오이디푸스 아버지에 다름 아니다. 동시에 그는 자신과는 무관한 원초적인 '죄과' 때문에 고통과 처벌을 받는 운명적 드라마의 배우와 같은 19세기 작가들과 자신을 동일시함으로써 스스로 위무한다. 시인은 그가 고골의 〈비이 Вий〉를 인용하면서[26] 전체주의 사회체제를 악의 근원으로 규정하고, 자신에게 강요된 '죄과'가 결코 수치스러운 무엇이 아니라 진정한 작가라면 당연히 짊어지게 되는 '태형'이라고 확신한다.

만델쉬탐은 고골의 문학에서 윤리적 영향을 받았으나, 그의 가족로망스는 과거도피적이거나 유토피아적이 아니라 현실지향적이라는 점에서 고골과 구별된다. 그의 산문은 불행한 사건이 초래한 억압된 심리상태로부터 시인 자신을 해방시키고자 하는 반오이디푸스적 욕망의 표현이다. 고골의 윤리적 메시지에 대한 새로운 해석이자 창조적 승화로서 나타나는 만델쉬탐의 산문은 '제4의 신분 the fourth estate'으로서의 문학의 위상(Harris 2003, 661)과 문학이 의당 짊어져야 할 사회적 감시와 정화의 기능을 주지시킨다. 이것은 언제나 사회적 구조를 '가로지르고' 주변인과 소수자의 편에 서야 하는 고독한 구도자의 길이며, 고골의 휴머니즘적 윤리관의 다른 표현에 다름 아니다. ■ **조준래**

---

26 "붉은 광장에서 비이가 전화번호부를 읽는다. 나의 눈꺼풀을 올려다오. 체카 Цека를 내게 다오…"(16)

참고문헌

1차 자료

Мандельштам О.Э.

1994 Собрание сочинений в 4-ёх томах. Т.3. Москва:Арт-Бизнес-Центр

2차 자료

고골, 니콜라이

2002 《뻬쩨르부르크 이야기》. 조주관 옮김. 서울: 민음사.

권세훈

2003 〈한민족의 일기쓰기로서 소수문학〉. 《뷔히너와 현대문학》, 20호.

다둔, 로제

2006 《폭력—'폭력적 인간'에 대하여》. 최윤주 옮김. 서울: 동문선.

들뢰즈, 질 외

2001 《카프카—소수적인 문학을 위하여》. 이진경 옮김. 서울: 동문선.

로베르, 마르트

1999 《기원의 소설, 소설의 기원》. 김치수 · 이윤옥 옮김. 서울: 문학과지성사.

박정자

2006 《로빈슨 크루소의 사치—소비사회를 사는 현대인의 정경》. 서울: 기파랑.

석영중

1997 〈만델쉬탐의 '여행자-눈'과 '명암의 순교자' 렘브란트〉. 《슬라브학보》, 12-1.

이동연

2001 《계급, 주체, 취향—부르디외의 구별짓기》. 서울: 문화연대.

이진경

2002 《노마디즘 1—천의 고원을 넘나드는 유쾌한 철학적 유목》. 서울: 휴머니스트.

프로이트, 지그문트

1996 《성욕에 관한 세 편의 에세이》. 김정일 옮김. 서울: 열린책들.

하이네

1968 《회상록》. 이한직 옮김. 서울: 인문각.

Берг Михаил

2000 Становление тенденций литературоцентризма в русской культуре // Литературократия: Проблема присвоения и перераспределения власти в литературе. Москва: НЛО.

Зенкин Сергей

2003 Теория писательства и письмо теории, или Филология после Бурдье // НЛО. № 60(http://magazines.russ.ru/nlo/2003/60/zenk.html)

Кацис Леонид

2002 Осип Мандельштам: мускус иудейства. М.: Мосты культуры.

Козлова Н. Н.

1999 Согласие, или Общая игра:методологические размышления о литературе и власти //НЛО. № 40 (http://magazines.russ.ru/nlo/1999/40/kozlova.html)

Котова М., А. Сергеева-Клятис, О. Лекманов

2008 Мандельштам и Горнфельд // Семиотика Скандала. Париж-Москва.

Сегал Димитрий

2006 Литература как охранная грамота. Москва: Водолей.

Тарановский Кирилл

2000 О поэзии и поэтике. Москва: Языки русской культуры.

Токер Л.

2008 О томожении скандала в «Египетской марке» О. Мандельштама // Семиотика скандала. Париж-Москва.

Чудакова Мариэтта

2001 Судьба самоотчета-исповеди в литературе советского времени // Избранные труды. Т.1. Литература советского прошлого. М.: Языки русской культуры.

Brown, Clarence

2002 "A Note on Fourth Prose and Journey to Armenia." *The Noise of Time:Selected Prose*. Evanston, Illinois: Northwestern University Press.

Cavanagh, Clare

1994 *Osip Mandelstam and the Modernist Creation of Tradition*. Princeton, NJ: Princeton University Press.

Chvalier, Jean & Alain Gheerbrant

1994 *A Dictionary of Symbols*. Blackwell reference.

Harris, Jane Gary

2003 *Osip Mandelstam:Critical Prose and Letters*. N.Y.: Ardis Publishers.

Hutcheon, Linda

1986 "Literary Borrowing... and Stealing: Plagiarism, Sources, Influences, and Intertexts." *English Studies in Canada.*

Isenberg, Charles

1987 *Substantial Proofs of Being: Osip Mandelstam's Literary Prose*. Slavica Publishers, Inc.

Jackson, Robert Louis

1992 "Gogol's 'The Portrait': The Simultaneity of Madness, Naturalism, and the Supernatural." *Essays on Gogol: Logos and the Russian Word*. Edited by Fusso and Meyer. Evanston, IL: Northwestern UP.

Loewen, Donald

2008 *The Most Dangerous Art: Poetry, Politics, and Autobiography after the Russian Revolution*. Lexington Books.

Maus, Derek

2002 "The Devils in the Details: The Role of Evil in the Short Fiction of Nikolai Vasilievich Gogol and Nathaniel Hawthorne." *Papers on Language & Literature*, Winter, 38-1.

Nielsen, Greg

1998 "The Norms of Answerability:Bakhtin and the fourth postulate." *Bakhtin and the Human Sciences: No Last Words*. London: SAGE publications.

Woodward, James

1978 "Allegory and symbol in Gogol's Second Idyll." *Modern Language Review*, 73-2.

고골 작품의 영화화 역사와 〈비이〉

1. 2009년 러시아 블록버스터와 고골의 재발견

2009년 4월 1일 유네스코와 함께 전 세계는 고골 탄생 200주년을 공식적으로 기념하였다. 그 다음 날인 4월 2일 러시아에서는 방송사 '러시아 PTP'와 영화사 '첸트랄 파르트네르쉽Централ партнершип'의 주문으로 블라디미르 보르트코B. Бортко가 각본과 연출을 맡은 영화 〈타라스 불바〉가 개봉되었다. 렌필름의 스튜디오와 우크라이나, 폴란드를 오가며 2년여에 걸쳐 촬영된 이 영화는 총 3년간의 제작 기간을 거쳤고 전쟁 장면에서는 1,000명이 넘는 군중들이 동원되었으며 2,000여 벌의 옷이 사용되었고 제작비도 1,570만 달러 이상이 소요된 거대한 러시아 역사 블록버스터였다.[1] 얼마 전 국내에서 개봉된 영화 〈제독의 연인Адмиралъ〉이 그러했듯이 이 영화에서 역시 역사에 맞서는 등장인물들의 사랑과 비극적인 운명 앞에서 더욱 빛을 발하는 주인공의 영웅성은 화려한 볼거리와 잔인할 정도로 사실적인 전쟁 장면, 그리고 현재 러시아 사회에 만연한 새

---

1 2009년작 보르트코 감독의 영화 〈타라스 불바〉에 대해서는 공식 홈페이지 http://tarasbulbafilm.ru와 위키피디아 Тарас Бульба(фильм) 항목 참조.

로운 민족주의 이데올로기와 결합되어 있었다. 자신이 러시아 공산당의 일원이기도 한 보르트코는 이 영화를 통해 러시아와 우크라이나의 우호 증진에 기여했다는 공로로 우크라이나 공산당이 수여하는 레닌상을 받았다.[2]

고골의 〈타라스 불바〉는 지난 세기 전 세계 6개국에서 영화로 제작되었지만 러시아에서는 1909년 알렉산드르 드란코프А. Дранков가 다분히 삽화적인 흑백 무성영화를 만든 이래 100년이 지난 올해에 이르러서야 본격적으로 영화화되었다. 전쟁과 정치적 탄압 등의 이유로 무산되고 말았던 1940년대 초 도브젠코А.П. Добженко나 1960년대 말 본다르추크С.Ф. Бондарчук의 기획은 마침내 고골 탄생 200주년을 맞이하여 '우크라이나의 러시아화'를 향한 '모스크바의 프로파간다'라는 의구심을 떨쳐내기 어려운 민족주의적 색채의 러시아 블록버스터로 재탄생하게 된 것이다. 우크라이나 언론은 보르트코가 '러시아 땅Русская земля', '러시아 민족Русский народ', '루시Русь' 등의 개념이 사용되지 않은 고골의 1835년 첫 번째 판본이 아닌, 보다 정치적인 1842년의 두 번째 판본을 영화 시나리오 작업의 근간으로 채택했다는 사실이야말로 이 영화가 고골의 작품을 정치적으로 해석하고 있음을 증명하는 것이라고 비판하기도 하였다.[3]

이러한 새로운 러시아의 영웅 서사시와 함께 또 하나 시선을 끄는 것이 올해 10월에 개봉을 앞두고 있는 올레그 스텝첸코О. Степченко의 영화 〈비이Вий〉다. 이 영화는 2005년 영화의 기획과 함께 시나리오 작업이 완성되기도 전에 트레일러를 배포하는 등의 활발한 마케팅을 보여 주었다.[4] 특히 감독은 이 영화를 〈캐리비안의 해적〉과 같은 3부작으로 기획

---

2 Украинские коммунисты присудили Бортко Ленинскую премию за Тараса Бульбу// корреспондент.нет 2009년 4월 23일(http://korrespondent.net/showbiz/cinema/814617).

3 우크라이나 언론의 비판에 관하여서는 위키피디아 Тарас Бульба(фильм) 항목 참조.

4 이 영화에 대한 정보는 영화의 공식 홈페이지 http://www.viymovie.com 및 Ангелина Федорова의 2009년 1월 26일 기사 Новый «Вий» снят по реальным событиям (http://

하면서, 민속적인 옛날이야기나 단순한 고딕적 공포 영화로 제작되었던 기존의 〈비이〉 영화에서 한 걸음 더 나아간다. 영화에는 최근 유행하는 판타지 영화의 문법들이 차용되었고 〈다빈치 코드〉와 같은 영화의 신비주의적이며 추리물적인 색채가 더해졌다. 영화에는 또한 과거 1640년대 지도를 완성하기 위해 소러시아에 오랫동안 머물었던 실존 인물인 영국인 조너선 그린이라는 새로운 인물이 등장하며, 영국 배우인 제이슨 플레밍이 그를 연기한다. 이러한 방식으로 이 영화에서는 가장 러시아적인 신화가 서구적인 블록버스터 판타지 세계 속으로 편입되게 된다. 현재 개봉을 기다리고 있는 첫 번째 편인 〈비이—귀환Вий. Возвращение〉이 고골의 작품의 배경을 이루는 마을에 국한되어 있는 데 반해 이후의 〈비이2—저주받은 땅Вий-2. Проклятое место〉과 〈비이3—모스코비아에서 트란실바니아까지Вий-3. От Московии до Трансильвании〉는 그 배경을 전 소러시아 지역으로 넓혀 가고 있으며 2부와 3부에는 브래드 피트를 비롯한 할리우드 배우들의 참여가 예상되고 있다는 점[5] 역시 스텝첸코가 기획하는 〈비이〉 3부작이 러시아적 이야기의 한계를 뛰어넘으려는 기획을 내포하고 있는 것임을 드러낸다.

이처럼 2009년에 고골에 대한 여러 편의 다큐멘터리 영화와 함께 제작되는 두 편의 러시아 영화는 문학작품을 영화화하는 데 있어 나타난 새로운 경향과 함께 현재 러시아 블록버스터 영화가 지향하는 바를 분명하게 보여 준다. 그 하나가 〈타라스 불바〉에 반영된 민족주의적, 애국주의적 정서라면, 다른 하나는 〈비이〉에 투영된 새로운 러시아 신화의 창조와 세계화의 논리다. 즉, 〈나이트 워치〉와 〈데이 워치〉 같은 할리우드적 흥행 코드들로 점철된 흡혈귀 영화에서마저 러시아 신화의 고대적

---

www.pravda.ru/culture/cinema/ russiancinema/26-01-2009/299965-viy-0) 참조.

5 "Гоголевский "Вий" превратят в блокбастер-трилогию,"(http://darkened-mind.at.ua/news/2008-11-06-265).

이며 전 슬라브적인 기원을 탐색하려 했듯이 2009년 〈비이〉는 슬라브 신화를 서구적인 스릴러 판타지 블록버스터의 장르적 문법 속으로 편입시킴으로써 슬라브적인 것을 전 세계적인 것으로 확대하며 러시아의 새로운 정체성 확립의 과제와 문화적 세계화의 흐름을 하나로 결합하고자 한다.

1930년대 중반 에이젠쉬테인С. Эйзенштейн은 〈타라스 불바〉의 영화화를 생각하면서 고골이야말로 그의 시적이며 비유적인 언어적 특성으로 인해 시각적이며 서사적인 영화 언어로 번역되기 가장 어려운 작가라고 지적하였다(Эйзенштейн 1989, 98). 이는 영화가 단순히 작품의 줄거리를 이야기하는 것이 아니라 작품의 언어적이고 문체적인 특성을 영화 언어로 옮겨놓을 수 있어야 한다는 에이젠쉬테인의 믿음을 반영한다. 보르트코 감독 역시 〈타라스 불바〉를 촬영하면서 가장 역점을 둔 것이 바로 고골의 비유적이고 시적이며, 때로 은유적인 언어를 화면으로 옮겨 놓는 것이었다고 말한다. 고골의 이야기는 단순한 서사 뒤로 많은 공백들을 드러낸다. 유희적인 언어와 일탈적인 묘사가 서사의 빈약함을 채운다. 1909년 〈비이〉를 비롯한 고골의 작품들이 무성영화로 제작될 당시 그의 단순한 서사를 시각화하는 삽화적인 영화가 지배적이었다면, 그 이후 40여 편의 영화로 제작된 고골의 일견 단순한 이야기들은 빈약한 서사를 각각의 시대적 풍경들로 채우며 새롭게 탄생된다. 가령 보르트코 감독이 고골 작품의 줄거리와 서정적 언어에 애국주의적 파토스를 더했다면, 스텝첸코 감독은 러시아적 정신의 대척점에 서 있는 유물론자이자 학자인 조너선 그린의 탐구 과정을 통해 고골의 이야기 속의 빈 공간들에 새로운 상상력을 더한다. 작품의 80%가량을 차지한다는 컴퓨터 그래픽 기술은 과거 60년대 낭만주의적인 공포물로 탄생한 고골의 〈비이〉를 21세기의 판타지 장르로 새롭게 탄생시킨다.

1909년 〈비이〉가 영화로 제작된 이래 지난 100년간 고골 작품은 다른 어떤 작가의 작품보다 다양한 장르의 영화로 제작되었다. 이 글에서는 이러한 고골 작품의 영화화 과정을 러시아-소비에트 영화사의 맥락 속에서 고찰한다. 또한 고골의 작품 중 가장 여러 차례 영화로 제작된 작품의 하나인 〈비이〉를 중심으로 최근 러시아 영화 속에서 두드러지게 나타나는 고딕 미학의 문제와 함께 세계화 시대 러시아 문화 정책의 한계와 가능성을 살펴보도록 하겠다.

2. 고골 작품의 영화화 역사

작품명	연도	연출	기타사항
비이	1909	바실리 곤차로프	무성 단편영화, 러시아 최초의 판타지 장르로 간주될 수 있음. 현재 남아 있지 않음. 1927년 〈체레비치키Черевички〉라는 제목으로 리메이크되었으나 이 역시 남아 있지 않음
	1916	블라디슬라프 스타레비치	무성 단편영화, 공포영화, 판타지, 현재 남아 있지 않음
	1967	알렉산드르 프투쉬코 콘스탄틴 예르쇼프 게오르기 크로파체프	공포영화 표방, 그러나 실제는 민속과 민담이 결합된 옛날이야기의 영화화로 간주됨
	2006	올레그 페센코	제목: 〈마녀Ведьма〉, 고딕적 스릴러, 공포영화
	2009	올레그 스텝첸코	2009년 10월 개봉 예정, 3부작으로 계획됨
결혼	1909	표트르 차르드이닌	
	1936	에라스트 가린 헤샤 록쉬나	코미디 장르, 유명한 배우이자 메이예르홀드의 영향을 받은 에라스트 가린의 연출, 소비에트 영화의 전설로 남아 있으나 전후 이미 이 영화를 본 사람은 없음. 이후 남겨진 사진들과 장면들을 바탕으로 복원됨
	1977	비탈리 멜니코프	코미디 영화
죽은 혼	1909	표트르 차르드이닌	5막으로 이루어진 흑백영화로 현재까지 보존되어 있음. 당시 극장에서 상영될 때는 변사에 상응하는 배우(артист-декламатор)들이 고골의 텍스트를 직접 읽음
	1960	레오니드 트라우베르그	흑백영화
	1969	알렉산드르 벨린스키	텔레비전 영화(телеспектакль)로 제작 풍자적 희비극

죽은 혼	1974	보리스 스테파체프	〈입체(인형극) 애니메이션 치치코프의 편력〉이라는 제목으로 1. '노즈드료프', 2. '마닐로프'로 구성됨
	1984	미하일 쉬베이체르	5부로 구성된 러닝타임 385분의 영화, 이 역시 텔레비전 및 라디오 방송을 위해 제작된 컬러 영화. 모스필름과 텔레비전 영화 제작 협회 공동 제작
	2005	파벨 룬긴 각본: 유리 아라보프	〈'죽은 혼'에 관한 사건Дело о 'мертвых душах'〉이라는 제목으로 제작된 텔레비전 시리즈로 〈죽은 혼〉뿐 아니라 〈검찰관〉, 〈광인 일기〉를 비롯한 다양한 고골의 작품들로부터 가져온 모티프들이 포함되어 있음. 고골 작품을 현대적으로 해석함. 쉴러라는 인물이 N현으로 죽은 혼 사건을 조사하러 가는 것으로부터 이야기가 시작되며, 이때 쉴러라는 인물에는 〈광인 일기〉와 《디칸카 근교의 야화》의 주인공들, 〈검찰관〉, 심지어 치치코프 자신의 형상에 이르는 고골의 다양한 인물들이 투영되어 있음. 콘스탄틴 하벤스키가 파벨 이바노비치 치치코프를 연기함. HTB제작
타라스 불바	1909	알렉산드르 드라코프	흑백 무성영화. 각각의 장면들을 연결하는 원시적인 단계의 영화
	1941	알렉산드르 도브젠코	도브젠코가 시나리오 작업을 하고 1941년 6월 22일에 첫 촬영이 예정되어 있었으나 2차 세계대전 발발로 영화는 제작되지 못함. 또한 1960년대 후반 본다르추크 역시 〈타라스 불바〉의 영화 제작을 기획했으나 정치적인 이유로 성공하지 못했음
	2009	블라디미르 보르트코	거대한 제작 경비, 3년여의 제작 기간, 1,000명이 넘는 배우들, 2,000벌이 넘는 의상 등. 최근의 러시아 블록버스터의 제작 경향을 잇는 역사 영화. 러시아와 우크라이나 자본 투입. 우크라이나 공산당으로부터 러시아와 우크라이나 민족 간의 우정의 이상적인 형상을 제시했다는 평가와 함께 수상함. 보르트코 역시 러시아 공산당 당원으로서 이 영화는 훌륭한 촬영과 사실적인 묘사 등의 장점에도 불구하고 지나친 "러시아화" 이데올로기가 반영되어 있음으로 인해 비난받음
오월의 밤	1910	야코프 프로타자노프	
	1919	블라디슬라프 스타레비치	
	1952	알렉산드르 로우	민담 장르, 민담과 고전을 영화로 제작한 감독 로우의 경향들 반영
무서운 복수	1913	블라디슬라프 스타레비치	스타레비치의 일련의 영화화 시도 중 하나. 영화는 남아 있지 않음
성탄 전야	1913	블라디슬라프 스타레비치	실제 배우와 애니메이션 기법의 혼합으로 독특한 판타지 세계 창조

성탄 전야	1951	발렌티나 브룸베르그	어린이를 포함한 가족용으로 제작된 고전적인 애니메이션
	1961	알렉산드르 로우	제목: 〈디칸카 근교의 야화, 혹은 성탄 전야〉(《디칸카 근교의 야화》 중 〈성탄 전야〉를 소재로 함) '이야기 영화киносказка' 장르. 1961년 흑백영화로 제작, 1970년 컬러 버전으로 복원
초상화	1915	블라디슬라프 스타레비치	작품의 심리적인 부분이나 분위기 등의 재현에는 성공하지 못했으며 줄거리를 설명하는 삽화적인 장면에 머물렀다는 평가를 받음
소로친 시장	1918	블라디슬라프 스타레비치	
	1939	니콜라이 에크	최초의 우크라이나 컬러 영화
외투	1926	그리고리 코진체프 레오니드 트라우베르그	부제: '영화로 된 고골식의 이야기Киноповесть в манере Гоголя' 유리 트이냐노프 각본
	1959	알렉세이 바탈로프	롤란 브이코프의 연기가 돋보이는 작품
검찰관	1933	마르틴 프리크	체코슬로바키아에서 제작
	1952	블라디미르 페트로프	코미디 장르
	1977	레오니드 가이다이	고골의 〈검찰관〉의 모티프를 바탕으로 〈페테르부르크에서 온 익명의 사람Инкогнито из Петербурга〉이라는 제목으로 제작된 코미디 영화
	1982	발렌틴 플루체크	모스크바 풍자 극장의 연극을 텔레비전용 영화로 제작한 것. 공포가 작품의 주인공이라 할 정도로 강조된 점이 특징적임
	1996	세르게이 가자로프	코미디 영화
이반 이바노비치와 이반 니키포로비치가 싸운 이야기	1941	안드레이 쿠스토프 아니심 마주르	흑백영화, 코미디/드라마
	1959	블라디미르 카라쇼프	흑백영화
사라진 문서	1945	지노비 칼리크 발렌티나 & 지나이다 브룸베르그	가족용 컬러 애니메이션
	1972	보리스 입첸코	60년대 말 우크라이나에서 시작되었으며 정치적 탄압의 대상이 되었던 시적 영화라는 뉴웨이브의 마지막 영화로 간주됨
광인 일기	1967	알렉산드르 벨린스키	텔레비전 영화로 제작
이반 쿠팔라 전야	1968	유리 일리옌코	60년대 우크라이나의 영화의 뉴웨이브를 대표하는 영화 중 하나
코	1977	롤란 브이코프	영화는 거의 대부분 원작을 따르고 있으나 결말이 원작과 다름
	1997	미하일 리소보이	〈소령의 코Нос Майора〉라는 제목으로 제작. 컴퓨터 그래픽을 이용해 제작된 애니메이션
디칸카 근교의 야화	2002	세묜 고로프	뮤지컬 코미디 영화кинокомедия-мюзикл 필리프 키르코로프가 악마로 출연 음악: 콘스탄틴 멜라제

노름꾼들	2007	파벨 추흐라이	〈러시아 도박Русская игра〉이라는 제목으로 제작

* 이 표는 러시아 위키피디아(http://ru.wikipedia.org)와 영화 전문 사이트 http://www.film.ru, 웹 영화 백과사전인 루데이타(http://www.rudata.ru)의 영화 데이터베이스 및 2002년 НЛО에서 간행된 1908년에서 1919년 사이 제작된 무성영화(현재 남아 있는 영화들) 목록인 Великий кинемо를 바탕으로 작성되었다.

1909년 고골 탄생 100주년을 기념하면서 바실리 곤차로프В. Гончаров가 〈비이〉를 영화로 제작한 이래 100년 동안 고골의 작품들은 코미디에서 스릴러, 수사물, 애니메이션에 이르는 모든 장르의 영화로 제작되었다. 러시아에서뿐만 아니라 이탈리아와 프랑스를 비롯한 세계 각국에서 여러 차례 고골의 작품들이 영화로 제작되었으며 심지어 최근에는 할리우드에서 〈검찰관〉과 〈죽은 혼〉을 영화로 제작하고 있다는 소식이 들리기도 한다.[6]

러시아에서의 고골 작품의 영화화 과정은 시기적으로 크게 셋으로 나눌 수 있다. 첫 번째는 초기 무성영화 제작 단계며, 두 번째는 소비에트 시기, 그리고 마지막으로 페레스트로이카 이후의 포스트소비에트 시기이다. 각각의 시기에는 선호되는 작품이 달랐다. 가령 가장 여러 차례 영화로 제작된 작품인 〈비이〉와 〈죽은 혼〉의 경우 이를 분명히 드러낸다. 〈비이〉는 1909년과 1916년 무성영화로 제작되었고 1927년에는 바실리 곤차로프가 1909년의 영화를 리메이크하였다. 그 이후 소비에트 시기에는 1967년에 단 한 번 제작되었을 뿐이었으며 2006년과 2009년

6 고골의 작품은 외국어로 번역되기 가장 힘들고 외국인들의 이해가 힘든 작품임에도 불구하고 세계적으로 가장 사랑받는 러시아 고전 중 하나이다. 이를 증명이라도 하듯 미국의 파라마운트사는 스티븐 스필버그가 총 제작을 맡고 로버트 드니로, 브래드 피트(흘레스타코프), 에디 머피, 게리 올드만, 캐서린 제타 존스 등의 스타들이 출연하는 고골의 〈검찰관〉을 제작하고 있으며 얼마 전 비평가들과 기자들을 위한 시사회에서 좋은 반응을 얻은 것으로 알려져 있다. 이 영화에서 고골의 드라마는 미국적인 감수성과 현대적인 내용으로 개작되었으며 흘레스타코프는 부패한 관료들을 응징하는 보다 선한 주인공으로 묘사되어 있는 듯 보인다. 또한 현재 〈죽은 혼〉 역시 촬영 중에 있으며 이를 위해 표도르 본다르추크(Jr.)가 초청되었다.

에 다시 영화로 제작되었다. 반면, 〈죽은 혼〉의 경우는 작품의 세태 풍자적인 성격을 반영하듯 소비에트 시기 1960, 1969, 1984년 3회에 걸쳐 코미디 장르의 영화로 제작되었으며, 〈검찰관〉의 경우 역시 주로 소비에트 시기 코미디 장르로 영화화되었다. 이처럼 고골의 작품은 러시아 영화사의 각 단계에서 시대의 요구에 따라 선택적으로 영화화되었다.

1) 초기 무성 영화

1900년대 초반 영화의 주 관객은 도시 거주자들이었다. 이들 사이에서는 공포스럽고 기묘한 이야기들에 관한 소설들, 즉, 일종의 고딕 소설이 큰 인기를 누렸다. 세기말의 상징주의자들 사이에서 고딕풍의 소설이 창작된 것 역시 이와 무관하지 않다. 당시의 영화 제작자들은 이러한 대중의 기호를 간과할 수 없었으며, 자연히 이들은 이국적이고 신비주의적인 색채의 초기 고골 작품들에 관심을 보였다. 〈비이〉를 비롯하여 〈무서운 복수〉, 〈오월의 밤〉, 〈성탄 전야〉 등의 이야기가 영화로 만들어진 것은 바로 그러한 작품들이 영화의 흥행을 보장할 수 있었기 때문이었다.[7]

초기 영화에서 고골 작품 고유의 서사적 특성이나 비유적인 언어가 재현될 수는 없었다. 영화는 작품의 기본적인 줄거리를 전달하는 데 그칠 수밖에 없었고, 따라서 고골 작품의 다의성은 묵과된 채 가장 일반적인 해석에 의해 얻어진 줄거리들에 당대의 영화적 기법들이 결합되었다. 고골 작품에 특징적인 작가의 서정적 일탈이나 줄거리와 무관한 사색, 혹은 작품 속에 드러난 현실의 모습과 같은 요소들은 그것을 바탕으로

7 Кривул Н.Г. , Экранизация произведений Гоголя в отечественной анимации // Н. В. Гоголь и театр: Третьи Гоголевские чтения. Сборник докладов, М.: КДУ, 2004(http://nikolay.gogol.ru/gogol_v_kino/ekranizatsiya_proizvedeniy).

한 초기 영화 속에 거의 반영되지 않았다. 영화는 대개의 경우 당시 대중적인 인기를 누린 모험담의 구조를 따라 조직되었으며, 작품의 줄거리를 효과적으로 설명할 수 있는 압축적인 장면들의 연속으로 이루어지게 된다. 때로 영화 속의 사건들은 마치 주인공이 그것을 보고 있는 것처럼 전달되었으며 자연히 주인공의 시점으로 제한되었다. 즉, 영화는 점차 사건의 장면들을 그대로 제시하기보다 주인공이 본 사실이나 사건, 현상들을 시각화한 설명적인 장면들의 교체로 이행해 가게 되는바,[8] 초기 무성영화에서 자주 발견되는 루보크лубок적인 장면들은 고골 작품의 영화화 과정에서 자주 설명적인 장면들로 대체되기 시작하였다.[9]

1910년대에도 괴담이나 신기한 이야기에 대한 대중의 관심은 여전했으며, 이를 반영하듯 민담적인 요소가 강한 《디칸카 근교의 야화》에 속하는 이야기들이 세 차례나 영화화되었다. 그러나 그럼에도 불구하고 무성영화의 전성기라 할 수 있는 1908-1919년 사이 고골의 텍스트를 바탕으로 한 영화의 수는 다른 고전 작가들보다 상대적으로 적었다. 이는 시적이고 은유적인 고골의 언어를 효과적으로 형상화할 수 있는 영화적 기법이나 영화 언어가 아직까지 부재했기 때문인 것으로 이해된다.

이때 1910년대 스타레비치В. Старевич가 《디칸카 근교의 야화》에 속한 이야기들을 바탕으로 제작한 두 편의 영화 〈무서운 복수〉와 〈성탄 전야〉는 고골의 서정적이고 구전적인 텍스트를 영화 언어로 표현하려는 새로운 시도를 보여 주고 있다는 점에서 큰 의의를 지닌다. 1912년 자신의 우화적이며 풍자적인 영화 〈아름다운 류카니다, 혹은 하늘소와 사슴

---

8 위의 글.

9 Зоркая Н.М., Русская школа экранизации, Серебряные девятьсот десятые (http://old.portal-slovo.ru /rus/art/964/5862/) 조르카야는 문학작품의 영화화에 있어서의 4가지 방법을 제시한다. 그것은 각각 루보크적 영화화(экранизация-лубок), 삽화적 영화화(экранизация-иллюстрация), 해석적 영화화(экранизация-интерпретация), 공상적 영화화(экранизация-фантазия)이다. 특히 초기 문학작품의 영화화에 있어서 루보크적인 방법론은 지배적이었다.

벌레의 전쟁Прекрасная Люканида, или Война усачей и рогачей〉을 통해 스타레비치는 세계 최초의 3차원 애니메이션 기법을 선보였다. 이 외에도 점토 애니메이션과 유사한 새로운 시도들을 비롯한 다양한 영화 촬영 기법을 고안해 냄으로써 영화의 예술적 가능성을 넓혔고 심지어 실사 영화와 인형극, 애니메이션 기법을 결합하는 획기적인 시도를 보여 주기도 했다(Иванова 2002, 517-521).

스타레비치, 〈성탄 전야〉

그가 1913년에 제작한 〈무서운 복수〉는 세계적인 명성을 얻는 최초의 러시아 영화 중 하나다. 스타레비치는 이 영화로 밀라노에서 열린 만국박람회에서 금메달을 수상하기도 하였다. 이 영화에서 그는 10여 차례에 이르는 다중 노출과 속사 촬영법, 시각적인 왜곡 등의 다양한 기법들을 구사하였고 이를 통해 고골 작품 고유의 환상적이고 신비로운 분위기를 창조하는 데 성공하였다. 같은 해 제작된 〈성탄 전야〉에서는 악마를 연기한 명배우 모즈쥬힌И. Мозжухин이 점차 작아져 주머니 속으로 들어간다거나, 하늘을 날아서 달을 잡는 등의 진기한 장면이 관객의 눈앞에 펼쳐졌다. 이때 악마는 실제 배우의 형상과 인형, 혹은 손으로 그려진 실루엣 사이를 오가며 강한 조건성условность을 드러낸다. 특히 배우의 연기가 보여 주는 극장성과 그로테스크한 조건성은 작품에 차용된 애니메이션 기법과 유기적인 조화를 이루며 고골의 판타지 세계를 재현해 내었다.

그의 이러한 시도는 고골 작품의 영화화 과정에서 획기적인 전환을 가져왔다. 기존의 영화화 시도들에서 간과될 수밖에 없었던 고골의 마법담적인 신비로운 분위기와 심리적인 묘사가 그의 영화를 통해 비로소 가능할 수 있게 된 것이다. 이후에도 그는 〈비이〉, 〈초상화〉, 〈오월의 밤〉, 〈소로친 시장Сорочинская ярмарка〉 등 고골의 대표적인 이야기들을 영화로 제작하였다. 그가 푸쉬킨이나 레르몬토프 등의 작가들에 비해 고골의 작품을 더 많이 제작한 것은 그의 새로운 영화 미학이 고골의 시적인 판타지의 세계를 그려 내기에 적합했기 때문일 것이다.

2) 고골의 〈외투〉와 펙스

1926년에는 고골의 〈외투〉가 영화화되었다. 트이냐노프Ю. Тынянов가 영화의 시나리오를 맡았으며 펙스ФЭКС(Фабрика эксцентрического актера, 특이한 배우의 공장)의 일원이라 스스로를 칭한 젊은 감독 트라우베르그Л. Трауберг와 코진체프Г. Козинцев가 연출을 맡았다. 펙스는 "완전히 새로운" 형식의 추구라는 목표 아래 1922년 레닌그라드에서 결성된 그룹으로서 코진체프, 트라우베르그 외에도 유트케비치С. Юткевич를 비롯한 일군의 젊은 연출자들이 포함되어 있었다. 이들은 자신들의 마니페스토를 통해 과거의 것과 낡은 것, 부동의 것, 고상한 (부르주아적) 문화와 모든 권위적인 것을 거부하면서 광대극적이고 카니발적인 것을 영화의 가장 중요한 미학적 원칙이라 천명하였다. 영화를 모든 기교들의 몽타주로 간주하면서 영화 고유의 장르적 특성을 탐색하고 대중적인 문화에 다가가려는 것이 이들의 미학적 목표였다.[10]

처음에 연극으로 시작하여 고골의 〈결혼〉을 무대에 올린 후 이들은

---

10 펙스ФЭКС에 대한 것은 Группа ФЭКС (http://www.nradatvr.kiev.ua/i25/), Александр Караганов, Шинель (http://www.russkoekino.ru/books/ruskino/ruskino-0019.shtml), В. А. Каверин, Воспоминания о Ю.Тынянове, Москва: Советский писатель, 1983 등을 참조함.

1924년 독특한 풍자적 코미디 영화эксцентрическая комедия-шарж인 〈10월 명명일의 엽기적 사건Похождения Октябрины〉을 제작하였다. 광고 문구와 이미 진부해진 선동적인 기치들이 해학적인 에피소드와 결합되어 웃음을 자아내는 이 영화를 통해 이들은 자신들의 영화 미학에 대한 본격적인 실험에 착수하였다. 이들의 영화는 광대극과 카니발, 그로테스크한 것에 대한 지향이라는 다분히 메이에르홀드적인 원칙에 토대를 두고 있었으며 이는 그들의 영화의 고유한 분위기를 만들어 내었다.

1926년작 〈외투〉는 펙스의 실험정신을 본격적으로 보여 주는 작품이었다. 트이냐노프는 자신의 시나리오에 '영화로 된 고골식의 이야기Киноповесть в манере Гоголя'라는 부제를 붙였다. 트이냐노프는 고골의 작품들에 산재한 모티프들을 자유롭게 차용하여 이 시나리오를 만들었다. 이 때 그가 시나리오를 통해 형상화하려 한 것은 고골 작품의 줄거리가 아니라 고골 산문 고유의 스타일과 정신이었다. 그는 고골의 신비로운 세계와 시적인 언어를 영화 속에 담아 내고자 했던바, 이를 위해 고골의 산문 〈외투〉의 줄거리가 희생되는 것은 불가피했다.

> 영화 〈외투〉는 고골의 유명한 작품에 대한 삽화가 아니다. 문학작품을 설명한다는 것은 어려운 과제다. 영화는 문학적 방법과는 다른 고유의 방법과 장치를 가지고 있기 때문이다. 영화는 문학적 주인공이나 문학적 스타일을 새롭게 구현하고 그 나름의 방식으로 해석할 수 있을 뿐이다. 이것이 바로 우리가 고골의 작품에 의거한 이야기가 아닌, 고골식으로 만들어진 영화 이야기를 상정하는 이유이다.[11]

트이냐노프는 고골 작품의 줄거리를 설명하는 영화적 일러스트레이

11 Блейман М. (сост.), Из истории Ленфильма, Т. 3, Л.: Искусство, 1973, с. 78(Michael Sosa, "Gogol' from the 1920s: Tynjanov's Scenario for Šinel'," *The Slavic and East European Journal*, Vol. 30, No. 4 (Winter, 1986), p. 554에서 재인용).

션과 새로운 장르의 규범을 따라 구축되는 총체적인 작품으로서의 영화를 구별하였다. 그는 고골의 원작을 희생해서라도 고골의 세계를 영화적 언어로 새롭게 구축하는 것에 역점을 두었으며, 이로 인해 기존의 리얼리즘적인 일반적 이해에 기반하여 고골의 줄거리를 설명하는 영화적 시도들로부터 거리를 두었다. 이는 당시 소비에트 사회를 지배하던 고골에 대한 리얼리즘적 해석으로부터 위배되는 것이었으며 그의 영화는 "현대화된 호프만적인 것"으로 폄하되었다.

트라우베르그, 코진체프, 〈외투〉(1926)

고골 작품의 총체적인 분위기를 영화언어로 표현하려는 트이냐노프의 기획은 그가 그려 내는 고골의 원작과는 상이한, 혹은 더 많은 이야기를 지닌 주인공 아카키 아카키예비치의 형상 속에서 드러났다. 고골의 이야기가 아카키 아카키예비치의 탄생 순간부터 시작되는 데 반해 트이냐노프의 영화에서 고골은 이미 성인이 되어 등장한다. 그의 젊은 시절은 플래시백 기법을 통해 조명될 뿐이다. 트이냐노프는 〈외투〉의 본격적인 줄거리를 자신의 시나리오 후반부에서만 차용한다. 주인공을 창조해 가는 영화의 전반부에서 트이냐노프는 원작의 줄거리를 과감하게 거부하며 오히려 고골의 〈넵스키 대로〉나 〈이반 이바노비치와 이반 니키포로비치가 싸운 이야기〉 등의 작품으로부터 차용한 모티프들을 도입한다. 특히 전반부에는 아카키 아카키예비치가 사랑에 빠지는 이름 모르는 여성의 형상이 등장한다. 고골의 〈넵스키 대로〉나 심지어 블로크A. Блок의 〈미지의 여인Незнакомка〉을 연상시키는 아름다운 여성은 후반부의 아카키 아카키예비치의 사랑의 대상인 외투와 대칭을 이룬다. 이렇게 해서 고골에 대한 리얼리즘적인 해석은 트이냐노프의 시나리오에서 부정되며 오히려 성적이고 심리적인 분위기가 영화를 지배하게 된다. 기존의 고골의 영화화 과정이 그의 줄거리에 대한 삽화에 불과했던 것에서 한 걸음 더 나아가 트이냐노프는 고골 작품 고유의 심리적, 미학적 특성들을 고골 작품 전반으로부터 가져온 모티프들을 통해 새롭게 해석해 낸다.

영화의 화면 속에 그려지는 그로테스크한 밤과 어둠의 세계 역시 이를 돕는다. 인형극 혹은 가면극 속의 꼭두각시와도 같이 그려지는 아카키 아카키예비치나 미지의 여인의 악마적이고 그로테스크한 주연酒宴은 20세기 초반 러시아 문학 속에서 역시 자주 발견되는 사악한 인형극의 세계를 떠오르게 한다. 인형극적이며 그로테스크한 분위기와 때로 부조리할 정도로 화면을 가득 채우는 사물들과 얼굴들, 군중들의 악마적인 형상을 통해 트이냐노프는 영화의 화면 위에 고골의 작품을 재현하는 것이 아닌 고골적인 의미의 새로운 현실을 창조해 낸다. 트이냐노프가 스스로 지적하고 있듯이 고골 세계의 희극성은 인간과 사물의 이러한 그로테스크한 접점에서 생겨난다.[12]

코진체프는 훗날 〈외투〉에 대해 회상하면서 그 작품이 이후의 펙스 그룹의 영화 미학에 큰 변화를 가져 왔다고 고백한다.[13] 주인공의 양식화되고 극장적인 연기는 언어적인 텍스처를 말 없는 몸짓으로 표현하는 새로운 가능성을 보여 주었다. 고골이 산문에서 스카즈의 어조로 묘사한 상세한 언어적 디테일들은 이 영화에서 팬터마임의 말 없는 몸짓으

12 Гуревич С. , Советские писатели в кинематографе 20-30-х гг. Л., 1975(http://www.russiancinema.ru/ template.php?dept_id=15&e_dept_id=1&text_element_id=7441).

13 Караганов А, Шинель(http://www.russkoekino.ru/books/ruskino/ruskino-0019.shtml).

로 전환되었다. 그러한 관점에서 이 영화는 문학작품의 줄거리를 보여 주고 설명하는 과거의 루보크적이고 삽화적인 영화의 한계를 극복하고 문학 언어를 영화 언어로 번역하는 새로운 지평을 열어 준 것으로 평가될 수 있을 것이다.

3) 소비에트 시기의 고골 작품의 영화화 경향

1926년의 〈외투〉 이후 50년대에 이르기까지 단 서너 편의 고골의 작품만이 영화화되었다. 그나마 이 중 가장 눈에 띄는 것은 가린Э. Гарин이 자신의 부인 록쉬나Х. Локшина와 함께 제작한 영화 〈결혼〉이다. 그는 1936년 메이예르홀드로부터 떠나 레닌그라드 코미디 극장Ленинградский театр Комедии으로 옮겨오면서 배우로서 또 연출자로서 독자적인 길을 걷기 시작한다. 그는 영화 제작에도 손을 대게 되는데 이때 만들어진 그의 데뷔 영화가 바로 고골의 〈결혼〉이다. 알려진 바에 따르면 이 영화는 메이예르홀드의 극장적인 실험의 연장선상에 있으며 또한 당연히 〈외투〉를 제작한 펙스 그룹의 영향 또한 반영한다. 이 작품은 펙스 그룹의 일원이었던 유트케비치의 작업실에서 촬영되었으며 영화와 극 장르를 효과적으로 결합한 수작으로 평가된다. 물론 당시 이 영화가 상영되었을 때 관중과 비평가들은 매우 다양한 평가를 내렸으며, 어떤 이유에서인지 상영이 금지되기도 하였다. 이후 영화는 전쟁으로 인해 소실되었고 아직까지 발견되고 있지 않다.

전쟁 이후 초기 영화에서의 전통은 단절된 듯 보인다. 1945년부터 고골의 작품들이 다시 영화로 만들어지기 시작했지만 초기 무성영화의 레퍼토리와는 달랐다. 고골의 대표적인 극 작품들이 영화로 여러 차례 제작되었고 당시의 소비에트 영화 전반이 그러했듯이 희극적인 경향이 두드러졌다. 고골의 이야기는 가족용 애니메이션과 소비에트의 경쾌하고 풍자적인 코미디, 그리고 텔레비전의 보급과 함께 여러 차례 텔레비전용 영화로 제작되었다.

우선 애니메이션의 경우를 살펴보면, 스타레비치의 시도 이후 거의 35년 동안 고골의 작품이 애니메이션으로 만들어진 적은 없었다.[14] 전쟁이 끝나고 1945년에 이르러서야 발렌티나와 지나이다 브룸베르그 자매Валентина и Зинаида Блумберг에 의해 고골의 작품 〈사라진 문서Пропавшая грамота〉가 애니메이션으로 만들어졌으며 이후 1950년 〈성탄 전야〉가 제작되었다.

1945년에서 1950년 사이는 영화가 매우 적게 제작된 때였으며 그것의 대부분도 고전 작품을 영화화하는 데 할애되었다. 전후 소비에트 사회가 요구한 가족 이데올로기나 목가적인 유토피아 세계에의 지향은 이 시기 영화 제작에도 영향을 미친 것으로 보인다. 정부는 민담이나 이야기를 영화로 만들 것을 권장했으며, 이때 이러한 장르에 가장 적합한 형식이 바로 애니메이션이었다. 고전 문학을 영화화하는 데 있어서도 민담적이고 옛날이야기와 같은 텍스트들이 선택되었다. 고골의 작품이 선택된 것은 이러한 상황에서 기인한다(Кривуля 2004). 따라서 지금까지 고골 작품의 영화화 과정에서 이룩된 다성적인 영화 언어의 탐색은 사라지고 다시금 초기 무성영화 제작 시기와 같이 민담적이고 판타지적인 줄거리만이 추출되었다. 이 시기 애니메이션에서는 또한 캐리커처적인 경향이 강했고 형상을 고의적으로 희화화하는 경우도 많았다. 이로 인해 고골 문체 특유의 서정성이나 섬세한 시적 아이러니들은 사장될 수밖에 없었다. 반면 지나치게 자연주의적이고 사실적 작품을 그려 내는 경향 역시 존재했다. 이는 당시 소비에트 미학의 근간을 이루는 리얼리

---

14 물론 스타레비치 이후 전쟁 이전 호다토프, 코메사렌코, 체하놉스키 등의 애니메이터들이 고골의 작품에 관심을 보였지만 이들의 경우 제작 허가를 받지 못했다. 가령 체하놉스키는 〈죽은 혼〉을 애니메이션으로 제작하겠다는 뜻을 밝혔지만 '소유즈물트필름союзмультфильм'의 예술 위원회는 그의 시나리오를 기각하였다.

즘에 대한 지향과 무관하지 않다. 애니메이션에서의 이와 같은 리얼리즘은 장르 고유의 조건성을 파괴하는 것이었으며 이는 애니메이션의 가능성을 제한하기도 했다. 특히 이러한 경향은 1950년대 애니메이션의 특징이었다. 1945년작 〈사라진 문서〉가 과장되고 희화화된 캐리커처적 형상들을 반영한다면 1950년작인 〈성탄 전야〉는 바로 리얼리즘 전통에 기대고 있다.

그 이후에도 고골의 〈죽은 혼〉의 에피소드들과 〈코〉, 〈외투〉 등의 에피소드들이 애니메이션으로 제작되었다. 1945년과 50년의 애니메이션 작품들과는 달리 70년대 제작된 〈죽은 혼〉과 〈코〉에서는 고골 작품의 환상성이나 아름다운 배경 묘사보다는 인물의 성격과 심리적인 것에 초점이 맞추어졌다. '작은 인간'의 세계와 그 비극성이 작품의 중심에 놓이게 되면서 고골 특유의 그로테스크나 코믹성은 주인공의 내면세계에 대한 깊은 묘사에 자리를 내어 주게 된다. 1974년작 〈죽은 혼〉에서 작가는 고골 원작을 그대로 재현하기보다는 등장인물의 초상화가 걸린 갤러리를 창조하고 각각의 초상화를 마치 확대경으로 들여다보듯 분석적인 접근을 꾀했다. 그러나 〈죽은 혼〉은 결국 완성되지 못했으며 〈죽은 혼〉의 등장인물인 '노즈드료프Ноздрев 편'과 '마닐로프Манилов 편'만이 단편적으로 만들어지게 되었다. 이 시기 애니메이션은 인물의 심리묘사를 강화하는 과정에서 고골 원작으로부터 크게 벗어나 고골 고유의 언어와 분위기를 창조하는 데 실패했다고 평가되지만 그럼에도 불구하고 색과 빛의 사용이나 고골 작품의 다층성을 영화 기법을 통해 구현하는 등의 노력은 현재까지도 높은 평가를 받고 있다.

고골의 《디칸카 근교의 야화》는 영화로도 또다시 제작되었다. 특히 알렉산드르 로우A. Роу가 제작한 '이야기 영화киносказка' 장르는 큰 인기를 누렸다. 그는 1952년 〈오월의 밤〉과 1961년 〈디칸카 근교의 야화, 혹은 성탄 전야〉를 제작하였다. 그의 영화는 코믹하고 경쾌하면서도 무섭고 신기한 민담의 세계를 효과적으로 재현하였다고 평가되었으며 소비에트 시기 대중의 큰 사랑을 받았다. 그는 어두운 악마적인 분위기를 배제하고 고골의 텍스트를 최대한 충실히 재현하면서 다양한 특수효과와 배우들의 훌륭한 코믹 연기를 통해 우크라이나 시골의 서정성과 민담 세계의 아름답고 목가적인 분위기를 구현해 냈다. 그의 영화가 인기를 누린 것은 당시 소비에트 사회가 필요로 한 새로운 소비에트적 민담에 대한 요구와도 무관하지 않은 듯 보인다. 모든 사악한 것마저 경쾌하고 아름다운 우크라이나 전원의 풍경 속으로 녹아드는 그의 작품은 소비에트의 유토피아적 이상에 대한 추구를 반영한다.

반면 비교적 창작의 자유가 보장되었고 소비에트 영화사의 많은 걸작들을 배출한 1960년대에는 문학작품을 영화화하는 시도가 다른 시기에 비해 적었다. 고골 역시 마찬가지여서 60년대 초반에는 고골의 작품은 거의 영화화되지 않았다. 1960년대 중반 이후로 텔레비전의 보급과 함께 텔레비전 방영을 위한 영화들이 제작되었으며 이때 고골의 작품 역시 몇 차례 텔레비전용 영화로 제작되었다. 1967년과 1969년 알렉산드르 벨린스키А. Белинский는 〈광인 일기〉와 〈죽은 혼〉을 텔레비전용 영화로 제작하였고 1984년에는 쉬베이체르М. Швейцер가 5부로 구성된 러닝타임 385분의 텔레비전 및 라디오 시리즈인 〈죽은 혼〉을 제작하였다. 1982년에는 발렌틴 플루체크В. Плучек가 연출한 모스크바 풍자 극장의 연극 〈검찰관〉이 텔레비전용 영화로 제작되기도 하였다.

소비에트 시기 고골 작품은 몇몇 경우를 제외하고는 대개 코미디 장르로 만들어졌다. 1952년 페트로프В. Петров의 〈검찰관〉과 1959년 카라쇼프В. Карасев의 〈이반 이바노비치와 이반 니키포로비치가 싸운 이야기〉, 1977년 멜니코프В. Мельников의 〈결혼〉, 원작과 다른 결말로 코발료프의 해피엔딩으로 끝나는 1977년 브이코프Р. Быков의 〈코〉, 그리고 1977년 소비에트 코미디 영화의 거장 가이다이Л. Гайдай의 〈페테르부르크에서 온 익명의 사람Инкогнито из Петербурга〉은 모두 코미디 장르의 영화들이다. 특히 1970년대 브레즈네프 집권기에는 검열 등의 이유로 고전 작품을 영화화하는 경향이 두드러졌으며 장르적으로도 코미디가 선호되었다. 고골 작품이 다른 어떤 시기보다 활발히 영화화된 것 역시 이와 무관하지 않다.

4) 포스트 소비에트 시기의 새로운 시도들

페레스트로이카 이후 고골의 작품이 영화화된 경우는 거의 없었다. 1990년대에는 1996년 가자로프С. Газаров가 코미디 영화 〈코〉를 제작하고 1997년 리소보이М. Лисовой가 컴퓨터 그래픽을 이용한 애니메이션 〈소령의 코Нос Майора〉를 만든 것이 전부였다. 그나마 이 역시 모두 1990년대 후반에 제작되었다. 이는 연방의 붕괴와 경제 위기 등으로 인해 러시아 영화 시장 전반이 위축되었기 때문이기도 하거니와 페레스트로이카 이후 세계화의 물결 속에서 과거 소비에트 시기의 고골 영화들이 보여 주는 나이브하고 유쾌한 세계가 더 이상 대중에게 의미를 지니지 못하기 때문이기도 했다.

그러나 이러한 상황은 2000년대 들어 변화하게 된다. 도스토옙스키와 불가코프, 파스테르나크의 작품들은 텔레비전 시리즈로 방송되어 큰 인기를 누렸으며 마찬가지로 고골의 작품 역시 다시 영화와 텔레비전 시리즈의 소재가 되기 시작한다. 파벨 룬긴П. Лунгин은 2005년 НТВ의 주문으로 〈'죽은 혼'에 관한 사건〉이라는 제목의 텔레비전 시리즈를 제작하였다. 유리 아라보프Ю. Арабов가 각본을 맡은 이 작품에는 〈죽은 혼〉뿐 아니라, 〈검찰관〉, 〈광인 일기〉를 비롯한 여러 고골의 작품들로부터 가져온 모티프들이 포함되어 있을 뿐 아니라, 새로운 인물 쉴러Шиллер를 등장시킴으로써 고골 작품을 현대적으로 각색한다. 쉴러라는 인물이 N

현으로 '죽은 혼' 사건을 조사하러 가는 것으로부터 이야기가 시작되며, 이때 쉴러라는 인물에는 〈광인 일기〉와 《디칸카 근교의 야화》에 등장하는 신비스러운 주인공들, 검찰관, 심지어 치치코프의 형상에 이르는 고골의 다양한 인물들의 모습이 투영되어 있다. 쉴러 역할을 맡은 파벨 데레뱐코П. Деревянко는 쉴러뿐 아니라 아카키 아카키예비치와 치치코프의 역할을 동시에 연기한다.

2002년에는 심지어 고로프С. Горов가 연출을 맡고 현재 러시아 대중음악계의 대표적인 프로듀서 멜라제К. Меладзе가 음악을 만들어 대중적인 스타인 필리프 키르코로프가 악마로 출연하는 뮤지컬 코미디 〈디칸카 근교의 야화〉가 제작되기도 했다. 이처럼 러시아 전통의 소재에 다분히 서구적인 뮤지컬 장르를 결합시킨 키치적 코미디 영화는 아이러니하게도 2000년대 초반 러시아의 문화적 혼종 상태와 이중의 문화적 지향(즉, 세계화의 흐름을 따르면서 동시에 러시아적인 것을 추구하는)을 가장 잘 증명해주는 것이기도 하다.

서구의 장르를 모방하는 시도는 2006년 러시아의 새로운 공포영화를 표방하며 고골의 〈비이〉를 바탕으로 제작된 페센코О. Фесенко의 〈마녀Ведьма〉에서도 발견된다. 그러나 서구 공포물의 장르 문법을 지나칠 정도로 따르고 서구 영화의 혼성 모방이라 할 정도로 많은 장면들을 차용하면서 동시에 그것에 러시아적 줄거리를 입힌 이 영화는 혹자의 비평처럼 고골의 원작이 아니어도 전혀 무방한 진부한 공포물을 창조하는 결과를 가져왔다.

이러한 시도들 외에도 러시아를 대표하는 애니메이터 노르쉬테인Ю. Норштейн은 1981년 이래 고골의 〈코〉를 애니메이션으로 제작해 오고 있다.

특히 올해는 앞서 서론에서 소개한 바와 같이 고골 탄생 200주년을 맞이하여 고골을 원작으로 한두 편의 대작이 제작되었고 또 제작 중에 있다. 지금까지 살펴본 바와 같이 고골의 영화화 과정은 러시아 영화사의 전개 과정뿐 아니라 러시아-소비에트의 사회문화적인 맥락과 밀접한 관련을 맺고 있었다. 올해 개봉되는 이 두 영화 〈타라스 불바〉와 〈비이〉가 각각 러시아 민족주의 혹은 애국주의라는 현재의 당면한 러시아적 정체성의 이상과 러시아 신화의 뿌리를 탐색하고 서구와는 다른 러시아적인 것을 통해 세계화의 흐름 속에 편입하려는 문화적 지향을 드러내는 것 역시 문학작품의 영화화 과정에 투영된 당대의 미학적, 사회적 요구와 다르지 않다.

3. 고골의 〈비이〉와 현대 러시아 영화

2장에서 살펴본 바와 같이 고골의 작품 중 가장 먼저 영화로 제작된 것은 1909년 곤차로프 감독의 〈비이〉였다. 그것은 감독의 또 다른 영화 〈자정의 공동묘지에서В полночь на кладбище〉와 함께 러시아 최초의 판타지 영화кинофантастика로 간주된다. 또한 올해 개봉을 기다리고 있는 스텝첸코 감독의 블록버스터 스릴러 영화 역시 〈비이〉를 소재로 하고 있으니 결국 고골 작품의 영화화 역사 100년의 가장 처음과 끝에 〈비이〉가 자리하는 셈이다. 뿐만 아니라 1967년 제작된 프투쉬코А. Птушко 감독의 영화 〈비이〉는 소비에트 최초의 공포 영화로 평가되었다. 비록 서구적인 공포영화 장르를 지나치게 답습한 졸작이라 하더라도 2006년 포스트 소비에트 시기의 본격적 공포 영화를 표방한 〈마녀〉 역시 〈비이〉를 원작으로 하고 있다.

러시아에서뿐 아니라 이탈리아에서도 〈비이〉는 1960년 〈악마의 가면La Maschera Del Demonio〉이라는 제목의 영화로 제작되었으며 이후 이 영화는 고딕 호러 영화의 고전이 되었고, 감독 마리오 바바는 이탈리아 공포영화의 아버지로 간주되었다. 우리에게 잘 알려진 영화 감독 팀 버튼 역

시 〈비이〉를 영화로 만들 계획을 가지고 있었다고 말했다.[15]

〈비이〉는 러시아에서 〈죽은 혼〉에 이어 개별 작품으로 가장 여러 차례에 걸쳐서 영화화된 작품 중 하나가 되었다. 앞서 지적했듯 〈비이〉는 1909년, 1916년, 1967년, 2006년, 2009년에 영화로 제작되었다. 즉, 가장 먼저 영화화된 작품임에도 불구하고 소비에트 시기에는 단 한 번 영화로 제작되었을 뿐이다. 게다가 1967년 〈비이〉에는 사제들과 지주의 사악한 모습이나 이들의 박해를 받지만 여전히 활기찬 민중의 형상이 묘사되어 있었고, 따라서 영화는 공포영화를 표방했음에도 불구하고 고딕적인 공포물보다는 여전히 낭만적인 옛날이야기에 가까웠다. 즉, 공포영화로서의 〈비이〉는 소비에트 시기의 전후에 제작된 것이나 다름없었다. 그것은 다른 고골의 환상적인 이야기들도 마찬가지였다. 설령 소비에트 시기 그것이 영화로 만들어졌다 하더라도 공포는 제거되었다. 환상성 역시 민담의 경계 안에 머물러야 했다. 즉, 고딕적인 영화는 대개의 경우 소비에트 이전 혹은 최근에 제작되었다. 소비에트 시기에는 낙관적인 코미디나 세태에 대한 경쾌하고도 리얼리즘적인 묘사가 주를 이루었다.

벨린스키는 고골이 《미르고로드》를 보여 주었을 때 〈비이〉를 제외한 모든 작품을 칭찬했다. 〈비이〉는 벨린스키의 리얼리즘적 미학관에 맞지 않았다. 고골은 벨린스키의 비평을 받아들여 이 작품을 수정하였다. 우리가 보는 판본은 수정된 것이다. 그러나 올레그 스텝첸코는 2009년 〈비이〉를 제작하는 과정에서 옛 판본을 받아들였다. 벨린스키에 의해 오염되지 않은 진정한 고골을 그리고 싶었기 때문이다.[16] 즉, 본격적인 러시아의 공포 영화가 그려 내고자 한 현실은 지금까지 소비에트의

---

15 Сказочник Тим Бертон// Взгляд, 25 Авг. 2008 (http://www.vz.ru/culture/2008/8/25/200000.html)

16 감독과의 인터뷰 "Вий есть Вий. Ему все равно" (http://www.gazeta.ru/culture/2006/04/07/a_581895.shtml)

고골 영화들 속의 윤색된 리얼리즘 밖의 현실, 불안정하고 다가오는 죽음의 공포에 노출된 고딕적 리얼리즘의 세계이다. 이는 1926년 트이냐노프가 각색한 〈외투〉 이후 소비에트에서 사라졌던 종류의 리얼리티의 부활을 알린다. 분명 그것은 "도망갈 곳이 없는без убежища"(Хапаева 2008, 6), 중심이 부재하는 현대 러시아 사회의 혼돈으로부터 기인한다. 이는 1910-1920년대 러시아의 카오스를 다시 반복한다.

1990년대 말부터 대두된 민족주의 이데올로기와 소비에트에 대한 노스탤지어, 새로운 강력한 국가 정체성에 대한 갈망은 물론 〈타라스 불바〉와 같은 영화를 만들어 냈다. 〈비이〉가 고딕적 리얼리티를 그린다면, 〈타라스 불바〉는 그러한 리얼리티로부터의 탈주의 꿈을 드러낸다. 이러한 두 가지 지향의 공존이야말로 현대 러시아 문화의 본질이다. 고골 자신이 그러했다. 그는 현실을 그리고자 했지만 그의 작품 속의 현실은 부조리할 정도로 환상적이었다. 구원과 신성에 대한 그의 갈망은 작품을 가득 채우고 있는 악마들이 주는 공포에 묻혀 버린다. 고통받는 주인공에 대한 작가의 연민 뒤로는 사악하게 웃고 있는 사디스트의 조소가 들린다.

그러나 2009년의 대표작 〈비이〉와 〈타라스 불바〉는 흥미롭게도 세계화 속의 러시아적 정체성의 문제에 있어서는 한목소리를 낸다. 가장 러시아적인 작가 고골이 선택된 것도 이와 무관하지 않을 듯하다. 고딕적 사회의 리얼리티를 그려 내면서 동시에 인류 보편의 하위 문화로서의 고딕 미학의 옷을 입은 러시아적 신화의 모습을 말하는 스텝첸코의 프로파간다는 우크라이나의 러시아화를 공공연히 드러내는 보르트코의 민족주의와 맞닿아 있다. 이는 물론 고골의 넓이와 깊이를 증명한다. 그러나 스텝첸코의 〈비이〉가 1926년 트이냐노프의 〈외투〉가 이룩한 가장 러시아적인 환상적 리얼리즘을 넘어설 수 있을 것인가? 세계화를 지향하는 러시아적 공포로부터 그 어떤 진정성을 기대할 수 있을 것인가? 지

금으로서는 〈나이트 워치〉를 능가하는 숭고한 특수효과를 기다릴 수 있을 뿐이다. ■ **이지연**

참고문헌

Гоголевский “Вий” превратят в блокбастер-трилогию
(http://darkened-mind.at.ua/news/2008-11- 06-265)

Группа ФЭКС (http://www.nradatvr.kiev.ua/i25/)

Гуревич С.
1975 Советские писатели в кинематографе 20-30-х гг. Л.

Зоркая Н. М.
Русская школа экранизации, Серебряные девятьсот десятые
(http://old.portal-slovo.ru/rus/art/964/5862/)

Иванова В., В. Мыльникова, С. Сковородникова, Ю. Цивьян, Р. Янгиров (сост.)
2002 Великий кинемо. Москва: НЛО.

Каверин В. А.
1983 Воспоминания о Ю.Тынянове. Москва: Советский писатель.

Караганов А.
Шинель (http://www.russkoekino.ru/books/ruskino/ruskino-0019.shtml)

Кривуля Н. Г.
2004 Экранизация произведений Гоголя в отечественной анимации // Н. В. Гоголь и театр: Третьи Гоголевские чтения. Сборник докладов. М.: КДУ.

Сказочник Тим Бертон // Взгляд. 25 Авг. 2008
(http://www.vz.ru/culture/2008/8/25/200000.html)

Украинские коммунисты присудили Бортко Ленинскую премию за Тараса Бульбу // Корреспо ндент.нет 23 Апреля, 2009
(http://korrespondent.net/showbiz/cinema/814617)

Федорова Ангелина
2009 Новый «Вий» снят по реальным событиям

(http://www.pravda.ru/culture/cinema/russiancinema/26-01-2009/299965-viy-0)

Хапаева Дина

2008 Готическое общество: морфология кошмара. М.: НЛО.

Эйзенштейн С. М.

1989 Гоголь и киноязык // Киноведческие записки. No. 4.

Sosa, Michael

1986 "Gogol´ from the 1920s: Tynjanov's Scenario for Šinel´." *The Slavic and East European Journal*, 30-4: 553-558.

영화 〈타라스 불바〉 공식 사이트　http://tarasbulbafilm.ru

영화 〈비이〉의 공식 사이트　http://www.viymovie.com/

러시아 위키피디아　http://ru.wikipedia.org

영화 전문 포탈　http://www.film.ru

인터넷 영화 백과사전　http://www.rudata.ru

■ 고골 작품 찾아보기

■ 지은이 및 옮긴이 소개

블라디미르 알렉세예비치 보로파예프B. A. Воропаев ■ **voropaevvl@mail.ru**

1950년 모스크바에서 출생. 문학박사. 현재 모스크바국립대학 어문학부 교수이자 러시아 작가연맹회원, 러시아학술원 세계문화사 학술회의 산하 '고골 위원회' 의장으로 활동 중이며, 학술지 《새로운 고골연구단》(우크라이나), 러시아정교회 잡지 《정교 순례자》, 러시아학술원 세계문화사 학술회의 발간 잡지 《고골 통보》의 편집을 맡고 있다. 19세기 러시아문학, 니콜라이 고골, 정교, 러시아 종교 문화에 학문적 관심을 두고 있으며, 주요 저서로는 《H. B. 고골—삶과 창작》(모스크바, 1998), 《성서를 통해서 본 고골》(모스크바, 2002), 《니콜라이 고골—종교적 생애전》(모스크바, 2008) 등이 있다.

나탈리야 유리예브나 그랴칼로바H. Ю. Грякалова ■ **natura3@mail.ru**

문학박사. 러시아학술원 산하 러시아문학연구소Пушкинский Дом 선임연구원이자 러시아학술원에서 발간하는 러시아고전총서 중 알렉산드르 블로크 전집 출판팀장을 역임하였다. 현재 경희대학교 조교수로 재직중이다. 주요 학문적 관심분야는 19세기 말-20세기 초 러시아문학사와 러시아 모더니즘이다. 주요 저서로는 《20세기 러시아 산문에서 소小장르들—발생과 유형》(2003), 《모던의 인간—전기-회상-편지》(상트페테르부르크, 2008) 등이 있다.

테추오 모치주키T. Mochizuki ■ **tetsuo@slav.hokudai.ac.jp**

1951년 생. 도쿄대학 문학박사. 1986년부터 현재까지 홋카이도 대학 슬라브연구센터 교수로 재직중이다. 19-20세기 러시아 문학에 관한 폭넓은 관심을 갖고 있으며, 주요 논문으로는 〈소설 '카라마조프가의 형제들'에서 궤변의 테마〉(1996), 〈카타르시스 극장劇場으로서의 '영원한 남편〉(2002) 등이 있다.

보리스 알렉산드로비치 라닌Б. А. Ланин ■ **99bbb@mail.ru**

러시아 학술원 산하 러시아교육아카데미의 교육내용과 교수법 연구소 문학과정 개발연구실 실장, 문학박사, 교수.

이경완 ■ **arachika@hanmail.net**

서울대학교 문학박사. 현재 동대학에서 러시아문학과 문화를 가르치고 있다.
니콜라이 고골의 저작에 관한 여러 편의 논문을 학술지에 발표하였다. 고골의 종교성, 러시아성, 멜랑콜리, 세계관과 심리의 문제 등에 학문적 관심을 두고 있다.

윤새라 ■ saerayoon@hanmail.net
고려대학교 노어노문학과 졸업. 인디애나 대학 문학박사. 현재 울산과학기술대학 조교수로 재직중이다. 주요 논문으로는 〈우크라이나 카자크의 러시아 전사戰士로의 변신—고골의 1842년작 '타라스 불리바'〉(2006), 〈'가엾은 리자'의 흔적을 찾아서—푸쉬킨의 '벨킨 이야기' 중에서〉(2007) 등이 있다.

조준래 ■ cjunrae@hotmail.com
한국외국어대학교 문학박사. 현재 성균관대학교 및 경희대학교에 출강하고 있다. 러시아문학이론을 전공하였으며, 주요 관심분야는 바흐친, 슬라브 포스트모더니즘이다.

이지연 ■ lijiyoun@hanmail.net
러시아문학연구소(상트페테르부르크) 문학박사. 현재 한양대학교 HK연구교수로 재직중이다. 〈이오시프 브로드스키의 시학〉에 관한 논문으로 학위를 받았으며, 20세기 러시아문학과 문화 전반에 관해 학문적 관심을 갖고 있다. 최근 20세기 러시아 '시각시視覺詩'와 러시아 영화에 관해 수편의 논문을 발표하였다.

이기주 ■ sontse@chol.com
상트페테르부르크 국립대학 문학박사. 현재 고려대학교 연구교수로 재직 중이다. 〈고골 작품의 사랑의 테마〉라는 주제로 박사학위를 받았다. 최근에는 러시아의 여성성과 젠더 문제에 관심을 두고 있다.

최진희 ■ bunina@hanmail.net
모스크바국립대학교 문학박사. 현재 고려대학교 러시아CIS연구소 연구교수로 재직 중이다. 〈이반 부닌의 소설 '아르세네프의 생애' 장르 연구〉로 박사 학위를 받았으며 최근 은세기 문학 및 루복Lubok, 아방가르드 등 러시아 문화에 대한 논문을 발표하였다.

이명현 ■ 3wall@hanmail.net
고려대학교와 모스크바국립대학교에서 알렉산드르 블로크에 관한 논문으로 박사학위를 받았다. 현재 고려대학교 러시아CIS연구소 연구교수로 재직 중이다. 러시아 모더니즘에 관한 몇 편의 논문을 발표하였으며, 모더니즘과 문학이론, 문학비평에 관해 두루 관심을 갖고 있다.

최정현 ■ slovo@dreamwiz.com
고려대학교 노어노문학과 졸업, 러시아 상트페테르부르그 대학교 문학박사. 중세 동슬라브 문학연구로 학위를 받았으며, 현재 대학에서 러시아문학과 문화를 강의하고 있다. 중세 러시아와 슬라브 세계의 역사와 문화에 관심을 갖고 있다.

발간사

2009년 러시아CIS연구소가 창립 30주년을 맞이하였다. 고려대학교 문과대학 건물 맨 꼭대기에서 '러시아문화연구소' 현판을 내건 이후로 벌써 강산이 세 번 변하는 시간이 유유히 흘렀다. 때마침 일부러 계획한 듯이 올해 들어 연구소에 뜻 깊은 일이 많았다. 연초에 새로운 연구 공간으로 이전하였고, 연구소와 나란히 '러시아 센터'를 개관하였으며, 학술지 《Acta Russiana》를 창간하였고, 니콜라이 고골 탄생 200주년 기념 국제학술대회를 개최하였다. 그리고 연이어서 연구소의 숙원 사업이던 '슬로보총서'의 발간이 성사되었다.

'슬로보총서'는 러시아CIS 지역에 관한 학술 연구 성과들을 분야별로 총망라하여 보다 체계직으로 축적하고 보다 널리 보급하기 위하여 기획되었다. 지금까지 국내에서 러시아CIS 지역 관련 학술 연구 성과들이 총서 형식으로 발간되는 경우는 아주 드물었다. 러시아 및 슬라브 지역학 학술지들의 왕성하고 풍성한 발간에 비해 학술 연구 활동의 본령이어야 할 단행본의 출간은 상대적으로 소극적이었다. 워낙에 책의 출간이라는 것이 지식 소프트웨어의 확보만으로는 불가능하며 일정한 물적 기반이 제공되어야 하는 일이라서, 개별 연구자의 능력과 노력만으로는 힘에 부치는 것이 엄연한 현실이다. 여기서 물적 기반이라 함은 단지 금전적인 문제만이 아니라 출판사 섭외를 비롯한 총체적인 출간 인프라를 뜻한다.

이처럼 개인적으로 해결하기 힘든 연구서의 출간은 사실 대학의 연구소 등, 학술 연구 기관들이 떠맡아야 기본적인 과제일 것이다. 제아무리 디지털 시대라고 하지만 학술 연구에서 종이책이 가지는 위상은 변함없이 건재하며, 학자들에게 저서의 출간이 갖는 의미와 가치 또한 절대적이라 할 수 있다. 훌륭한 원고를 발굴하여 한 권의 책으로 세상에 나올 수 있도록 독려하고 조력하는 믿을 만한 기관이 있다는 건 연구자들에게 반갑고 든든한 소식이 아닐 수 없다.

물론 책의 출간은 원고를 발굴하는 일에서부터 재원을 확보하고 출판사를 섭외하는 데 이르기까지 결코 간단한 일이 아니다. 그럼에도 불구하고 러시아CIS연구소가 총서 발간이라는 긴 호흡의 사업을 기획한 것은 국내 러시아CIS 지역 연구자들의 학술적 역량과 열의에 대한 믿음과 러시아CIS 지역학의 발전과 보급에 대한 책임감 때문이다. 연구소 설립 30주년. 사실 이 30년의 세월은 한국 러시아CIS 지역학의 역사에 거의 맞먹는다. 사람으로 치면 뜻을 세운다는 이립의 나이에 본 연구소는 한국 러시아CIS 지역학과 나란히 새로운 발전의 단계에 접어들고자 한다. 그러한 의미에서 '슬로보총서'의 발간은 한층 더 뜻 깊은 일이 될 수 있겠다.

'슬로보총서'가 국내 러시아CIS 지역 연구자들의 필독서 목록이 되고 러시아CIS 지역학 고전의 목록이 되는 그리 멀지 않은 미래를 그리며, 연구자들의 왕성한 저술 활동과 좋은 원고를 고대한다.

러시아CIS연구소 슬로보총서 편집위원회

러시아CIS연구소 슬로보총서 1

고골과 현대성

초판발행 2009년 5월 25일
초판 1쇄 2009년 5월 25일

엮은이 슬로보총서 편집위원회
펴낸곳 **고려대학교출판부**
www.kupress.com
kupress@korea.ac.kr
136-701 서울특별시 성북구 안암동
02-3290-4230, 4232
Fax 923-6311

찍은곳 (주)동화인쇄공사

ISBN 978-89-7641-693-3 94890
ISBN 978-89-7641-692-6 (세트)

값 12,000원

* 잘못 만들어진 책은 바꿔드립니다.